Minka Wolters
Besonders normal

Minka Wolters

Besonders NORMAL

Wie Inklusion gelebt werden kann

Ch. Links Verlag, Berlin

Die Deutsche Nationalbibliothek verzeichnet diese Publikation
in der Deutschen Nationalbibliografie;
detaillierte bibliografische Angaben sind im Internet
über www.dnb.de abrufbar.

1. Auflage, September 2014

Schönhauser Allee 36, 10435 Berlin, Tel.: (030) 44 02 32-0
www.christoph-links-verlag.de; mail@christoph-links-verlag.de
Umschlaggestaltung und -grafik: Stephanie Raubach, Berlin
Satz: nrm – Nadja Rein Mediengestaltung, Dresden
Druck und Bindung: Druckerei F. Pustet, Regensburg

ISBN 978-3-86153-794-6

Inhalt

»Inklusion ist kein Expertenthema.
Es ist ein Thema, das die Zustimmung aller erfordert und deshalb gesamtgesellschaftliche Bedeutung besitzt.«

Aktion Mensch

Vorwort

Auf dem Spielplatz sahen wir sie immer nur von Weitem: mal die Mutter, mal den Vater mit ihrem mehrfach schwerstbehinderten Kind. »Die armen Eltern, Gott sei Dank sind meine Kinder nicht behindert«, schoss es mir durch den Kopf. Eines Tages kamen wir ins Gespräch. Jene Mutter erzählte mir von ihrem Kind und ihrem Job und ich ihr von meinen. Wir trafen uns dann öfter mit allen Kindern zusammen, und nach einem Besuch bei uns zu Hause sagte sie lachend beim Rausgehen: »Puh, deine Jungs sind wirklich anstrengend. Gut, dass ich mich jetzt erholen kann!« Und ich fühlte mich irgendwie ertappt. Trotzdem war es ein Moment, der zeigt, dass wir Eltern allesamt unser eigenes, ganz normales Leben mit unseren Kindern führen. Mit schönen Augenblicken und langweiligen Regennachmittagen und unglaublich anstrengenden, herausfordernden Alltagssituationen.

Als ich ein Kind war, kannte ich keinen einzigen Menschen mit Behinderung. In meinem Kindergarten gab es niemanden mit Handicap, in meiner Schule auch nicht. Als unsere Eltern, meine Schwester und ich einmal in den Sommerferien zufälligerweise an einem Tisch saßen mit Blick auf eine Runde Erwachsener, die offensichtlich eine geistige Behinderung hatten, war mir das unangenehm. Im Studium gab es auch keine Kommilitonen mit Einschränkungen.

Dann wurde ich Mutter und Sachbuchautorin. In beiden Funktionen beobachte ich immer, was um mich herum passiert, welche Themen wichtig sind, worüber Menschen miteinander sprechen, was sie bewegt. Und erst in dieser Phase meines Lebens begegnete ich Menschen mit Behinderungen, lernte sie und ihre Eltern kennen und ihren Alltag. Meine Kinder wurden allesamt nach unkomplizierten Schwangerschaften geboren. Irgendwann wechselten sie den Kindergarten und besuchten einen kleinen, elterninitiativ geführten Kinderladen. Eine überschaubare nette Gruppe mit einem sogenannten I-Kind, einem Integrationskind, einem lustigen Mädchen mit geistiger Behinderung. Es wurde aus den unterschiedlichsten Gründen nie Teil der Gemeinschaft, im Gegenteil, viele kleinere und schwächere Kinder hatten Angst vor ihm und seinem phasenweise nicht steuerbaren, aggressiven Verhalten. Das war nicht Schuld des Mädchens oder der anderen Kinder, verantwortlich war vermutlich eine fehlende Struktur durch den ständigen Wechsel der Integrationserzieher. Eigentlich meinten es alle gut. Und trotzdem fand eine echte Inklusion dieses Menschenkindes mit Handicap nicht statt. Wenn sie noch nicht einmal in einem kleinen, geschützten Raum funktioniert, wie soll Inklusion in anderen Lebensbereichen gelingen? In der Schule mit hohem Leistungsdruck und starken Konkurrenzsituationen? Oder am Arbeitsplatz?

Ich habe mich auf die Suche nach Antworten gemacht und viele Menschen getroffen, große und kleine, solche mit Behinderungen und solche ohne, die sich als Teil der Gemeinschaft empfinden und angenommen werden, genau so, wie sie sind. Manchmal zumindest. Oft verzweifeln sie an unserem Behördenirrsinn, weil sie nicht wissen, welches Amt nun den dringend notwendigen Rollstuhl bezahlt oder die zugesagte Schreibassistenz. Oder weil sie keinen Kinderarzt in der näheren, erreichbaren Umgebung finden, der in barrierefreien Räumen praktiziert.

In diesem Buch kommen neben Fachleuten Familien zu Wort, die mit einem Kind mit Handicap leben, und Erwachsene, die trotz Behinderung mitten im Leben stehen. Einige schildern ihren ständigen Kampf um einen Platz in unserer Gesellschaft – für ihr Kind und für sich selbst. Ein Kampf um eine wahrhaftige Inklusion dieses Menschen. Andere erzählen, warum sie sich ganz bewusst für den geschützten Raum entscheiden, für den exklusiven Raum wie eine Förderschule: Weil sie glauben, dass dieses Menschlein dem großen, bunten und manchmal sehr anstrengenden Leben nicht gewachsen ist, weil so vieles es oder die anderen überfordern würde. Oder weil sie fest davon überzeugt sind, dass ihr Kind in einer solchen Einrichtung optimal gefördert wird und sich dort in dem Umfeld bewegt, das ihm guttut. Gleichzeitig, denn das eine bedingt das andere, möchte ich ihren Alltag beschreiben. Ihr normales Leben mit einem *besonders* normalen Kind, als *besonders* normaler Mensch.

Der Weg zur Inklusion ist lang

Vermutlich sind die meisten Menschen grundsätzlich mit der Idee der Inklusion einverstanden. Bedeutet sie doch Enthaltensein und meint, dass alle Individuen selbstbestimmt am gesellschaftlichen Leben teilnehmen. Das Ideal der Inklusion ist, dass die Unterscheidung »behindert/nichtbehindert« keine Relevanz mehr hat.

Unternehmen wir zunächst den Versuch, die Verwirrung zwischen Integration und Inklusion aufzulösen: Nach wie vor sprechen viele Experten, auch im vorliegenden Buch, von Integration, wenn sie Inklusion meinen. Speziell ausgebildete Pädagogen werden Integrations- statt Inklusionserzieher genannt. Der Unterschied liegt hauptsächlich darin, dass Integration das Hineinnehmen eines Menschen in ein bereits existierendes System beschreibt. Die Inklusion hingegen will von Anfang an ein gemeinsames System für alle Menschen, ohne dass jemand ausgegrenzt oder stigmatisiert wird. Inklusion bedeutet, Rahmenbedingungen und Hilfen zu schaffen, wenn Menschen mit Behinderungen teilnehmen wollen. Wollen, nicht müssen. Denn es will ganz gewiss nicht jeder überall dabei sein. »Der erste Schritt auf dem Weg zu einer inklusiven Gesellschaft ist es, anzuerkennen, dass wir Menschen alle unterschiedlich sind und dass gerade in dieser Unterschiedlichkeit und in der Begegnung der Unterschiedlichkeit ein besonderer Wert liegt. Jedem von uns fehlt etwas, was ein anderer ergänzt. Die Begegnung ist ein Segen, sie erlaubt es uns, zu ergänzen, was uns fehlt, sie bereichert uns als Menschen und als Gesellschaft«, sagt Ami Eilon, ein ehemaliger

General und Vorsitzender der israelischen Behindertenorganisation Akim. Eine inklusive Gesellschaft, was heißt das? Wie soll das funktionieren? Laut einem Trainer im Behindertensportbereich, der seit einem Badeunfall vor 20 Jahren im Rollstuhl sitzt, sind das großartige Visionen, Gedankenmodelle und Konstrukte, deren Umsetzung mehr als wünschenswert wäre – aber leider ginge das nicht. Dazu wären Menschen in ihren Eigen- und Besonderheiten und manchmal auch Behinderungen zu verschieden, um allen die gleichen Möglichkeiten zu bieten.

Zurzeit wird in Deutschland eine äußerst lebhafte Debatte zum Thema Inklusion und deren praktischer Umsetzung geführt. Den Schwerpunkt bildet dabei immer wieder die Frage nach der inklusiven Schule. Denn eigentlich zweifelt kaum jemand daran, dass es für alle Beteiligten bereichernd ist, wenn Kinder ohne und solche mit Behinderungen gemeinsam lernen, und niemand möchte einem Erwachsenen mit Körperbehinderung verwehren, eine Universität zu besuchen. Doch Kritiker befürchten, dass das Beschulen von Schülern mit Handicap in einer Regelschule unter den aktuellen Bedingungen einzig zu Verdruss und Frustration auf allen Seiten führe, statt dem ursprünglichen Ziel nahezukommen. Natürlich haben sie recht damit, dass die Rahmenbedingungen stimmen müssen. Dass alle Beteiligten gut vorbereitet und informiert sein müssen über die Besonderheiten derer, die beschult werden sollen. Doch Bedingungen, unter denen Inklusionsbefürworter Inklusion erst für lebbar halten, wollen manche Gegner gar nicht erst schaffen.

Zurück zum Begriff selbst: Laut Duden bedeutet Inklusion das Miteinbezogensein, die gleichberechtigte Teilhabe an etwas. Vor acht Jahren hat die Generalversammlung der Vereinten Nationen (UN) das Übereinkommen über die Rechte von Menschen mit Behinderung verabschiedet. Ziel der UN-Konvention ist es, ihnen die Teilhabe an allen gesellschaftlichen Prozessen zu garantieren. Dieses Menschenrecht in den Alltag umzusetzen, ist nun Aufgabe und Pflicht der UN-Mitgliedsstaaten. In Deutschland ist die Vereinbarung im März 2009 in Kraft getreten. Das Übereinkommen regelt zahlreiche Lebensbereiche. In 50 Artikeln setzt sich das Abkommen intensiv mit alltäglichen Themen auseinander. So ist beispielsweise das Recht auf Barrierefreiheit festgeschrieben: Die Vertragsstaaten sind verpflichtet, Gebäude, Straßen oder Transportmittel so zu gestalten, dass sie für jeden zugänglich sind (Artikel 9). Oder das Recht auf ein selbstbestimmtes Leben: Menschen mit Behinderung sollen die Möglichkeit bekommen, »ihren Aufenthaltsort zu wählen und zu entscheiden, wo und mit wem sie leben« möchten (Artikel 19). Und die UN-Konvention fordert einen offenen Arbeitsmarkt, auf dem Menschen mit und ohne Behinderung tätig sind (Artikel 27).

Und wenn wir schon bei den Begrifflichkeiten sind: Darf man von einer Behinderung sprechen, oder sollte man stattdessen Handicap oder Beeinträchtigung sagen? Sollte man statt von geistig behindert eher von Lernschwierigkeiten sprechen? Weil ich unsicher war, habe ich die gefragt, die betroffen sind. Oder ihre Eltern. Keiner von ihnen hatte ein Problem mit dem Wort Behinderung, ob körperlicher oder geistiger Natur. Was ihnen jedoch sehr wichtig ist, für sich selbst oder für ihr Kind: Sie wollen zuerst als Mensch im Ganzen und als Individuum wahrgenommen werden und dann erst in ihren Eigenheiten. Was bedeutet, dass Emma nicht ein Down-Syndrom-Mädchen, sondern ein Mädchen mit Down-Syndrom ist (und mit tausend anderen Dingen, die genauso zu ihr gehören).

Den Kern des Inklusionsgedankens nennt die Konvention *sense of belonging*, das gelebte Recht der Zugehörigkeit, Teilhabe an der Gemeinschaft aller. Wagen wir ein Gedankenspiel mit zwei fiktiven Schülern: Florian ist Autist. Er besucht die fünfte Klasse eines Kölner Gymnasiums, eine sogenannte Integrationsklasse. Zwar wird Florian als förderbedürftig eingestuft und damit von den normalen Schülern abgegrenzt, doch gilt er noch aus einem anderen Grund als besonderer Schüler. Florian schreibt Erzählungen, großartige Erzählungen, wie sein Deutschlehrer meint. Atmosphärisch dicht seien sie, gehaltvoll und spannungsreich zugleich. Sein Schreibtalent ist zweifellos ein Gewinn – für die Mitschüler, den Lehrer, die Schule. Und Florian profitiert von der abwechslungsreichen, seine individuellen Schwächen berücksichtigenden Förderung. Die Mühen lohnen sich für alle. Die vielen Gespräche mit den Eltern, die langen Konferenzen, die unermüdliche Planungsarbeit. Tim dagegen hat eine Aufmerksamkeitsstörung und kann sich nicht länger als ein paar Minuten am Stück konzentrieren. Er ist kein sonderlich begabter Schüler. Er besucht ein Berliner Gymnasium, irgendwo am Rande der Stadt. Sein besonderer Förderungsbedarf fordert besondere Anstrengungen: spezielle, großzügigere Regeln im Klassenverband, überdurchschnittlich hohen Austausch mit Sozialpädagogen und viel Überzeugungsarbeit der Lehrer bei den skeptisch eingestellten Eltern. Die Bilanz sieht mager aus im Vergleich zu Florian. Da Tim kein sichtbares und vorzeigbares Talent besitzt, kann er die Anstrengungen der Lehrer, der Mitschüler und auch der Schule nicht ausgleichen und somit rechtfertigen. Er wird irgendwie mitgenommen, ist geduldet, ja er tut denen, die ihn kennen, einfach leid. Der Arme, er ist ja behindert. Aber warum all die Bemühungen, die Rücksichtnahmen und Entbehrungen der anderen? Lohnen sich der Aufwand und der Einsatz, wenn so wenig dabei herauskommt? Ist die Mühe noch zu rechtfertigen, wenn die Erfolge mager aussehen oder dem Kompetenzparadigma folgend kaum messbar sind?

Vielleicht sind die Fragen das Problem. Nein, vielleicht sind die Denkweisen hinter den Fragen das Problem. Solche Fragen, die sich stellen, wenn man vergleicht, bilanziert und kalkuliert. Ökonomische Maßstäbe erscheinen plausibel, gleichsam als unhinterfragt gültig in einer Lebenswelt, die unkritisch betriebs- beziehungsweise volkswirtschaftlichen Imperativen folgt. Als hart hingegen erscheinen diese Imperative, wenn sie auf die Lebenswelt, auf das Leben der Einzelnen, der Betroffenen angewandt werden sollen.

Die Gewissensfrage, die allwöchentlich amüsant und lebensklug im Magazin der *Süddeutschen Zeitung* beantwortet wird, beschäftigte sich auch mit dem Thema Inklusion. Nämlich, ob eine Dame mit hörbarem und störendem Beatmungsapparat einem öffentlichen klassischen Konzert lauschen dürfe. Ein Teil der Antwort lautete so: »Die Ansprüche aller Konzertbesucher stehen grundsätzlich gleichberechtigt nebeneinander. Dann jeweils eine praktikable Lösung zu suchen, ist nicht nur der Weg zur Inklusion, sondern das gemeinsame Suchen unter Anerkennung und Abwägung aller beteiligten Interessen ist selbst schon Inklusion.«

Früher galt es als unvermeidbares Schicksal, ein behindertes Kind zu bekommen. Heute kann die Medizin viele Behinderungen zwar bereits in der Schwangerschaft feststellen, aber keine Therapie anbieten. Heilung ist nicht möglich. Die Eltern müssen sich entscheiden. Es ist eine Entscheidung über Leben und Tod, die nur unter Gewissenskonflikten und Schuldgefühlen getroffen werden kann. Wenn Eltern sich nicht gegen, sondern für ihr behindertes Kind entscheiden, müssen sie befürchten, dass die Gesellschaft ihnen später diese Entscheidung vorhält. »Muss so was heute denn noch sein?«, hören viele Eltern von ihren Mitmenschen mit einem skeptischen Blick auf das Kind mit Handicap. Müssen sich Mütter und Väter entschuldigen, dass sie es gewollt haben? Ein Kind, das nicht mithalten kann beim Immer-schneller-höher-weiter-Besser unserer heutigen Lebenswelt? Ist so ein Mensch nicht gut genug, weil er nicht reinpasst und diesem Optimierungswahn nicht unterworfen werden kann, der viele Menschen schlicht überfordert? Nichts scheint wichtiger, als immer und überall optimale Leistung zu zeigen. Unter diesem krankmachenden Perfektionismus leiden bereits Kinder. In der *Süddeutschen Zeitung* war vor einigen Monaten im Wochenendteil ein großes Interview mit Abiturienten abgedruckt. Tatsächlich fiel in diesem Gespräch mehrmals der Begriff Burnout. Burnout bei Schülern? Offensichtlich ist es so, dass bereits junge Erwachsene Angst haben, den Anschluss zu verpassen, nicht gut genug zu sein. Wie muss es erst Eltern gehen, die mit der Geburt eines behinderten Kindes erkennen müssen, dass ihr Lebensmodell plötzlich nicht mehr funktioniert? Deren Kinder möglicherweise niemals laufen, sprechen, geschweige denn schreiben werden. Unsere Gesellschaft muss sich verändern: Damit wir alle uns so annehmen können, wie wir sind.

Die größte Sperre dabei sind die Ängste, Zweifel und Vorurteile in unseren Köpfen. Es fällt uns schwer, ein Kind zu akzeptieren, das sich so radikal vom gesellschaftlichen Leitbild des idealen Kindes unterscheidet, erzählt die Mutter eines Sohnes mit Down-Syndrom: »Ich weiß, dass mein Sohn kein Abitur machen wird. Er wird kein genialer Journalist im Rollstuhl werden, kein blinder, aber hochbegabter Jurist sein. Nicht einmal Klempner oder Busfahrer. Nein, auch wenn er sich noch so anstrengt, wird er niemals – von Insidern abgesehen – andere Menschen durch seine Leistungen beeindrucken. Er ist die Herausforderung pur, Leben in seiner Vielfalt und seinem Anderssein zu akzeptieren und unsere Leistungsgesellschaft in Frage zu stellen.«

Eine inklusive Gesellschaft bedeutet nicht nur für Eltern behinderter Kinder das Gegenmodell zu diesem Leistungswahn. Sie kann uns allen guttun: »Wir brauchen das Kind im Rollstuhl, das sich am Kitzeln des Sonnenstrahls freut, um zu lernen, dass In-der-Sonne-Sitzen ein Energiespender ist, ohne den wir in der Leistungsgesellschaft nicht bestehen können. Auf die Dauer nur zu funktionieren, stets erreichbar zu sein, all das macht uns krank. Welcher karrierebewusste Mensch wagt heutzutage, das Handy auszuschalten, wenn er in der Sonne sitzt? Eltern aus integrativen Projekten kennen das: Die mit den sogenannten normalen Kindern hoffen, dass ihr Kind in den kleineren Gruppen und unter besseren Bedingungen besser gefördert wird. Wer genau hingeschaut hat, dem ist schnell aufgefallen, dass die ›defizitären‹ Kinder für ihre eigenen entlastend wirken, denn sie zeigen, dass man auch anerkannt werden kann, wenn man nicht als Erster lesen lernt«, sagt eine Mutter.

Wenn Sie sich fragen, wie ich an all die Menschen herangekommen bin, die mich an ihrem Alltag teilhaben ließen und mir sehr persönliche Dinge erzählt haben: Ich wurde weitergereicht und stellte fest, dass Eltern von Kindern mit Behinderungen und Erwachsene mit Handicap bestens vernetzt sind. Dass sie andere Betroffene kennen, sich treffen, beraten, in Selbsthilfegruppen aktiv sind. Um sich Hilfe zu holen und Hilfe zu geben, um das Gefühl zu haben, dass man nicht allein auf der Welt ist. Um sich Halt zu geben. Auf diese Weise durfte ich viele engagierte und hochprofessionelle Menschen kennenlernen, die sich stark machen für die Inklusion in den unterschiedlichsten Lebensbereichen. Aber ich bin auch Menschen begegnet, die darin gescheitert sind, die daran gehindert wurden, ganz selbstverständlich ein Teil unserer Gemeinschaft zu sein oder zu werden. Gerade sie sind es, die uns nachdenklich machen sollten.

Überraschungsbefund nach der Geburt

»Nein, dieses Kind will ich nicht.« Das ist meist der erste Impuls. Eltern müssen sich verabschieden von ihren Wünschen und Vorstellungen vom perfekten Kind, wenn sie ein Baby mit Behinderung bekommen. Das ist schwer, sehr schwer. Wut, Trauer, Verzweiflung. Zwischendurch ein klitzekleines bisschen Freude, so beschreiben es viele Mütter und Väter. Die meisten suchen nach Gründen und haben Schuldgefühle: Sie müssen doch etwas falsch gemacht haben! Sonst wäre es ihnen doch gelungen, das Kind zu bekommen, das sie sich so gewünscht haben.

Hilfe und Unterstützung erfahren sie oft am besten bei und durch Eltern, die selbst betroffen sind und sich in diese komplexe Situation einfühlen können. Selbst ärztliches Fachpersonal reagiert meist nicht adäquat auf die Ängste der Eltern und bügelt deren Sorgen einfach ab. Ob aus mangelnder Sensibilität oder wegen fehlender Fachkenntnisse, sei dahingestellt. In Foren für Betroffene und Angehörige klagen dann viele Eltern ihr Leid, werden dort aufgefangen und mit guten Tipps versorgt. Um nachvollziehen zu können, wie hilfreich der Austausch mit anderen Betroffenen ist, habe ich mich durch unterschiedlichste Plattformen für Eltern behinderter Kinder geklickt und darin gelesen. Natürlich werden dort keine echten Namen oder wiedererkennbare Familiendetails genannt. Ich weiß nichts über die Biografien, die Hintergründe der Zitierten. Aber man bekommt als Mitleserin einen guten Eindruck. So schreibt die Mutter eines Kindes mit Behinderungen, die Gast in einem Elternforum ist: »Nach anderthalb Jahren stillen Lesens wollte ich euch uns nun vorstellen und euch danken. Dafür, dass ich in manch verzweifelter Stunde eure Geschichten hier lesen konnte, und es ein klein wenig tröstlich war zu erfahren, dass es so viele andere Menschen mit diesen Erfahrungen, Ängsten und Sorgen gibt. Danke für eure Offenheit.«

Groß ist bei vielen Eltern die Angst vor sozialer Ausgrenzung, dem ständigen Angestarrtwerden, den verächtlichen oder mitleidigen Blicken anderer. Die Mütter und Väter haben nur eine diffuse Vorstellung davon, wie sich ihr Baby weiterentwickeln wird: Vielleicht wird aus dem kleinen Wurm ein hässliches Kind, das man nicht kontrollieren kann, das schreit und tobt? Ja, das man nicht liebhaben kann. Die Scham ob solcher natürlichen Gefühle ist groß und trägt zum Trauerprozess zusätzlich bei. Und die Eltern befürchten, dass ihr Kind auch von anderen abgelehnt wird und sie gleich mit. Dass sie Aussätzige werden in einer Welt voller gesunder und nichtbehinderter Kinder und ihrer scheinbar dauerglückstrahlenden Eltern.

Herausfordernd, nervenaufreibend und schlafvertreibend ist es, wenn das vermeintlich gesunde Baby sich nicht altersgemäß entwickelt und die Eltern sich sorgen und diese berechtigten Sorgen von niemandem ernst genommen werden. Sie habe sich noch nie so allein und hilflos gefühlt in ihrem Leben, sagt eine Mutter, deren inzwischen fünfjährige Tochter sich langsamer entwickelte als ihre Freundinnen. Als das Kind zweieinhalb Jahre war, bekam sie endlich eine Antwort: Das Mädchen hat eine geistige Behinderung. Denn bei vielen Kindern ist keine Diagnose gestellt, es ergibt sich nur ein diffuses Bild mit relativ vielen unterschiedlichen Auffälligkeiten. Das passt oft nicht genau zu einer den behandelnden Ärzten bekannten Behinderung. Selbst Gentests schaffen nicht immer Gewissheit. Wenn jedoch die Eltern oder oft erst mal die Mutter ganz stark das Gefühl haben, dass mit ihrem Kind irgendetwas nicht stimmt, bekommen sie meistens zu hören, das beobachtete Verhalten sei im Rahmen oder es handele sich einfach um Erziehungsfehler, aufgrund derer das Kind auf eine bestimmte Art und Weise reagiere. Auch den Forumsbeitrag dieser Mutter, deren Kind offensichtlich behindert ist, fand ich gerade für Nichtbetroffene erhellend und anrührend: »Wir merkten bereits in den ersten Wochen, dass sie irgendwie ›anders‹ war. Ich konnte nicht ausdrücken, was es war … Ein Gefühl … Aber der Kinderarzt war der Ansicht, alles wäre super und ich solle mich mal nicht verrückt machen … Aber der Gedanke: Ich bin nicht bekloppt, da stimmt doch was nicht, begleitete mich Tag für Tag. Einige Zeit nach der sechsten Vorsorgeuntersuchung bat ich um ein Gespräch. Ihre Einzigartigkeit wurde immer offensichtlicher, das Gefühl wurde zur Gewissheit, meine Mutter bestätigte mich.« Ähnliches formuliert diese Mutter über ihre Tochter: »Sie hat eine Entwicklungsverzögerung von circa einem Jahr, mit ungeklärter Ursache. Seit sie acht Monate alt ist, haben wir einen langen Untersuchungsweg mit unzähligen Vermutungen, Ursachenforschungen, Prognosen und negativen wie positiven Erlebnissen hinter uns. Aber unterm Strich ist nichts Greifbares rumgekommen. Man wird so müde! Und irgendwann habe ich einfach beschlossen, jetzt ist Schluss. Sie ist so, wie sie ist und da hole ich sie auch ab. Leider macht einem die Umwelt es nicht leicht, wenn das eigene Kind anders ist. Die Erfahrung müssen wir immer wieder machen.«

Von diesen Berichten gibt es unzählige. Das Umfeld reagiert oft fassungslos oder gar ablehnend aus den unterschiedlichsten Gründen: Wenn die Eltern dieses Kind bekommen, obwohl sie um sein Handicap wissen. Wenn sie dem Schulleiter der Bezirksgrundschule gegenüberstehen und darauf beharren, dass dieses wunderbare Kind mit der Lernbehinderung als erstes Kind mit geistigen Einschränkungen auf genau diese Schule gehen soll. Wenn die Dame im Amt sagt, warum denn Förderbedarf anmelden für das Kind, das lohne sich in dem Fall sowieso nicht. Solche Situationen gibt es unzählige in allen Lebensbereichen, und alle Interviewpartner berichteten davon. Was Fremde jedoch offensichtlich besonders irritiert und sie am Gesagten zweifeln lässt: Wenn die Eltern eines (schwer mehrfach) behinderten Kindes sagen, dass sie wahnsinnig angestrengt sind im Alltag, aber trotzdem glücklich sind mit diesem Menschen – nicht obwohl, sondern weil er so besonders ist.

Das Leben mit einem behinderten Kind kann nicht nur eine Möglichkeit für Selbsterfahrung und Weiterentwicklung sein, sondern auch ein Stück Lebensglück. In der Ausgabe des Fachmagazins *Pediatrics* von Juli 2012 haben Forscher der Universität Montréal eine Studie veröffentlicht, nach der 97 Prozent aller Betroffenen das Leben mit ihren Kindern als bereichernd und erfüllend empfinden.

»Ich hatte Angst, dass meine Tochter ständig Volksmusik hören will.«

Emmas Eltern erfuhren erst nach der Geburt der heute Siebenjährigen, dass ihre Tochter das Down-Syndrom hat.

Emma trägt einen bunten Badeanzug, in dem sich eine dicke Windel abzeichnet, und juchzt laut, wenn sie mit Anlauf ins Planschbecken hopst. Die schrägstehenden, blaugrünen Augen blitzen im runden Gesicht, ihr feines, dunkelblondes Haar klebt nass auf Stirn und Wangen. Ihre auf einer Picknickdecke liegende Mutter, die bei jedem Hopser genauso nass gespritzt wird wie der danebensitzende Vater, findet es manchmal doof, dass sie Emma mit ihren sieben Jahren immer noch wickeln muss. Denn die kleine Berlinerin hat das Down-Syndrom und kann bestimmte Körperfunktionen noch nicht ganz so gut kontrollieren und regulieren wie Gleichaltrige ohne den Gendefekt. »Aber sie ist ein ganz tolles, schlaues Mädchen«, sagt Katrin und strahlt ihre Tochter an. Und dann ihren Mann. Der strahlt zurück und zieht Emma auf seinen Schoß. Und dann kitzelt er sie, bis sie vor Vergnügen noch lauter kreischt als eben im Wasser.

Am Anfang ist der Schock groß. Katrin und ihr Mann Daniel erfahren erst kurz nach der Geburt, dass ihr Baby das Down-Syndrom, also Trisomie 21, hat. Als sie ihr neugeborenes Mädchen anschauen, merken sie sofort, dass etwas ungewöhnlich ist. Emma sieht aus wie ihr Papa, und sie sieht aus wie ein Down-Syndrom-Baby. »Keiner, weder die Krankenschwestern noch die Ärzte, traute sich, uns etwas zu sagen. Ohne Blutuntersuchung dürfen Mitarbeiter im Krankenhaus nicht offiziell die Eltern informieren über den Gesundheitszustand ihres Kindes. Das war schlimm, diese Warterei«, erinnert sich die Biologin. »Irgendwann, da war Emma aber bestimmt schon zwei Tage alt, wurden mein Mann und ich dann ins Chefarztzimmer gebeten, und der teilte uns mit ernster Miene mit, dass unser Neugeborenes Trisomie 21 habe. Aber das wissen wir schon, haben wir geantwortet. Was denn sei mit einem Herzfehler oder anderen Einschränkungen? Emma hatte glücklicherweise keine einzige. Wir waren so erleichtert. Und der Chefarzt wirkte sehr erstaunt, dass wir uns ins erster Linie darüber freuten, dass unser Mäuschen zwar behindert, aber gesund ist.«

Katrin und Daniel, die seit vielen Jahren in Berlin leben, hatten sich bewusst gegen eine Nackenfaltenmessung oder Fruchtwasseruntersuchung in der Schwangerschaft entschieden. »In meinem Alter nimmt man, was man kriegt«, bemerkt die mittlerweile 46-Jährige, streicht ihren mittelbraunen Pony aus dem Gesicht und dann ihrer Tochter über den Kopf und lacht aus vollem Hals.

Was Katrin und Daniel getan hätten, wäre die Behinderung ihrer Tochter bei einer der regulären Ultraschalluntersuchungen bereits während der Schwangerschaft entdeckt worden? »Da kann man natürlich im Nachhinein nur spekulieren«, sagt der 41-Jährige nachdenklich, während er seine Brille zurechtrückt, und präzisiert: »Meine Frau hätte sicherlich keine Sekunde gezögert und wahrscheinlich sogar ›Na und? Das schaffen wir!‹ gerufen. Aber ich wäre ganz schön ins Grübeln gekommen.« Und er erinnert sich weiter, dass die Nachricht von der Behinderung ihrer Tochter ein riesiger Schock für ihn war, den er erst nach und nach überwinden konnte. »Ich fand das am Anfang wirklich total schrecklich, ich habe mich auch gar nicht mehr freuen können, dass ich jetzt Papa bin«, bemerkt der Jurist. »Meine Frau konnte und wollte ich mit so schlimmen und egoistischen Gedanken und Gefühlen nicht belasten, die musste ja selbst erst mal klarkommen, obwohl sie auf mich von Beginn an einen ziemlich glücklichen Eindruck gemacht hat.«

Die meisten Eltern eines behinderten Kindes, so der Arbeitskreis Down-Syndrom e.V., würden sich anfangs in einem ähnlichen Wechselbad der Gefühle befinden. Sowohl der erste Schock wie auch Ungläubigkeit, Trauer, Ablehnung, Wut oder Schuldgefühle spielten bei allen Betroffenen eine Rolle, als sie von der

Behinderung ihres Neugeborenen erfuhren. Diese Bandbreite der Gefühle durchlebt Emmas Mutter nicht in dem Maße wie der Vater, denn Katrin ist von der ersten Sekunde an unglaublich froh, Mutter zu sein. »Ich hatte schon gar nicht mehr damit gerechnet, in meinem Alter – immerhin war ich fast 40 bei Emmas Geburt – überhaupt noch ein Baby zu bekommen. Das war so ein Geschenk.« Dennoch gibt es auch für sie, die ungewöhnlich gelassen auf die Down-Syndrom-Diagnose ihrer Tochter reagiert, kurze Momente der Panik. »Besonders in Erinnerung geblieben ist mir eine der Krankenschwestern auf der Geburtsstation, so eine richtig patente rheinische Frohnatur. Ein, zwei Tage nach der offiziellen Diagnose, ich stillte gerade mein Baby, kam sie in unser Zimmer und meinte: ›Ach, ich habe eine erwachsene Nichte, die hat das auch. Die ist so eine Fröhliche, sie liebt Marianne und Michael und will ständig auf den Campingplatz mit uns.‹« Das war natürlich gut gemeint von ihr, die Schwester wollte uns ganz bestimmt helfen. Aber bei mir kam das völlig anders an. Oh Gott, dachte ich da, jetzt muss ich zu Hause ständig Schunkelmusik hören und acht Mal im Jahr zelten gehen. Ich verabscheue Camping und Volksmusik.« Als Katrin schluchzend im Bett sitzt und der Schwester zwischen zwei Schniefern gesteht, dass sie absolut gar nichts schlimmer fände als Schlager, verlässt die überforderte Krankenschwester rasch das Zimmer. Und wieder muss die 46-Jährige schallend lachen. »Das war so absurd. Aber ich hatte eben keine Ahnung, was mich erwartet. Ich habe mich dann beruhigt mit dem Gedanken, dass wir Emma nur Brahms und Beethoven hören lassen.«

Um sich besser vorstellen zu können, was auf einen zukommt, empfehlen Experten, dass Eltern eines Babys mit Down-Syndrom sich treffen mit Müttern und Vätern in einer ähnlichen Lage. Zum Austausch mit anderen Betroffenen. Und um Ratschläge zu bekommen von erfahrenen Eltern. In den Selbsthilfegruppen der betroffenen Familien ist von Downies die Rede. »Der liebevolle Ausdruck ändert aber nichts an der Tatsache, dass die Geburt eines Kindes mit Trisomie 21 auf einen Schlag das ganze Leben seiner Familie verändert«, sagt der Münchner Kinder- und Jugendarzt Professor Berthold Koletzko, Vorsitzender der Stiftung Kindergesundheit. »Die Eltern haben manchmal große Probleme, ihr Kind zu akzeptieren.« So wie Emmas Vater in den ersten Tagen. Erst als die kleine Familie nach ein paar Tagen im Krankenhaus zu Hause ist, nimmt sich Daniel ein Herz und gesteht seiner Frau, wie es ihm wirklich geht. »Ich war ehrlich schockiert damals«, berichtet die lebhafte Kölnerin. »Jetzt im Nachhinein kann ich das natürlich verstehen, aber zu der Zeit hatte ich nur eine Riesenwut auf meinen Mann. Da waren wir mit unserem süßen Baby zu Hause, und er freute sich nicht richtig und hat noch nicht mal seinen besten Freunden erzählt, dass er Vater geworden ist. Lediglich seine Eltern wussten Bescheid.«

Glücklicherweise vertraut sich die Biologin ihrer Hebamme an, die sich bei einem der nächsten Hausbesuche mit den beiden hinsetzt und sie einmal ganz offen über ihre Ängste und Sorgen sprechen lässt. »Das war so unglaublich entlastend«, berichtet der zurückhaltende Brandenburger und hat jetzt, sieben Jahre später, noch immer Tränen in den Augen, während er die Hand seiner Tochter streichelt. »Ich habe mich von meiner Frau wieder verstanden gefühlt.« Und die konnte zum ersten Mal nachvollziehen, dass ihr Mann einfach trauern musste um das »normale« kleine Mädchen, das er sich die Schwangerschaft über vorgestellt hatte.

Eine Selbsthilfegruppe besucht das Paar nicht, ihm hilft das intensive Gespräch mit der Nachsorgehebamme, die heute noch alle paar Monate vorbeikommt zum Gedankenaustausch. Katrin und Daniel bezeichnen die ihnen sehr vertraute Hebamme als ihre inoffizielle Mediatorin. »Offen über alles reden zu können tut so gut. Als es das erste Mal raus war, konnte ich hinterher viel unbefangener mit meiner Tochter umgehen und sie mit der Zeit so akzeptieren, wie sie nun mal ist«, erzählt der 41-Jährige, während er seine Tochter in ein rot-weiß-gestreiftes Badetuch hüllt.

»Was willste machen? Annehmen, liebhaben, großziehen.«

Tizis Eltern erhalten nach der Geburt ihrer zweiten Tochter die Diagnose, dass die heute Anderthalbjährige das Down-Syndrom hat.

Am liebsten mag es Tizi, gekitzelt zu werden. Auch fremde Leute dürfen – wenn sie nett sind – die Einjährige zum Lachen bringen. Hauptsache, Letizia freut sich. Dann freuen sich Aurelia, ihre knapp zwei Jahre ältere Schwester, Mama Steffi und Papa Klaus mit. Lachen und Sich-miteinander-Freuen gehören inzwischen selbstverständlich zum Alltag der Frankfurter Familie. Unvorstellbar wäre das für sie gewesen, hätte ihr das jemand direkt nach der Geburt ihrer zweiten Tochter erzählt, erinnert sich die 39-jährige Steffi. Denn Marie Letizia Valentine, deren hellblonde, feine Härchen ihr rundes Gesicht umrahmen, hat das Down-Syndrom. Und ihre Eltern erhielten erst nach der Geburt die Diagnose.

Die Nackenfaltenmessung im dritten Schwangerschaftsmonat ist völlig unauffällig. Sowohl der Ultraschall als auch die Blutuntersuchung ergeben keine Hinweise. Alles sei im Normbereich. Schriftlich bekommen die Eltern das Ergebnis: Die Chancen stünden 1 zu 1029, dass ihr ungeborenes Baby den Gendefekt habe. Nur: Steffi hat ein komisches Gefühl, befindet, dass die Nackenfalte auf dem Ultraschall viel dicker sei als die damals zwei Jahre zuvor bei Aurelia. Und sorgt sich. Die behandelnde Gynäkologin kann ihre Zweifel nicht zerstreuen. Klaus auch nicht, doch genauso wenig teilt er die Befürchtungen seiner Frau. »Ich bin Naturwissenschaftler, ich halte mich an Zahlen«, konstatiert der Chemiker, und dass er mit der komischen Vorahnung von Steffi nichts anfangen konnte. Die wiederum liest in der Schwangerschaft alles über Behinderungen, was ihr in die Hände kommt, besonders Berichte und Reportagen über Down-Syndrom-Kinder. »Auf dem Spielplatz beobachtete ich mal ein ganz pfiffiges kleines Mädchen mit Trisomie 21, das von zwei anderen Kindern richtig gemein ausgeschlossen wurde. Und ich dachte damals: Hoffentlich bekommen wir nicht so ein Kind«, erinnert sich die Göttingerin heute, zwei Jahre später.

Als es richtig losgeht mit der Geburt, ruft Steffi Klaus an. Der beendet seinen Arbeitstag frühzeitig, holt die damals einjährige Aurelia aus der Kita ab und fährt anschließend seine Frau ins Krankenhaus. Zu dritt machen sie dann einen Ausflug zu einem dem Hospital nahegelegenen Spielplatz, und als es Abend wird, schickt Steffi Papa und Tochter nach Hause. »Mir war klar, dass ich nur dann entspannt mein Baby entbinden kann, wenn ich weiß, dass meine Tochter zur üblichen Schlafenszeit von meinem Mann zu Bett gebracht wird«, erzählt sie. So ist es dann auch. Knapp zwei Stunden später kommt Tizi zur Welt. »Ich habe mir unsere Motte genau angeschaut, und da waren sie, die klaren Down-Syndrom-Anzeichen«, erklärt die Betriebswirtin. Steffi entdeckt die Vierfingerfurche an der winzigkleinen Hand ihres Neugeborenen. Da sie sich intensiv mit dem Thema beschäftigt hatte, weiß sie, dass üblicherweise die in der Innenfläche verlaufende oberste Falte in einem geschwungenen Bogen verläuft und etwa am Mittelfinger endet, bei Trisomie-21-Kindern jedoch als gerade Linie über die gesamte Fläche zu sehen ist. Und sie sieht, dass der Zwischenraum zwischen dem ersten und zweiten klitzekleinen Zeh besonders weit ist, Sandalenlücke genannt, und ein weiterer Hinweis auf das Down-Syndrom. Mit schwerem Herzen spricht sie ihre Hebamme darauf an. Die findet auch, dass das Baby äußere Anzeichen einer Trisomie 21 vorweist, und empfiehlt der Mutter, am folgenden Morgen den Krankenhauskinderarzt aufzusuchen und um seine Fachmeinung zu bitten. Später am Abend ruft Steffi zu Hause an und teilt Klaus ihre Befürchtungen mit. Der sagt heute, er mache sich ungern Sorgen wegen nichts. Nach dem Telefonat habe er ein Bier getrunken und sei ins Bett gegangen. Steffi wiederum liegt wach im Krankenhausbett, schaut ihre kleine Tochter an und denkt: »Dies ist die letzte Nacht vor einer vielleicht niederschmetternden Diagnose. Jetzt ist mein Baby noch gesund.« Sie möchte keine Sekunde dieses Zustands verpassen und schläft so gut wie gar nicht. Als am Morgen um acht Uhr der Kinderarzt da ist, steht Steffi schon mit Letizia im Untersuchungsraum. Äußerlich ruhig und gelassen, berichtet sie von ihren Befürchtungen, dass ihr Baby behindert sein könnte. Der Arzt beginnt die Untersuchung. Während der Doktor mit Letizia beschäftigt ist, steht Steffi an die Wand gelehnt daneben und denkt unaufhörlich: »Der sagt jetzt, es ist nichts, der sagt jetzt, es ist nichts.« Stattdessen jedoch stellt er aufgrund eines ungewöhnlichen Geräuschs einen Herzfehler fest. Das ist natürlich ein weiteres Indiz für das mögliche Syndrom, kommt ein Herzfehler doch bei etwa 60 Prozent der Neugeborenen mit Trisomie 21 vor. »Als der Check-up beendet war, schaute mich der Kinderarzt an und sagte: ›Ich teile Ihre Einschätzung bezüglich einer Behinderung Ihrer Tochter.‹« Da ist es dann vorbei mit Steffis Selbstbeherrschung, es haut ihr sprichwörtlich den Boden unter den Füßen weg. Schluchzend rutscht sie an der Wand dem Fußboden entgegen und bricht zusammen. Und wird aufgefangen von den behandelnden Ärzten und Schwestern. »Dieses Kind wird euch so viel Freude bereiten«, sagt eine der Schwestern, die bereits mit Menschen mit Down-Syndrom gearbeitet hatt. »Daran habe ich mich festgehalten«, erzählt die Niedersächsin. Die Nachtschwester sagt zwar ohne Mitleid, aber sehr freundlich: »Das ist normal, so was gibt es.« Das besondere Kind als normal zu bezeichnen, hätte ihnen gutgetan, erinnert sich das Paar. Trotz all des Zuspruchs hätte sie in den ersten Tagen vor allem ein Gedanke beschäftigt: »Wir können dieses Kind nicht weggeben. Niemand will ein behindertes Baby adoptieren«, berichtet Steffi. Und davon, wie sehr sie sich später geschämt habe, an so etwas überhaupt gedacht zu haben. Doch sie artikuliert dem Krankenhauspersonal gegenüber, was sie bedrückt und wie groß die Vorbehalte gegenüber dem Baby sind. Das sei völlig normal, dass sie so denke, antworten die Profis und beruhigen Steffi sehr damit. Weil der angeborene Herzfehler des kleinen Mädchens genauer untersucht werden muss, fahren Mutter und Baby in die Frankfurter Uniklinik. Auf dem Weg informiert Steffi ihren Mann telefonisch über die wahrscheinliche Diagnose ihrer Tochter. Der weiß immer noch genau, wie merkwürdig und abgehackt, gar nicht wie sie selbst, seine Frau klang. Daher ging ihm anfangs nur ein Gedanke durch den Kopf: »Hauptsache, meiner Frau geht es gut. Wenn es ihr damit gut geht, das Baby wegzugeben, ist es okay, und wenn es ihr damit gut geht, dass wir das Baby gemeinsam großziehen, ist es auch okay. Ich habe nur an meine Frau gedacht.« Und Steffi erinnert sich und ergänzt: »Klaus hat später dann, als wir uns in der Uniklinik trafen, zu mir gesagt: Wenn du das Baby nicht liebhaben kannst, werde ich es für uns beide zusammen liebhaben.« Bei der Erinnerung steigen ihnen Tränen in die Augen. Die sind aber ganz schnell weg, als sie sich an die erste Begegnung ihrer beiden Töchter in der Uniklinik erinnern. Klaus macht sich nach der telefonischen Übermittlung der Down-Syndrom-Diagnose sofort mit Aurelia auf den Weg. Er möchte seine neugeborene Tochter endlich kennenlernen. Und Aurelia? »Die hat sich gefreut wie ein Schnitzel«, bringt Klaus es auf den Punkt. Und ist hingerissen von dem Baby, »sie hat ihre kleine Schwester mit offenen Armen empfangen«, steht später in der SMS, die Steffi an Familie und Freunde schickt, um diese über Tizis Geburt zu informieren. Und in der Kurznachricht steht auch, dass sie selbst eine Mischung aus Glück und Trauer empfinde, weil ihr Neugeborenes ein Menschlein mit Down-Syndrom sei. Ein Freund schrieb zurück – und Steffi mitten ins Herz: »Was willste machen? Annehmen, liebhaben, großziehen.« Die in der Nähe lebenden Großeltern schlucken erst mal sehr schwer. Doch sie kommen gleich angefahren, nehmen die kleine Tizi auf den Arm und schwärmen wie zuvor bei der neugeborenen Aurelia, was für ein süßes Enkelkind sie da bekommen hätten. Als Tizi ein paar Monate alt ist, sitzt ihnen eine ältere Dame im Bus gegenüber, die das kleine Mädchen mit liebevollem Blick betrachtet. Beim Aussteigen streicht sie ihr zart über den Kopf und sagt: »Es möge dir immer gut gehen in deinem Leben.«

Klaus' Freude ist ein wenig verhaltener als die seines Kindes, doch sie ist da. Trost spendet ihm der Gedanke, dass dieses Baby in keine bessere Familie hätte geboren werden können. Weil sie sich wertschätzen und liebhaben und ein besonderes Kind optimal fördern können, weil sie alle Möglichkeiten dazu haben. Alles ist da: genug Liebe, genug Platz, genug Geld. Und stückchenweise verlieren sie die Angst vor der ungewissen Zukunft. Und freuen sich auf ein Leben mit ihren beiden Mädchen.

»Behindert? Das kann nicht sein.«

*Rita, 56, arbeitet seit 30 Jahren als Hebamme.
Sie unterstützt Paare, die erst nach der
Geburt von der Behinderung ihres Kindes erfahren.*

In Zeiten der Pränataldiagnostik erfahren Eltern oft bereits in der Schwangerschaft, wenn ihr Baby eine Behinderung hat. Aber es gibt nach wie vor Überraschungsbefunde. Man sieht es dem Neugeborenen gleich an, dass etwas anders ist. »Wenn ein Baby behindert zur Welt kommt, stehen die Eltern erst mal unter Schock«, erzählt die gestandene Frau, die genauso aussieht, wie man sich eine Hebamme vorstellt. Zupackend und erdverbunden. »Die dachten, jetzt kommt da das perfekte kleine Baby daher, das sie sich so sehr gewünscht haben, und dann ist alles anders.« Klar sei das ein einschneidendes Erlebnis. Die seit 35 Jahren im Berufsleben stehende Hebamme erinnert sich: »Früher war das natürlich ganz anders. Als ich zu arbeiten anfing, gab's ja noch nicht mal Ultraschall in jeder Arztpraxis. Die Frauen mussten dann nehmen, was kommt. Heute dagegen wird alles an Technik eingesetzt, was zur Verfügung steht, um auch bloß sicherzugehen, dass alles in Ordnung ist mit dem Kind.« Das sei einerseits natürlich wunderbar, doch es gaukele auch ein Gefühl der absoluten Sicherheit vor. »Genau, ich habe das Gefühl, Eltern wollen heute alles kontrollieren. Ich würde fast sagen: Die denken, sie müssten alles kontrollieren. Alles muss ins perfekte Leben passen. Wenn ich Hausbesuche mache vor der Geburt, um die Frau kennenzulernen, die ich dann während der Geburt im Krankenhaus betreue, hängen da Ultraschallbilder vom Ungeborenen im komplett eingerichteten Kinderzimmer. Auch wenn die werdende Mutter erst im sechsten oder siebten Monat ist.« Die Eltern könnten es gar nicht erwarten, dem perfekten Baby sein perfektes Zimmer zu zeigen. »Und wenn dann das Unvorhersehbare eintritt, das, was man nicht wollte, nämlich ein Kind, das beeinträchtigt ist, dann verstehen die die Welt nicht mehr. Behindert? Das kann nicht sein«, erzählt die gebürtige Allgäuerin, die heute in München lebt.

Um die verstörten Mütter und Väter zu unterstützen, soll eine engmaschige Betreuung stattfinden. Oft muss das Baby mehrfach untersucht oder sogar operiert, möglicherweise in eine andere Klinik verlegt werden oder zumindest auf eine andere Station. Gut geschulte Ärzte, Hebammen wie Rita und Säuglingsschwestern seien dann da, um zu erklären, was das Neugeborene möglicherweise hat, und zu beschreiben, wie die weiteren Schritte aussehen. Rund um die Uhr, Tag und Nacht steht ein Ansprechpartner bereit, um drängende Fragen zu beantworten. »Oder um einfach zuzuhören. Dafür sind wir da, wir versuchen uns die Zeit im hektischen Klinikalltag zu nehmen, um für den manchmal sehr verzweifelten Menschen da zu sein«, sagt die Mutter von zwei erwachsenen Töchtern. »Wenn gewünscht, kommt auch unsere Krankenhausseelsorgerin oder unsere Psychologin.« Dann sind es die praktischen Dinge, die erledigt werden müssen, die nach der ersten großen Trauer angepackt werden müssen. »Wir sind gut vernetzt. Noch auf Station stellen wir Kontakt her zu Selbsthilfegruppen, in denen erfahrene Eltern von Kindern mit derselben Behinderung sich zusammengeschlossen haben. Und wir informieren schon mal die Ämter und manchmal Pflegedienste, die den Eltern helfen, wenn sie nach ein paar Tagen nach Hause kommen. Einer der zuständigen Mitarbeiter von uns besucht die Familie sofort nach der ersten Nacht, um zu fragen, wie alles geklappt hat«, beschreibt Rita das weitere Procedere. Ganz wichtig und entlastend für die Eltern sei eine Mappe mit einer Liste aller wichtigen Telefonnummern und Adressen. Und die Mütter und Väter würden dringend gebeten, sich zu melden, wenn sie irgendetwas bräuchten oder wissen wollten. »Das funktioniert inzwischen eigentlich ganz gut«, sagt die Hebamme. »Manche Eltern kommen nach ein paar Monaten oder sogar Jahren zurück und zeigen uns ihr Kind. Ganz stolz.«

Wenn eine Frühgeburt nicht spurlos bleibt

600 000 Babys werden etwa im Jahr in Deutschland geboren. Acht Prozent dieser Kinder kommen laut Weltgesundheitsorganisation (WHO) heute als Frühgeborene zur Welt – also geboren vor der 37. Woche und mit weniger als 2500 Gramm Gewicht. Und circa ein Prozent aller Babys sind sogenannte extreme Frühchen. Das bedeutet, dass sie mit einem Geburtsgewicht unter 1000 Gramm beziehungsweise einer Schwangerschaftsdauer von unter 28 Wochen geboren werden. Die Tendenz ist steigend. Die Chancen, diesen Frühstart zu überleben, stehen heute besser denn je. Doch zu welchem Preis?

Die Wahrscheinlichkeit ist hoch, dass die Minibabys Schäden zurückbehalten. Eine zu frühe Geburt bedeutet vor allem, dass die Organe des Babys noch nicht vollständig ausgereift sind. Je früher die Geburt stattfindet, desto bedrohter sind die Gesundheit und die weitere Entwicklung des Kindes. Vor allem im Gehirn werden in den letzten Wochen einer regulären Schwangerschaft noch wichtige Vernetzungs- und Reifungsprozesse vollzogen. Durch eine zu frühe Geburt müssen diese Entwicklungsschritte nun außerhalb des Mutterleibs ablaufen und sind damit störenden Einflüssen wie Licht, Lärm, Schmerz- und Stresserlebnissen ausgesetzt. Das Frühchen muss zudem atmen, verdauen und seine Körpertemperatur halten, während ein Ungeborenes zur selben Zeit seine gesamte Energie zur Entwicklung der Organe und des Gehirns verwendet. Bereits diese vereinfachte Darstellung aus einem Infoheft für Lehrer und Frühcheneltern verdeutlicht, dass die Gehirnentwicklung frühgeborener Kinder in einer sensiblen Zeit deutliche Irritationen erfahren hat. Und die Eltern sind zumeist völlig überfordert mit der Situation. Frauen bekommen plötzlich ein Baby, obwohl sie sich noch gar nicht richtig schwanger gefühlt haben, gerade mal die ersten zarten Tritte gespürt und einen kleinen, aber noch sehr überschaubaren Babybauch vorzuweisen hatten. Und dann, zack, plötzlich und viele Monate zu früh, ist dieses winzige, unfertige Wesen da, das möglicherweise sterben wird. Ein Schock für die Eltern. Aber mit diesem traumatischen Ereignis enden die Probleme nicht, damit fangen sie oft erst an. Denn von nun an müssen viele Mütter und Väter Tag für Tag, über viele Monate, bangen, ob ihr Baby die nächsten Stunden überleben wird. Ob es eine Gehirnblutung bekommt oder eine Lungenentzündung, ob es erblindet oder geistig behindert ist. Experten gehen heute davon aus, dass jedes Frühchen auf irgendeine Art und Weise geschädigt ist durch sein viel zu frühes Zur-Welt-Kommen. Viele von ihnen sind entwicklungsverzögert und haben einen Integrationsstatus im Kindergarten. Natürlich besteht in diesen Jahren die Hoffnung, dass die Verzögerungen durch Extraunterstützung nach und nach verschwinden. So scheint es auch oft. Und um den Kindern nicht bereits zu Beginn ihrer Schullaufbahn einen Stempel aufzudrücken und weil nach außen hin inzwischen alles so normal wirkt, gehen diese Kinder als »stinknormale« Schüler auf Regelschulen. Und bekommen dort oft arge Probleme, denn die meisten Lehrer kennen diese Problematik nicht. Viele Frühchen brauchen mehr Zeit und durchdachte methodisch-didaktische Unterstützung, um ihren eigenen Lernprozess erfolgreich zu gestalten. »Wir Forscher sind heute der Meinung, dass ein Frühchen in der Schule Probleme mit komplexen mathematischen Aufgaben haben kann, weil seine Nervennetzwerke weniger effektiv kommunizieren. Das Frühchengehirn bewältigt arbeitsaufwendige Aufgaben auf eine andere Art als ein normales Gehirn. Deshalb nützt es dem Kind wenig oder gar nicht, wenn man es solche Aufgaben einfach nur öfter üben lässt. Es braucht vielmehr eine andere Erklärungsweise«, sagt der Entwicklungspsychologe Prof. Dr. Dieter Wolke im Interview mit der *NZZ* vom 24.6.2013. Und ergänzt: »Es könnte sein, dass den betroffenen Kindern schon einfacher aufgebaute oder auch kürzere Sätze als Erklärung sowie generell kürzere Lerneinheiten helfen. Denn wir wissen, dass viele der zu früh ins Leben gestarteten Kinder auch Konzentrationsschwierigkeiten haben. Vermutlich benötigen Frühgeborene für alle ihre unterschiedlichen Lernprobleme maßgeschneiderte und andere Therapien als gleichaltrige, aber termingerecht geborene Kinder.« Und Professor Wolke spricht einen anderen, sehr wichtigen Punkt an: »Wir als Gesellschaft haben eine Verantwortung für die Frühchen. Denn durch den medizinischen Fortschritt, welcher gerade in der Neonatologie enorm ist, überleben heute viel mehr Frühgeborene als früher. Doch wenn wir ihnen das Überleben ermöglichen, dann können wir nicht nach der Spitalentlassung sagen: Liebes Kind und liebe Eltern, jetzt seht bitte selber zu, wie ihr zurechtkommt. Da haben wir eine Verantwortung, bei Bedarf wirklich passende Hilfen anzubieten. Auch sollte man bedenken, dass es insgesamt kostengünstiger ist, Therapien zu entwickeln, die dann eine echte Hilfe sind, als die Kinder und Jugendlichen mit vielen unzureichenden Angeboten zu versorgen.« So wie bei Charlotte, deren Mutter fast verzweifelt. Weil ihre Tochter dringend Unterstützung in der Schule benötigt. Und keiner da ist, der ihr hilft.

»Wir stehen am Abgrund und müssen bald springen.«

Die zehnjährige Charlotte wurde in der 26. Schwangerschaftswoche geboren. Die Auswirkungen dieser viel zu frühen Geburt beeinflussen ihr Leben und das der Familie.

Wenn Charlotte im Klassenraum sitzt und einen Text von der Tafel abschreiben soll, tut sie dies möglichst gewissenhaft. Und wenn der Text im Heft kontrolliert wird, findet ihre Lehrerin mindestens 15 Fehler. Beim Rechnen ist es noch schlimmer. Die Zehnjährige hat vom Schuleintritt an größte Lernschwierigkeiten. »Wir waren immer so sauer, wenn unsere Tochter, wie wir fanden, sich so doof stellte. Sie kam uns abgesehen von dem Schulkram immer so intelligent vor«, erinnert sich ihre Mutter. Aber bisher ist die Schulzeit eine Katastrophe. Und niemand weiß so richtig, warum.

Vor dem Übergang in eine weiterführende Schule graut es der gesamten Familie. Wie das überhaupt funktionieren soll, ist allen schleierhaft. Charlottes Mama sagt mit Angst in der Stimme: »Wir stehen am Abgrund und müssen bald springen. Und niemand ist da, der uns hilft. Die Extremfrühchen fallen in der Schule als Erste hinten runter, sie kommen oft nicht mit, dabei strengen sie sich so wahnsinnig an. Und trotz dieser immensen Anstrengung sind sie nie besser als andere, sondern kommen höchstens gerade so mit.« Erklären lässt sich das unter anderem damit, dass viele natürliche Transfers im Gehirn, die in den letzten Schwangerschaftswochen angelegt werden, bei Frühchen nicht existieren.

Diese Information erhalten die Eltern durch die Lektüre einer Broschüre *(Das frühgeborene Kind)*, das Mitteilungsblatt des Bundesverbandes, das sie per Zufall in die Hand bekommen. Und sie sind fassungslos. »Da wurde unser Kind beschrieben. So viel passte, so viel haben wir verstanden. In der lapidaren Broschüre haben wir unendlich viel über unsere Tochter gelernt.

Obwohl das doch auf der Hand liegt, dass so ein lautes, stressiges Rausgerissensein sich irgendwie im Charakter niederschlägt, denken wir inzwischen.« Denn eines ist klar: Extremfrühchen haben nicht nur einen extraschweren Start, sondern eine ebenso schwierige Entwicklung. Zumindest, wenn sie ganz viel Pech haben. So wie Charlotte.

Ein »Häufchen Mensch« ist Charlotte bei ihrer Geburt. In der 26. Schwangerschaftswoche unter dramatischen Umständen geboren, wiegt sie gerade mal 610 Gramm. »Das Kind war da, aber es gehörte dir nicht. Nichts an ihr war fertig. Dieses Wesen wurde in einen anderen Raum gebracht und erstversorgt«, erzählt ihre Mutter Juliane. Erinnern an die genauen Umstände kann sie sich nicht, war damals doch ihr eigenes Leben akut bedroht, sie verlor massenhaft Blut, sie weiß das nur aus Erzählungen ihres Mannes. Der sieht hilflos zu, wie die Ärzte versuchen, das Leben seiner Frau und das ihres Erstgeborenen zu retten.

Die Rettung gelingt. Eingepackt in Klarsichtfolie »wie ein Schnitzel«, so ihre Mama, liegt sie im Inkubator. Die Folie schützt ihre Haut vor der Austrocknung. Ihre Hände sind winzig, und um die Netzhaut zu schützen, hat sie eine kleine Schlafbrille auf. Wie Schneewittchen liegt sie im Brutkasten. »Ich dachte immer an einen Kindersarg, in dem es auch noch brüllend laut war. Und alles an Charlotte war roh und unfertig, und ich dachte manchmal: Was machen wir hier? Was tun wir ihr an? So was darf nicht sein, das ist moralisch nicht vertretbar, das ist ganz gruselig«, beschreibt Juliane ihre Gewissenskonflikte.

Und das Schlimmste: Ihre Eltern können nichts tun. Gar nichts. Sie dürfen ihr kleines Mädchen noch nicht mal halten, streicheln, auf ihre Brust legen. »Die behandelnde Säuglingsschwester animierte uns, dem Kind vorzusingen und Geschichten zu erzählen, es würde die Frühchen beruhigen, die Stimme ihrer Mutter oder ihres Vaters zu hören.« So sei sie nach ihrer Entlassung fünf Mal am Tag ins Krankenhaus gefahren und habe vor dem Brutkasten gestanden und »Que sera« von Doris Day gesungen – die Auswahl wäre vollkommen intuitiv gewesen und hätte doch so gut auf die damalige Situation gepasst. Keiner weiß, was aus dem Baby werden wird. »In den Wochen und Monaten habe ich eigentlich nichts anderes gemacht, als wie eine Getriebene mit dem Fahrrad ins Krankenhaus zu fahren, mir die Seele aus dem Leib zu singen und wieder zurückzufahren. Ich muss zu meinem Kind, war der einzige Gedanke. Zu Hause wusste ich nichts mit mir anzufangen und konnte mich auf nichts konzentrieren, nichts essen. Es passte nichts mehr, so extrem habe ich abgenommen.« In der Zeit heiraten Juliane und ihr Mann standesamtlich, ganz schnell, es ist ihnen plötzlich ein Bedürfnis. »Ich sah schlimm aus, richtig hohlwangig mit wirrem Haar. Selbst bei der Hochzeit. Es war mir egal. Einzig unser Kind zählte. Das Überleben unseres Kindes. Darum kreisten meine Gedanken.« Damit Charlotte irgendwie dabei ist bei dem kleinen Fest, baut die Standesbeamtin ein Lied ein, »Que sera« läuft vom Band. Das sei eigentlich der schönste Moment gewesen.

Grundsätzlich fühlen sich die Eltern im Hospital, das auch als Lehrkrankenhaus dient, nicht willkommen. Sondern eher wie Störenfriede. »Ein aufgeregter Tross von Ärzten und Schwestern, die zu einem piepsenden Monitor rannten, war Alltag. Was machst du denn schon wieder hier? Das hat niemand zu mir gesagt, aber man hat es mich irgendwie spüren lassen. Manche Ärzte waren auch so unsensibel. Ständig sagten sie, dass das Baby sterben könne. Und dass wir nicht ständig auf das Überwachungsgerät schauen sollten, dabei hat es uns das einzige Lebenszeichen gegeben von diesem kleinen Ding, das da lag. Einmal musste mal wieder eine Nadel für ein notwendiges Medikament wegen Lungenproblemen in Charlottes Minikörper gesteckt werden, da mussten wir vorher das Einverständnis geben, weil das Risiko bestand, dass ihr Rückenmark getroffen werden könnte und sie querschnittgelähmt würde. Wenn wir die Prozedur ablehnten, würde sie wohl sterben. So was war dauernd, und zwischendurch kam die Seelsorgerin. Es war furchtbar«, erzählt Juliane. Und dass sie in den ersten Wochen lediglich mit Kittel und Mundschutz an den Inkubator, in dem Charlotte lag, treten durften und mit so einer Art Greifteilen das Menschlein ganz zart berühren durften. Aber eben nicht streicheln mit der Hand. »Weil wir Charlotte ja nicht anfassen durften, ihr aber trotzdem irgendwas geben wollten, haben wir ihr ein Kuscheltier in den Inkubator legen lassen. Damit man irgendeine Verbindung hat zum Kind.« Um den fehlenden Erstkontakt in den ersten Tagen und Wochen irgendwann aufzufangen, beginnt das Elternpaar auf Anraten der Ärzte mit dem Kangarooing, der Känguru-Methode: Das Neugeborene wird Haut an Haut auf den Oberkörper eines Erwachsenen gelegt. Durch den direkten Hautkontakt wird bei den Eltern wie auch beim Kind das Hormon Oxytocin ausgeschüttet, das einerseits für Wohlbefinden und Entspannung sorgt und andererseits den Milchfluss fördert. »Ich habe bei den ersten Malen richtiggehend Panik bekommen mit ihr auf der Brust«, erinnert sich Juliane. »Dabei soll das doch den gegenteiligen Effekt haben und der direkte Kontakt mit der Mutter das Baby beruhigen. Ich dagegen war total unruhig. Charlotte roch komisch, die Haut war klebrig. Ich habe zu dem Zeitpunkt keine Beziehung zu ihr gehabt. Sie war so zerbrechlich.« Man merkt ihr an, wie ungern sie sich an diese schwere Zeit erinnert. In der Zeit, die Charlotte im Krankenhaus verbringt, sterben zwei Frühchen. »In meinem Leid und meiner Sorge hatte ich fast Schuldgefühle. Das Sterben passiert einfach so. Du musst auf die Ärzte vertrauen, denn nur die schaffen es, dass dein Kind überlebt«, sagt Juliane. Und dann, zwischendurch, gibt es Miniglücksmomente: »Man konnte sie manchmal erkennen mit ihrer Stupsnase, die reckte Charlotte immer nach oben. Oder ihre langen Füße und Hände, das war Charlotte und nicht ein Alien, die sehen heute noch genauso aus. Und manchmal habe ich mich gefragt: Kommt das Singen überhaupt an, bringt das alles was? Und dann habe ich gesehen, wie es sich entwickelt. Wenn Charlotte beispielsweise auf der Briefwaage gewogen wurde und sie ein Gramm zugenommen hatte. Das war ein Fest!« Das Baby mit seinen Miniaturproportionen wäre ihnen ganz normal vorgekommen irgendwann. »Ich erinnere mich, Charlotte war noch im Krankenhaus, und wir durften einen kleinen Ausflug machen. Habe dann eine Freundin im ARD-Studio besucht, und Werner Sonne kam vorbei. Er guckte in den Wagen, zuckte erschreckt zurück und rief dann mit ganz hoher Stimme: ›Oh Gott, ist die klein!‹ Das war die normale Reaktion. Als ich dann mal ein Baby nebenan auf der Wöchnerinnenstation gesehen habe, ein voll entwickeltes, zur richtigen Zeit geborenes Baby, kam mir das wie ein riesiges Monster vor«, sagt Juliane und lacht.

Charlotte schafft es, zu überleben. Als sie ein bestimmtes Alter und eine bestimmte Größe erreicht, darf sie nach Hause. Drei Monate nach ihrer dramatischen Geburt, also etwa am Tag ihres eigentlichen Geburtstermins, wird sie aus der Klinik entlassen. Sie wiegt 2300 Gramm. »Auf Anraten der Ärzte haben wir kein Überwachungsgerät ausgeliehen, das ewige Piepen wegen der bei Frühchen ständigen Atemaussetzer würde uns völlig verrückt machen«, erzählt Juliane. »Gut, dass wir uns daran gehalten haben. In der ersten Nacht haben wir nämlich gar nicht geschlafen. Ständig sind wir zum Bettchen gerannt und haben überprüft, ob sie noch lebt. Wie alle Babys, die viel Zeit von Anfang an in Krankenhäusern verbringen müssen, ist sie ein pflegeleichtes Kind. Denn die sind es gewöhnt, sich von Beginn an nach dem Fütter- und Schlafrhythmus des Hospitals zu richten. Zu Hause kam aber keine Krankenschwester und sagte, es ist Zeit zum Wickeln oder zum Füttern. Wir haben richtig gefremdelt, die Instinkte sind weg, das Spontane gab es nicht.« Doch irgendwann ist auch Platz da für Freude: »Dann sahen wir Charlotte an, und riefen: ›Ist die schön, hach, ist die klasse!‹ Das Glück über dein Baby beginnt dann, wo der Gedanke und die Gefahr aufhören, dass es möglicherweise gleich stirbt.«

Der Alltag zu Hause beginnt, und es ist ein schwieriger Alltag. Ständige Arzttermine bestimmen die Tage. Sie müssen zur Atemsprechstunde, um zu sehen, ob die Lunge wirklich so arbeitet, wie sie soll. Und sie müssen zur Vereisungssprechstunde wegen der bei Frühchen oft vorkommenden Blutschwämmchen, eines drückt fast das Auge zu. Wie so viele Frühchen hat Charlotte kein Urvertrauen, große Anpassungsschwierigkeiten in neuen Situationen und ist sehr ängstlich, was wahrscheinlich bedingt ist durch die sofortige Trennung von ihrer Mama nach der Geburt. »Und sie hat eine Toleranzgrenze, die etwa bei minus 30 liegt, ganz schnell ist ein Schockmoment da, und sie ist überfordert. Charlotte ist durch die kleinste Kleinigkeit aus dem Konzept gebracht und reagiert für Außenstehende völlig überzogen mit Schreien und Auf-dem-Boden-Wälzen. Das hat sie als kleines Mädchen gemacht, und das passiert heute immer noch.« Oft, sehr oft, stößt Juliane an ihre Grenzen. Wenn sie mit Kinderärzten spricht oder mit Erziehern, Jugendamtmitarbeitern oder Eltern, die allesamt beschwichtigen und oft einfach nicht zuhören wollen: »Da habe ich schon manchmal das Gefühl: Wir sind furchtbar, deswegen will keiner was mit uns zu tun haben«, sagt sie leise. Nach der Entlassung aus dem Krankenhaus vor zehn Jahren fühlt sich die Familie alleingelassen. Zwar wird Charlotte engmaschig vom SPZ (Sozialpädiatrisches Zentrum: Dort werden Kinder ärztlich betreut, die Behinderungen haben oder chronisch krank sind) begleitet. Doch Selbsthilfegruppen oder Ähnliches, Therapeuten mit dem Schwerpunkt Frühchenproblematik gibt es nicht. »Das Bewusstsein, dass zu früh geborene Kinder auch Jahre oder Jahrzehnte nach diesem traumatischen Ereignis beeinträchtigt sind, und damit meine ich nicht die offensichtliche, dadurch entstandene Behinderung, kommt erst nach und nach«, sagt Juliane.

Die Experten vom SPZ helfen jedoch, weil Charlotte entwicklungsverzögert ist. »Ihre Motorik als Baby war eckig, ganz merkwürdig, wie ein Käfer. Sie bekam sofort Physiotherapie. Und sie konnte nicht altersgerecht fixieren, sortieren und einordnen. Ein großer Plan wurde uns auferlegt, was wir mit dem Kind üben und was Ergo- und Physiotherapeuten tun sollen. Bei mir kam an: Wenn du das alles nicht machst, genau so, bist du eine schlechte Mutter. Und uns wurde immer wieder gesagt: Man weiß nicht, was aus dem Kind wird, geistig. Sie wird sicherlich

Probleme bekommen. Aber nie hat einer gesagt: Wenn das Problem auftaucht, macht das und das. Selbst die Experten wussten damals einfach viel zu wenig über diese spezielle Problematik.«

Wegen der Entwicklungsverzögerung und Sprechschwierigkeiten besucht sie eine reguläre Kita als Integrationskind, sie hat einen vom Amt bescheinigten Status. »Wir wussten gar nichts damals, wir dachten, das klappt schon alles. Keiner sagte uns, wir bräuchten eine Spezialkita«, empört sich die gebürtige Westfälin. Weil es dort ganz schlecht läuft und Charlotte kaum Ansprache erhält, wechselt sie knapp anderthalb Jahre später in eine Integrationskita. Zwar ist dort kein speziell ausgebildeter Integrationserzieher angestellt, doch die freundlichen Erzieherinnen versichern den Eltern: »›Mit viel Liebe gedeiht das Kind.‹ Das war's dann aber auch. Sie fiel immer auf, weil sie eben so ein Hauch war. Charlotte wurde dort nicht speziell gefördert. Extravorschularbeit fiel auch weg, niemand merkte, dass sie nicht rechnen kann. Und dann kam sie in die Schule«, erzählt Juliane. Beim Schuleignungstest und einem Besuch beim Amt wird sie, so erinnert sich die 46-Jährige, abgewimmelt und die Probleme von Charlotte werden kleingeredet. »Als ich um einen I-Status für sie bat, damit sie in der Schule besonders betreut wird, hat die Amtsmitarbeiterin das abgetan mit den Worten: ›Was? Das Kind ist doch völlig normal. Das soll doch keinen Status haben und sich anders fühlen.‹ Und das war's dann.« Denn der Integrationsstatus wird alle zwei Jahre durch einen Amtsarzt bestätigt oder aufgehoben. In Charlottes Fall kam es dazu gar nicht erst, die Sachbearbeiterin hielt es nicht für nötig. Und so besucht Charlotte als vermeintlich »völlig normales« Kind die Regelschule. Ihre Defizite fallen zwar auf, doch die Lehrerin meint, das werde schon, alle Kinder seien unterschiedlich. Erst zum Ende der zweiten Klasse ist auch der Schule klar: Charlotte kann nicht rechnen. Wieder bitten die Eltern darum, dass sie einen Integrationsstatus bekommt, wieder wird ihnen dieser verwehrt. Auf Drängen der Familie hin wird die Schule aktiv. Um Klarheit zu bekommen, muss Charlotte einen Intelligenztest (der eher überdurchschnittlich ausfällt) und einen Leistungsstörungstest machen. Jetzt haben sie es schwarz auf weiß: Charlotte hat Dyskalkulie (Rechenschwäche) und bekommt von da an Förderunterricht. »Und jetzt sitzt da ein von außen völlig normales Kind vor dir, in dem etwas vorgeht, was man nicht sieht. Durch die Frühgeburt muss man dieses Kind fordern und oft überfordern, damit es mitkommt in unserer Leistungsgesellschaft. Das Gymnasium schafft sie nicht, hat die Rektorin zu mir gesagt, völlig unmöglich, daran muss ich oft denken und es macht mich traurig.« In der Schule ist Charlotte nach wie vor sehr still und wirkt oft total abwesend, was manche Lehrer ihr in ihrer Überforderung als Desinteresse auslegen und Wohlmeinende als extreme Schüchternheit. Ja, sie ist besonders und anders, und sie hat auch autistische Züge. »Morgens geht Charlotte extrem früh los, weil sie schreckliche Angst hat, zu spät zu kommen. Am liebsten würde sie wohl die Erste sein in der Schule. Damit sie nichts gefragt wird. Was passieren könnte, wenn sie in einen bereits vollen Klassenraum käme. Sie sucht keinen Kontakt zu anderen. Sozialer Kontakt ist nicht, das will sie nicht. Zumindest von sich aus nicht. Vieles ist ihr schrecklich peinlich, selbst ein harmloser Smalltalk mit Fremden. Das kommuniziert Charlotte auch, dass sie so was nicht will«, erklärt ihre Mama.

Sie selbst ist auch nicht gefeit vor den Schwierigkeiten der Wissensvermittlung: »Wenigstens das musst du können! So was habe ich ständig zu ihr gesagt. Jetzt weiß ich: So ein Druck ist wie Gift, wie eine kleine tägliche Menge Alkohol, die man dem Kind verabreicht. Ich wusste es eben nicht besser. Dabei ist Druck extrem kontraproduktiv. Doch es macht einen als Mutter verrückt, beispielsweise bei Hausaufgaben danebenzusitzen, und dein Kind versteht die einfachsten Sachverhalte nicht. Dabei brauchen diese Kinder lediglich eine andere Wissensvermittlung, an mangelnder Intelligenz liegt es meist nicht. Deshalb ist eine gute Aufklärung des Schulpersonals wichtig. Denn kaum ein Pädagoge weiß etwas über die ganz speziellen Schwierigkeiten von ehemaligen Frühchen.« Damit zumindest Charlottes

Lehrer davon erfahren, macht Juliane mehrere Gesprächstermine aus und stellt ihnen Broschüren zum Thema zur Verfügung. »Ich bemühe mich sehr darum, doch von den Pädagogen kommt nichts. Termine werden wieder abgesagt, es wird nicht gehört. Es passiert nichts, dabei bräuchte Charlotte dringend spezielle Förderpläne. Weil sie eben nicht nur Dyskalkulie hat, sondern überall leichte Schwierigkeiten. Dieses ewige ›Warten Sie mal ab, das wird schon‹ kann ich nicht mehr hören«, beklagt die Mutter. »Denn das stimmt nicht. Nicht nur muss Charlotte viel mehr gelobt und bestärkt werden, sie braucht auch eine andere Förderung. Aktuell hat sie eine Notenbefreiung wegen der diagnostizierten Leistungsschwäche. Nach der vierten Klasse jedoch ist der Status aufgehoben, weil das Amt davon ausgeht, dass sich das Kind bis dahin weiterentwickelt und ganz viele neue Kompetenzen dazugewonnen hat. Kurzum: Unsere Tochter bekommt im nächsten Schuljahr Noten. Und wird beurteilt wie jedes andere Kind in der Klasse. Wie soll sie unter den Umständen mitkommen? Das ist völlig unmöglich für Charlotte zu schaffen. Aber eine Alternative gibt es nicht. Wir wissen darum und können ihr trotzdem nicht helfen.«

»So eine frühe Geburt prägt fürs Leben.«

Susen, 41, arbeitet als Säuglingsschwester in einem Krankenhaus und hat sich auf die Frühchenproblematik spezialisiert.

Susen arbeitet halbtags als Kinderkrankenschwester auf der Frühchenintensivstation eines großen Berliner Krankenhauses. Das bedeutet, dass sie Tag für Tag Menschlein betreut, die nach der 23. und vor der 32. Schwangerschaftswoche geboren wurden. »Manchmal ist auch ein kleines Wunder dabei, das in der 23. Woche geboren wurde, aber das ist die Ausnahme«, erzählt die Berlinerin. So winzige Babys seien eigentlich nicht lebensfähig, daher würden dann auch keine lebenserhaltenden Maßnahmen angewandt. »Das ist ein schwammiger Bereich«, erklärt sie. »Ab der 24. Woche wird heute alles Mögliche getan bis zu einem gewissen Punkt, um dem Baby die allerbesten Chancen zu bieten. Vor ein paar Jahren noch wurde das erst ab der 27. Woche geleistet.« Immer kleinere Babys können wegen des technischen Fortschritts überleben. Oft seien alle 14 vorhandenen Inkubatoren belegt. Und deren Eltern brauchen dringend Unterstützung. »Neben vielen, vielen Arztgesprächen – auf Station ist immer ein Arzt, den die Eltern ansprechen können – bietet unsere Klinik zusätzlich psychologische Betreuung an. Eine Psychologin steht rund um die Uhr für Gespräche zur Verfügung«, sagt Susen. Im Gegensatz zu früher bemüht man sich sehr, die Mütter und Väter der Frühchen frühstmöglich einzubinden in die Pflege der Minibabys. »Wenn ein Frühchen geboren wird, kommt es erst mal zur Erstversorgung in den Reanimationsraum. Sobald sein Allgemeinzustand stabil ist, legen wir es der Mama für etwa eine Stunde auf die Brust. Das ist einfach wichtig für die Mutter-Kind-Bindung«, erklärt sie. »Wir bemühen uns, diese erste Kennenlernsituation in unsere Stationenplanung als Routine einzubeziehen«, berichtet die Mutter einer Tochter im Teenageralter. »Viele Mütter fühlen sich schuldig, dass sie beziehungsweise ihr

Körper es nicht geschafft haben, dieses Kind bis zum Geburtstermin zu versorgen. Auch daher ist das Bonding möglichst zeitnah nach der Geburt so unheimlich wichtig. Dass sie ihrem Baby gleich etwas geben können.« Wenn ein bisschen Alltag eingekehrt ist, dürfen die Mütter und Väter an Elternschulungen teilnehmen. Die finden zwei Mal in der Woche direkt auf der Frühchenstation statt und dauern jeweils eine Dreiviertelstunde. »Dieses Angebot halten wir für wichtig, denn das Handling von Frühchen ist ein ganz anderes als der Umgang mit normalen Neugeborenen. Selbst Eltern, die bereits ältere Kinder haben, müssen ganz viel neu lernen. Das fängt schon damit an, wie man so ein Minibaby überhaupt richtig hält.« Außerdem wäre das ein weiterer Baustein, um die Eltern sofort miteinzubeziehen, ihnen Sicherheit zu geben und sie zu stärken im Umgang mit ihrem Kind. Zusätzlich würden von einem männlichen Sozialpädagogen spezielle Vätersprechstunden angeboten sowie eine regelmäßige Betreuung der Geschwisterkinder durch ausgebildete Erzieher. Damit sich Mama, Papa und Kind kennenlernen und eine Beziehung zueinander entwickeln können, dürfen sie jeden Tag »kangarooen«. Normale Besuchszeiten wie sonst üblich im Krankenhaus existieren nicht. Die Angehörigen dürfen Tag und Nacht zu ihren Kleinen. »Um Privatsphäre zu schaffen, stellen wir Paravents vor die bequemen Liegen, auf denen eines der Elternteile und ihr Kind liegen. Wir ermutigen die Eltern sehr dazu, die Kinder brauchen das dringend, das haben Untersuchungen klar ergeben«, erklärt Susen. Und es wird ermöglicht, dass, wenn gewünscht, drei bis acht Stunden täglich die Känguru-Methode genutzt werden kann. Die Kinderkrankenschwester, die seit neun Jahren auf der Intensivstation tätig ist, sagt: »Um die Eltern auch nach Entlassung des Frühchens zu unterstützen, wurde vom Krankenhaus das Kindergesundheitshaus mit dem Motto ›Wir begleiten ins Leben‹ gegründet.« Speziell Familien mit sehr kleinen Frühgeborenen werden von Ärzten, Psychologen, Kinderkrankenschwestern und Sozialpädagogen unterstützt. Zuerst während des stationären Aufenthalts im Hospital und anschließend drei Monate zu Hause. Im ersten Vierteljahr erhält die betroffene Familie 20 Stunden Betreuung durch die Teammitarbeiter. Wenn sie Glück hat, denn dieser besondere Service wird von der Krankenkasse bezahlt. Und da ist man auf die Einsicht des Sachbearbeiters angewiesen, der die Kostenübernahme gestatten muss. »Einige Nachsorgen werden tatsächlich abgelehnt, die Krankenkassen sehen dort keinen Bedarf. Wenn das Frühchen keine Sondennahrung erhält oder täglich Medikamente gespritzt bekommt wie einige Babys, die bereits zu Hause leben, denken die wohl: Ach ja, das Baby trinkt allein, dann ist ja alles gut«, beklagt Susen. »Zu Hause ist die Situation natürlich eine ganz andere. Da hängt kein Monitor mehr, auf dem ich sehen kann, dass alles in Ordnung ist.« Dort müssten sich die Eltern wieder beziehungsweise erstmalig komplett auf ihren Instinkt verlassen und allein die Verantwortung tragen. Das falle vielen unheimlich schwer. »Deshalb machen wir das so: Einen Tag nach der Entlassung rufe ich an und frage erst mal, wie es läuft und wie die erste Nacht war. Am nächsten Tag gehe ich hin.« In den Folgewochen werden die Mütter und Väter mit einem Kinderarzt vernetzt, die Anbindung ans zuständige SPZ (Sozialpädiatrisches Zentrum) wird angelegt, und notwendige Therapeutenkontakte werden hergestellt. »Denn die Entwicklung eines Frühchens kann man unmöglich voraussagen. Da passieren so viele versteckte Sachen, auf die man nicht vorbereitet wird. Ich finde es so wichtig und richtig, dass wir den Eltern wenigstens in der ersten Phase, in der sie auf sich allein gestellt sind, mit Rat und Tat zur Seite stehen«, betont Susen. »Diese Frühförderung ist extrem wichtig. Wir müssen bei null anfangen und die Eltern schulen, ihr Kind richtig kennenzulernen. Wie wir das machen? Ich beobachte viel und reagiere darauf. Wenn Eltern von Anfang an lernen, richtig hinzuschauen, hilft ihnen das das ganze Leben.«

Eigentlich dürfe, meint die Kinderkrankenschwester, die Nachsorge nicht so früh enden, sondern die Eltern sollten Anspruch auf Hilfe bis mindestens ins Grundschulalter der ehemaligen Frühchen haben. So viel könne falsch laufen und das Kind von wohlmeinenden Eltern durch extrem viel Förderung viel zu stark unter Druck gesetzt werden. »Da könnte jemand, der um die Frühchenproblematiken weiß und regelmäßig einen Blick darauf hat, gegensteuern und die Mütter und Väter immer wieder ermutigen, andere Wege zu gehen.« Damit Eltern nicht verzweifelten wegen des möglicherweise merkwürdigen Verhaltensmusters ihres Kindes oder der schlechten Schulleistungen, sondern wüssten: Das ist die Frühchenproblematik und eine damit zusammenhängende audiovisuelle Wahrnehmungsstörung oder eine Reflexstörung, und wir können das und das tun, damit es unserem Kind besser geht. Denn einer Sache müsse man sich bewusst sein, davon sind Susen und ihre Kollegen überzeugt: »Irgendein Defizit oder eine Störung haben doch alle Frühchen. Ob im Bereich der Wahrnehmung oder auf der empathischen Ebene, so eine frühe Geburt prägt fürs Leben.« Ihr Ansinnen sei deshalb: »Das Problem Frühchen ist da, und wir müssen so früh wie möglich Unterstützung leisten.«

Wie Inklusion im Kindergarten gelingen kann

Tatsächlich scheinen Kitas, Krippen, Kindergärten der Lebensbereich zu sein, in dem außerfamiliäre Inklusion aktuell in Deutschland am ehesten gelingt. Natürlich nicht flächendeckend und überall, aber viel öfter als nur im Einzelfall. Im Elementarbereich hat sich der inklusive Gedanke aus unterschiedlichen Gründen leichter verbreiten können als in der Schule. Leitend seien dabei unter anderen drei Prinzipien, so nachzulesen in der Fachzeitschrift *frühe Kindheit* (Heft 2/10), dem Nachrichtenmagazin der Deutschen Liga für das Kind, die vor allem auf Erfahrungen in den Vereinigten Staaten und in den skandinavischen Ländern gründen: »Prävention: Hilfen sollen nicht erst dann zur Verfügung gestellt werden, wenn das Kind ›in den Brunnen gefallen‹ ist. Es ist vielmehr darauf hinzuwirken, dass der Eintritt einer Behinderung, ihre Verfestigung oder eine chronische Erkrankung vermieden wird (§ 3 SGB IX). Normalisierung: Hilfen dürfen die betroffenen Kinder nicht mehr als unbedingt notwendig in ihren (bezogen auf den Rest der Gesellschaft) normalen Lebensvollzügen einschränken. Partizipation: Kinder mit besonderen Bedürfnissen dürfen und sollen an allen Aktivitäten und Angeboten für Kinder, die sich ›normal‹ entwickeln, voll partizipieren.«

Ohne Leistungs- und Konkurrenzdruck wie in der Schule, in der Universität oder selbst im Freizeitbereich gelingt es – mal mehr, mal weniger optimal –, dass Kinder mit und ohne Behinderung zusammen spielen und lernen, auch und gerade voneinander. Und sich selbstverständlich akzeptieren und annehmen in ihrer Andersartigkeit. Für die Identitätsbildung eines Kindes ist dieses Angenommenwerden grundsätzlich und die Kindergartenzeit eine wichtige Phase. Ist doch die Krippe, Kita oder der Kindergarten die erste Gruppe nach der Familie, in der es einen Platz zu finden gilt.

Auch Verena Bentele, Behindertenbeauftragte der Bundesregierung, möchte das gemeinsame Aufwachsen von Kindern mit und ohne Behinderung fördern. Dann müssten gar nicht erst Berührungsängste abgebaut werden. »Kinder gehen oft viel unbefangener mit behinderten Menschen um als wir Erwachsene«, erzählt Christine Simmerding, Leiterin des Kinderförderzentrums der Hessing-Stiftung Augsburg, in einem Interview mit dem Familienmagazin *liesLOTTE.de* (Heft 15/2012). »Das große Plus für nichtbehinderte Kinder in einer integrativen Einrichtung ist sicher die Selbstverständlichkeit, mit der sie auf behinderte Menschen zugehen können. Aber auch, dass sie lernen, auf Schwächere Rücksicht zu nehmen. Im Leben ist es immer wichtig, nicht nur die Schwächen am anderen wahrzunehmen, sondern auch: Was kann der Andere gut? Vielleicht sitzt das Kind im Rollstuhl und kann nicht laufen, aber es hat beispielsweise einen tollen Wortschatz.« Jeder Mensch verdient Respekt, ohne sich diesen durch Leistung erarbeiten zu müssen. Auch ein Kind verdient Anerkennung, das auf den ersten Blick erst mal gar nichts kann.

Doch auch wenn im Bereich Kindergarten mehr gelingt als in anderen Lebensbereichen – nach wie vor müssen Eltern großes Glück haben bei der richtigen Wahl der Einrichtung. Das weiß auch diese Mutter zu berichten, deren Sohn das Glück nicht hatte: »Die Erzieher und die Leitung haben sich Mühe gegeben, doch es fehlte an Erfahrung, wirklichem Engagement und Lernbereitschaft. Ich denke, es gibt bisher wenige Beispiele, in denen Inklusion (vor allem mit schwer betroffenen Kindern) wirklich gelingt. Schade, denn ich finde es sehr wichtig, dass Andersartigkeit immer mehr zur ›Normalität‹ wird! Und wir alle von unseren Andersartigkeiten profitieren.« Welche Behinderung der Junge hat, ist dort nicht zu lesen, auch nichts über die Familie, denn die Mutter hat anonymisiert online kommentiert. Nur Recht hat sie. Denn in den meisten Einrichtungen gehen Erzieher davon aus, dass sich die Kinder »normal« entwickeln. Dass ein Kind nicht laufen kann und/oder laufen lernen wird, sich auch gar nicht oder nur mit sehr viel ständiger Unterstützung bewegen kann, ständig spuckt, schrill schreit oder hochaggressiv gegenüber Kindern und Erziehern ist: So etwas ist nicht vorgesehen. Oft entdecke man erst, wenn ein Kind mit Autismus, ein blindes oder auch ein Kind mit einem hohen Angstpotential in die Einrichtung komme, wie sehr pädagogische Grundsätze und Rahmenbedingungen einen ausschließenden Charakter in sich trügen. Dieser müsse entdeckt werden, schreibt die Diplom-Heilpädagogin Daniela Kobelt Neuhaus, Vorstandsmitglied der Karl Kübel Stiftung für Kind und Familie, deren Ziel es ist, die gesellschaftlichen Ebenen für familienpolitische Themen zu sensibilisieren und ein familienfreundlicheres Lebensumfeld zu gestalten, in *frühe Kindheit* (Heft 2/10): »Ein Kind, dem man täglich – nicht hundert Mal, sondern immerzu – erklären muss, dass man mit Besteck essen, gerade sitzen oder die Toilette benutzen soll, bringt zunächst aus der Fassung. Die Perspektive des Kindes einzunehmen bedeutet, die Einrichtung und die Pädagogik mit neuen Augen zu sehen. Es muss neu über eine Lernumgebung nachgedacht werden, die auch unter erschwerten Bedingungen zu Selbständigkeit verhilft. Neben der neuen pädagogischen Haltung ist eine gute Versorgung der Kinder mit Brille, Prothese, Schiene oder Hörgeräten parallel dazu genauso wichtig. Und stets muss überlegt werden, was wann seinen Platz hat.« Wenn der Wille da ist, Erzieherinnen gut vorbereitet sind auf das neue Kind mit den besonderen Bedürfnissen, die Kommunikationssituation eine offene ist und der Kindergarten ausgestattet werden kann mit allen Hilfsmitteln, die benötigt werden: Dann sind Voraussetzungen geschaffen für ein Gelingen der Inklusion im Kitabereich.

»Es wäre schön, wenn andere Eltern etwas Interesse zeigten.«

Die muntere sechsjährige Emma hat das Angelman-Syndrom. In der Kita gehört sie dazu, aber zu Geburtstagen wird sie selten eingeladen.

Wenn Emma zweimal in die Hände klatscht, wissen ihre Mama und ihr Papa, dass sie Hilfe braucht – oder helfen möchte. Und wenn sie über ihren Oberarm streicht, ist klar: Das Kind will rutschen. Die Sechsjährige kommuniziert mit ihrer Umwelt mithilfe von Gebärden. Weil sie nicht sprechen kann. Und das wiederum liegt daran, dass Emma das Angelman-Syndrom hat.

Claudia, ihre Mutter, geht die Sache von Anfang praktisch an: »Mir fiel es nicht schwer, den Schwerbehindertenausweis für Emma zu beantragen«, erinnert sich die zurückhaltende Archäologin. »Ich dachte mir, dass der wichtig sei und uns auch viele Vorteile bringt«, ergänzt sie und dass sie sich in einem traurigen Moment sagte: »Ich muss ihn ihr ja nicht um den Hals hängen.« Der SB-Ausweis erleichtert ihr Leben tatsächlich sehr: Erst mal bekommt Emma einen Integrationsstatus, der ihr in ihrem Kinderladen eine bessere Betreuungssituation ermöglicht, weil nun eine weitere Kraft, nämlich eine Integrationserzieherin, eingestellt werden kann. Der Betreuungsschlüssel verbessert sich deutlich, das ist natürlich auch im Interesse der anderen Eltern. »Die Inklusion von Emma in unserer Kita war eigentlich kein Problem, die kannten sie ja von klein auf und haben sie weitestgehend so akzeptiert, wie sie ist«, sagt der Papa. Dass sie als normales Kind in den Kitaalltag reingewachsen wäre, hätte sicherlich geholfen. Doch es kommen andere Zeiten. Sie merken, dass das Interesse an ihrem Kind nicht überall gleich groß ist. »Irgendwann fiel immer mehr auf, dass Emma anders ist und mehr Betreuung braucht oder auch aggressiv mit anderen Kindern umgeht. Wir können verstehen, dass gerade die neu dazugekommenen Eltern ein Problem damit hatten. Doch bei uns kam an, dass die das zwar toll fanden mit einem Inklusionskind und den damit verbundenen Extraerzieherstunden, doch wir hätten es schön gefunden, wenn irgendjemand auch mal Interesse gezeigt hätte für unsere Tochter und warum sie sich in deren Augen komisch verhält.« Das wäre eigentlich nie der Fall gewesen. Auch dass Emma als Baby und Kleinkind, doch danach nie mehr zu einem Kindergeburtstag eingeladen wurde, schmerzt ihre Eltern sehr.

Am Anfang scheint alles völlig normal zu sein. Die Schwangerschaft, Claudias erste, verläuft komplett unauffällig. Obwohl sie eine ziemliche Überraschung war für die damals 26-Jährige, die mitten im Archäologiestudium steckt, und ihren Mann Steffen, der als Ingenieur arbeitet. Die spontane Krankenhausgeburt ist ebenso unkompliziert – vier Stunden später schon sind Claudia und Steffen mit ihrem runden, gesunden Baby wieder zu Hause. Eine friedliche Zeit beginnt. Die kleine Emma ist immer zufrieden und macht keinen Mucks. Es sei denn, sie ist hungrig, und hungrig ist sie oft. Und nimmt sehr schnell zu, bereits nach wenigen Monaten wiegt sie doppelt so viel wie bei der Geburt – und da war sie schon ein relativ schweres Neugeborenes mit knapp vier Kilogramm. Und ja, der Kinderärztin fällt bei der dritten Voruntersuchung auf, dass manche Reflexe noch da sind, die in diesem Lebensalter üblicherweise nicht mehr vorhanden sein sollten. Aber: »Steffen, du warst auch immer mit allem spät dran«, beruhigt die eine Großmutter am Telefon, und die andere erinnert sich: »Claudi, warst auch ein echter Spätzünder.« Ähnlich schätzt die Ärztin für Kinderheilkunde die Lage ein. Mit drei Monaten kommt Emma in eine Krippe. Weil ihre Mama noch ein paar Prüfungen an der Uni bestehen möchte. Im Studium klappt es, doch die kleine Emma fühlt sich unwohl bei der Kinderbetreuung und weint weitaus mehr als sonst. Was sie überhaupt nicht leiden kann, sind laute Geräusche wie das Brüllen anderer Krippenkinder. Weil ihr Baby so unglücklich ist, beschließt Claudia, ein Semester auszusetzen, und bleibt ein Dreivierteljahr länger zu Hause.

Als Emma etwa ein halbes Jahr alt ist und noch gestillt wird, empfiehlt die behandelnde Kinderheilkundlerin, zur Verbesserung der geistigen und körperlichen Entwicklung Fleisch zuzufüttern. Mehr als das scheint nicht notwendig zu sein. Also werden Claudia und Steffen Stammkunden im nahgelegenen Biosupermarkt und kaufen ausschließlich wertvollste Nahrungsmittel für ihr kleines Mädchen. Und irgendwie passiert auch was. Zwar langsam, aber stetig geht es weiter.

Im Frühsommer erkundigen die beiden sich nach einer guten Betreuungsmöglichkeit für ihr Kind. Weil sie den Alltag gern mitgestalten möchten, machen sie sich auf die Suche nach einer Elterninitiativkita und stolpern über eine Anzeige, in der Gründereltern gesucht werden. Sie nehmen Kontakt auf, es kommt zu einem Treffen mit anderen interessierten Eltern und einer Erzieherin. Aus dieser Gruppe Eltern mit Ein- und Zweijährigen entsteht dann auch tatsächlich ein Kinderladen. Im Spätsommer 2008 starten sie mit zehn Kindern und zwei Erziehern, und direkt am allerersten Kitatag fängt Emma an zu krabbeln, da ist sie knapp 14 Monate alt.

Die Kommunikation zwischen Pädagogen und Eltern funktioniert sehr gut. Doch ein Gespräch ist Steffen besonders in Erinnerung geblieben: »Es war irgendwann in der Adventszeit, als mich eine der Erzieherinnen ansprach. Irgendwas sei komisch mit Emma, sie würde gar nicht sprechen, das wäre ganz anders bei ihr als bei den anderen Kleinen«, erinnert sich der Ingenieur. »Sie empfahl uns, mal einen HNO-Arzt aufzusuchen und zu checken, ob unser Kind richtig hören kann.« Im Nachhinein fällt den Eltern dann auch auf, dass Emma nie mit Lauten kommuniziert und gebrabbelt hat, wie es in den Elternratgebern steht. »Wie sollen Eltern so was bemerken beim ersten Kind? Sie hat ja auf uns reagiert, und wir wussten auch immer, was sie von uns will«, ergänzt Claudia.

Im Januar dann beginnt für Claudia, Steffen und Emma ein Ärztemarathon. Der HNO-Arzt bescheinigt Emma ein gutes Gehör. Ihm fällt aber auf, dass dem Kind außergewöhnlich viel

Speichel aus dem Mund läuft, und er empfiehlt die Vorstellung beim Logopäden. Die Logopädin bemerkt, dass Emma nicht wie andere Kinder in ihrem Alter einem Fingerzeig mit den Augen folgt, und sie schließt daraus, dass sie wohl in bestimmten Bereichen zurückgeblieben ist. Gleichzeitig werden sie beim SPZ vorstellig. Emma wird von vielen Ärzten untersucht, es werden EEG, MRT und Augenuntersuchungen gemacht, keiner kann jedoch eine Diagnose stellen. Um Gewissheit zu haben, veranlassen sie eine Genanalyse. Drei Monate später liegt das Ergebnis vor. »Die Ärztin war offensichtlich nicht vorbereitet und saß mit einem Haufen Papiere vor uns. Sie schaute auf die Fakten vor sich und erzählte uns, was Emma alles nicht hat. Ganz zum Schluss dann las sie uns vor: Emma hat das Angelman-Syndrom«, erinnert sich Claudia. Sie und Steffen sind geschockt, ihr Mantra »Wir kriegen das mit Förderung hin« ist hinfällig, sie haben es nun schwarz auf weiß, dass ihre Tochter behindert ist. »Als wir fragten, was das denn genau bedeute, antwortete die Ärztin, dazu könne sie nichts sagen, wir sollten das zu Hause googlen«, ergänzt Steffen und wird heute noch sehr wütend, wenn er an diese Situation denkt. Seine Frau, die sonst ein absolutes Elefantengedächtnis hat und wie aus der Pistole geschossen beantworten kann, wann Emma etwa Laufen gelernt hat (Ostersonntag 2009), kann sich an das Datum dieses Tages nicht erinnern. »Der Tag war nur zum Vergessen«, sagt sie. Dass die Ärztin null Sozialkompetenz gezeigt hätte und dass sie völlig unter Schock das Untersuchungszimmer verlassen und direkt in ihrer Wohnung angekommen den Computer angemacht hätten. Das lesen sie dann:

Harry Angelman, ein britischer Kinderneurologe, hat das Syndrom erstmals 1965 beschrieben. 150 Fallbeispiele sammelte er zusammen, 40 Jahre nach Benennung und genauer Beschreibung des Syndroms, also vor neun Jahren, waren weltweit gerade mal etwa 800 Fälle dokumentiert. Das Syndrom ist die Folge einer angeborenen seltenen genetischen Veränderung im Bereich des Chromosoms 15. Im Schnitt tritt es bei einem von 30 000 Neugeborenen auf. Man muss wohl davon ausgehen, dass die Dunkelziffer höher ist. Dass also das Angelman-Syndrom vielfach nicht als solches diagnostiziert wird, sondern der behandelnde Arzt beispielsweise von Autismus ausgeht. Charakteristisch für das Angelman-Syndrom sind eine starke Verzögerung der körperlichen und geistigen Entwicklung und das Ausbleiben von Sprache. Die geistige Entwicklung der meisten Betroffenen erreicht in etwa den Stand von Kleinkindern. So bedürfen sie auch als Jugendliche oder Erwachsene ständiger Betreuung, weil sie sich nicht selbst versorgen und Gefahren nicht erkennen können. Eine Aussicht auf Heilung besteht bislang nicht. »Das hat unser Kind nicht«, sagen sich die Eltern beim Lesen. Denn viele Fallbeispiele sind dokumentiert, es sieht schlimm aus. Die Großmutter, die sie als Erste noch am selben Tag informieren, ist verzweifelt, sie schaut sich schrecklichste Filme an, »da saßen die Kinder im Rollstuhl und haben die ganze Zeit gesabbert«, sagt ihr Sohn. Natürlich sind nur die allerdramatischsten Beispiele zu finden: »Wir schwankten zwischen absoluter Verzweiflung, was aus unserem Mädchen wohl werden wird, und Ungläubigkeit. Denn Emma konnte damals schon so viele Dinge, die Angelman-Kinder angeblich niemals in ihrem Leben lernen werden«, erzählt die Mutter. Da hätten sie sogar kurz Hoffnung geschöpft, dass ihre Tochter möglicherweise doch nicht betroffen und das Ganze eine Verwechslung sei. »Doch wir haben uns wirklich schnell der Realität gestellt«, ergänzt Steffen, »und dann Hilfe gesucht. Es war unheimlich hart, einfach schrecklich. Wir waren so hilflos und saßen bis in die Nacht vorm Rechner.«

Erst mal melden sie sich an zu einer Beratung der Humangenetik. Die Ärztin erklärt sehr fachkundig, sie übersetzt den Eltern das Ärztelatein. »Wir hatten bis dahin noch Hoffnung gehabt, das war dann schon ernüchternd. Aber dafür hat sie Emmas Behinderung eingestuft und gesagt, ihre Form sei eigentlich nicht so schlimm. Das hat uns dann beruhigt«, erinnert sich Claudia. Sie informieren die Logopädin, die liest sich ein, beschäftigt sich mit dem nun diagnostizierten Syndrom und übt mit Emma Gebärdensprache. Doch viele andere Ärzte zeigen nicht so viel Kompetenz: »Aus dem Kind wird nie was. Geben Sie sich keine Mühe«, hätten die Eltern nicht nur einmal gehört, wenn sie Emma ihren Bedürfnissen entsprechend fördern wollten. »Viele haben keine Ahnung. Die wissen gar nicht, dass Angelmänner eine Entwicklung nach vorne und nicht nach hinten machen. Die behalten das, was sie einmal gelernt haben«, fasst Steffen es zusammen. Genau das habe sie auch beruhigt, wenn ihnen immer wieder nahegelegt wird, dass Förderung nichts brächte. »Zum Beispiel haben wir überall gelesen, dass die meisten Kinder mit dieser Behinderung niemals laufen lernen und immer auf einen Rollstuhl angewiesen sein werden. Emma jedoch kann das, sie kann nur nicht langsam laufen«, sagt der Berliner und lacht. »Die anderen Eltern bei den Angelman-Treffen finden das auch alle witzig. Manche sagen: Das stimmt, mein Kind hat nie Laufen gelernt. Es kann nämlich nur rennen.« Diese Treffen hätten ihnen unglaublich geholfen. Sich Mut zu machen wäre elementar. Durch die ausführliche Beschäftigung mit dem Angelman-Syndrom stellen die Eltern Verbindungen her. So registrieren sie, dass Emma ständig hinfällt und mit den Augenlidern blinzelt. Drei von vier Angelman-Kindern leiden unter epileptischen Anfällen. Unbehandelt bergen diese ein ständiges Verletzungsrisiko, da sie beispielsweise mitten aus der Bewegung heraus zu Stürzen führen. Ist das also der Grund? Das durchgeführte EEG ist schwarz. Emma gehört zu den 75 Prozent. Sie erleidet ständig Mini-Ohnmachtsanfälle, die jeweils eine halbe bis eine Sekunde andauern. Nun nimmt das Kind Medikamente, die die Anfälle unterbinden. Und noch etwas gehört zum Abfinden mit der Diagnose: die Statusfestlegung und die ewige Ämterrennerei. »Bei Ämtern haben wir grundsätzlich eigentlich gute Erfahrungen gemacht. Die Bearbeiterinnen dort – sind ja meistens Frauen – sind interessiert und wollen ein bisschen plaudern. Und wenn man dann freundlich ist, kriegt man üblicherweise alles, was man braucht«, konstatiert Steffen mit einem Augenzwinkern.

»Wir hatten erst mal mit uns zu tun gehabt,« fasst er die erste Zeit nach der Diagnose zusammen. »Wie gesagt: Das Eingestehen war schnell da, das Akzeptieren dauerte länger«, formuliert er. »Die haben gesunde Kinder, warum ich nicht«, hätte er immer wieder gedacht, immer wieder seien sie an Grenzen gestoßen. »Warum geht etwas nicht, was mit einem normalen Kind ginge« wäre auch einer der immer wiederkehrenden Gedanken gewesen. Insgesamt habe diese Phase bestimmt anderthalb Jahre gedauert. Und jetzt? »Wir haben trotzdem Spaß und ein schönes Miteinander«, sagt Steffen. »Und freuen uns über ihre ganz individuelle Entwicklung.« Es sei entlastend und hätte aus ihrem Familienleben den Stress genommen, als sie aufgehört hätten, Vergleiche mit anderen Kindern im selben Alter zu ziehen. »Man genießt die Momente mit Emma. Das ist es, was zählt«, ergänzt Claudia. »Man ist aus dem Stress raus. Wir machen nur das, was Emma glücklich macht. Und gucken auf die Sachen, die sie kann.« So seien ihr Gedächtnis und ihre Orientierung außergewöhnlich gut. »Es ist unheimlich praktisch, ein Kind zu haben, das sich erinnert, wo ich vor Monaten meine Sonnenbrille hingelegt habe«, sagt Steffen und lacht.

»Weil da kein Leistungsdruck drin ist.«

Die Integrationserzieherin Annika erzählt aus ihrem Berufsalltag in einem integrierten Kinderladen.

Annikas Resümee über ihren Arbeitsbereich ist ein ziemlich positiver. »Ich würde sagen, im Freizeit- und Kitabereich gelingt Inklusion oft. Weil da kein Leistungsdruck drin ist und keine Angst«, sagt sie, die seit mehr als 20 Jahren mit jungen und erwachsenen Behinderten arbeitet. »Vorausgesetzt natürlich, es machen Menschen mit, die das wirklich wollen.« Die Heilerzieherin arbeitet in einem integrativen Kinderladen mitten in Berlin, 17 Kinder werden von fünf in Teilzeit arbeitenden Erziehern betreut. Ein unglaublich guter Betreuungsschlüssel, denn fünf der Kinder haben einen Integrationsstatus: Zwei Kinder entwickeln sich nicht altersgerecht, sind also entwicklungsverzögert, ein Kind ist schwerhörig, zwei Kinder haben das Down-Syndrom. Was schwierig klingt, gelingt sehr gut. »Die Mischung empfinden wir als optimal«, sagt die gebürtige Lübeckerin. »Die betroffenen Familien wollen keinen Sonderstatus für ihr Kind, es tut ihnen gut, mit Familien zusammenzukommen, deren Kinder keine Behinderung haben. Und gleichzeitig sind sie nicht die einzige Familie, bei der das Kind irgendwie anders ist. Diesen Austausch und das besondere Mischverhältnis empfinden sie als total wertvoll«, ergänzt sie.

Bereits im pädagogischen Leitfaden des Kinderladens steht: Da die Integrationsarbeit sich auf alle Bereiche des Kitaalltages und der pädagogischen Arbeit erstreckt, haben wir unsere konzeptionellen Überlegungen dazu vorangestellt. ›Starkes Ich und starkes Wir‹ bedeutet, dass selbstverständlich auch Kinder mit Behinderungen mit ihren besonderen Bedürfnissen und Fähigkeiten ihren Platz in der Kitagemeinschaft haben. Die Kinder erlernen einen respektvollen Umgang mit den Integrationskindern, nehmen Rücksicht und unterstützen ihre besonderen Gefährten im Alltag. Das geschieht in der Regel eher unauffällig durch kleine Handreichungen. Natürlich gibt es dabei Konflikte, gelegentliche Ausgrenzungen und immer wieder Fragen, warum er oder sie das jetzt nicht kann. An dieser Stelle stehen die Erzieherinnen allen Kindern mit Rat und Tat zur Seite. Sie beobachten die Interaktionen in der Gruppe und beziehen ihre Schlussfolgerungen in ihre Arbeit ein. Genauso wird es im Alltag umgesetzt. »Wir haben auch die Erfahrung gemacht, dass es für die ganze Gruppe einfacher ist, wenn mehrere Kinder behindert sind. Jedes Kind, ob mit oder ohne Handicap, kann in einer solchen Konstellation seine Eigenheiten entfalten, ohne besonders negativ aufzufallen, und das entlastet, glauben wir, unheimlich«, ergänzt Annika.

Der Alltag mit all seinen bürokratischen Hürden in Form von Anträgen und endlos langen Formularen sei einfach stressig. »Meistens haben die Kinder, die bei uns als Inklusionskinder betreut werden, bereits einen Status oder eine Diagnose, wenn sie kommen.« Doch Annika berichtet von Familien, deren Kinder erst im Laufe der ersten Lebensjahre ein besonderes oder auffälliges Verhalten an den Tagen legen. »Wenn ein Kind beispielsweise Sprachverzögerungen hat, merken wir als Erzieher das oft als Erste. Denn Eltern haben oft keinen Vergleich und finden das normal. Oder sie haben sich auch schon Gedanken gemacht, doch der darauf angesprochene Kinderarzt hat nur abgewunken und die mangelnden Kompetenzen mit leichten Entwicklungsverzögerungen erklärt, das Kind sei eben ein ›late bloomer‹, das zwar spät, aber dann gleich in vollständigen Mehrwortsätzen spricht. Wenn wir sie dann darauf aufmerksam machen, sind sie oft wahnsinnig frustriert«, erzählt sie. »Sie heulen und wollen das erst mal nicht wahrhaben. Solche Gespräche schütteln wir natürlich auch nicht aus dem Ärmel. Das ist manchmal ganz schön hart.« Immer sei eine solche Unterredung extrem gut vorbereitet, nie finde sie zwischen Tür und Angel statt, denn klar, das sei ein hoch sensibles Thema. Bei den Angehörigen käme an: Mit meinem Kind stimmt was nicht. Wenn die Eltern sich ein bisschen beruhigt haben, nehmen sie meistens auch gern Hilfe an und lassen sich an einen vom Kinderladen empfohlenen Logopäden oder Ergotherapeuten weiterleiten. »Wir nennen dann Anlaufstellen, haben Experten und deren Telefonnummern schon griffbereit, damit die Eltern ein bisschen aufgefangen werden.« Wenn dieser Experte dann bestätigt, dass wohl ein größeres Problem besteht, findet ein Trauerprozess statt, der aber immer unterschiedlich ausfällt: »Die Verarbeitung, dass dein eigenes Kind eine Behinderung hat, ist ein Prozess. Das Verabschieden vom gesunden Kind ist schwierig«, sagt die Erzieherin.

Wenn man ein Kind mit Behinderung betreuen lassen möchte, müssen Eltern üblicherweise sehr viel Energie aufbringen und oft lange suchen, um eine passende Kita zu finden. Zwar sind alle staatlichen Einrichtungen verpflichtet, Inklusionskinder zu betreuen, doch oft hätten Erzieher keine Lust auf diese Extraaufgabe. »Ich würde als Mutter genau gucken, ob der Kindergarten wirklich will. Wenn die nämlich nicht wollen, hat man nichts davon. Das Kind wird nicht angemessen betreut, und die Eltern sind womöglich sehr unglücklich mit der Situation«, sagt Annika. In ihrem Kinderladen wird sehr genau geguckt und ausgewählt. Mehrere Eltern und eine Kollegin führen Bewerbungsgespräche mit interessierten Eltern, die Kinder hospitieren mindestens ein, zwei Vormittage lang. Das heißt, sie kommen mehrere Stunden zu Besuch, damit auch sichergestellt wird, dass sie sich in der Gruppe wohlfühlen und die bereits betreuten Kinder mit ihnen klarkommen. »Wir können niemanden aufnehmen ohne die Zustimmung des gesamten Teams und der Eltern. Alle müssen die Entscheidung mittragen. Bisher hat das immer geklappt, und wir mussten niemandem absagen, der gern zu uns wollte, das ist ein großes Glück.«

Was ein wichtiger Schritt wäre: Dass die Integrationserzieher mehr Unterstützung erfahren, wenn sie sich kümmern. »Früher hatten wir Ansprechpartner bei den Trägern. Denen haben wir dann von dem Kind mit Integrationsstatus erzählt und was uns aufgefallen sei, und die haben dann Krankengymnasten, Logopäden oder andere Therapeuten in den Kinderladen geschickt, die sich einen Eindruck vor Ort gemacht haben, das hat immer richtig geholfen.« Heute wäre die Integrationsfachfrau vom Kitaverband eine gute Anlaufstelle. Diese und Expertenkollegen würden mit Rat und Tat unterstützen, vorausgesetzt, sagt die Heilerzieherin, die Erzieher würden richtig gut beobachten, davon berichten und sich an die richtigen Stellen wenden: »Man muss selbstinitiativ sein, einfach so kommt keiner vorbei.«

Ob sich in den letzten Jahren etwas verschlechtert habe für Kinder mit Behinderungen im Kindergartenbereich? »Es wurden meiner Erfahrung nach mehr und mehr Anträge, die zum Teil jedes Jahr aufs Neue gestellt und dementsprechend ausgefüllt werden müssen. Es geht immer ums Geld. Doch das hat auch was Gutes, früher bekam ein Kind einmal einen Stempel aufgedrückt, und dabei blieb es dann. Gerade bei Entwicklungsverzögerungen finde ich es richtig, jedes Jahr zu prüfen, ob weiter der Integrationsstatus besteht, denn in dem Alter verändert sich doch wahnsinnig viel.«

Besonders hart empfänden dann viele Eltern den Schnitt, wenn die behütete Kindergartenzeit ende und der Schullalltag beginne. Denn entweder müsse man einen Schritt zurückgehen beziehungsweise einen in die falsche Richtung: »Also vom inklusiven Miteinander zurück in eine Sonder- oder Förderschule. Oder einen Schritt, der von vielen als immens groß empfunden wird, nämlich der in eine Regelschule. Da sind ja die Rahmenbedingungen völlig andere als im Kleinkind- und Vorschulkindbereich. Die engmaschige Betreuung kann längst nicht so wie zuvor gewährleistet werden, und Kinder mit Beeinträchtigungen müssen plötzlich sehr viel mehr leisten. Das trauen viele Eltern ihrem Kind und auch sich selbst nicht zu, die haben verständlicherweise Angst und Sorge, dass ihre Tochter oder ihr Sohn nicht im vernünftigen Maß betreut werden kann«, berichtet die engagierte Erzieherin von den Überlegungen vieler Eltern.

Abschließend fügt sie hinzu: »Ich kann nur dafür plädieren, die Rahmenbedingungen so zu verändern, dass Inklusion in allen Bereichen möglich ist. Ich möchte den Kontakt mit Behinderten nicht missen. Deren Blick aufs Leben ist ein besonderer. Es ist ein anderes Erleben und für mich eine Bereicherung und ein interessanter Gegensatz, von dem alle profitieren.«

Warum es die inklusive Schule schwer hat

Es gibt kaum ein Thema, das aktuell kontroverser diskutiert wird. Wie kann sie gelingen, die inklusive Schule? Denn gegenwärtig gelingt sie eher nicht: Zwei Juristen bilanzieren in einer Studie für das Deutsche Institut für Menschenrechte, dass es fünf Jahre nach Inkrafttreten der UN-Behindertenrechtskonvention in vielen Bundesländern an den gesetzlichen Voraussetzungen für den gemeinsamen Unterricht mangele. »In keinem Bundesland ist ein abschließend entwickelter Rahmen erkennbar, der den Aufbau eines inklusiven Bildungssystems gewährleisten könnte«, schreiben die zwei Autoren. Zwar hat sich Deutschland in der UN-Behindertenrechtskonvention dazu verpflichtet, ein inklusives Bildungssystem einzuführen, doch wie das konkret aussehen könnte, ist nach wie vor offen. Ob man nun alle Förderschulen auflöst und Personal, Geld und Know-how in die Regelschulen einfließen lässt oder beide Systeme nebeneinander bestehen lässt, darüber wird unentwegt gestritten. Systematische Anstrengungen seien notwendig, um Exklusion im deutschen Bildungswesen zu überwinden und Inklusion als Leitbild für Bildungspolitik und -praxis zu etablieren, formuliert die Bonner Erklärung der Deutschen Unesco-Kommission. Barrieren müssten zügig abgebaut und die erforderlichen Strukturen eines inklusiven Bildungssystems weiter aufgebaut werden, um Inklusion umfassend in allen Bildungsbereichen zu ermöglichen, die Teilhabe aller am allgemeinen Bildungswesen sicherzustellen, Benachteiligung abzubauen und die Qualität der Bildung zu steigern. Dies sei die Aufgabe unserer Gesellschaft.

Die praktische Umsetzung des Inklusionsgedankens leidet jedoch arg unter dem Sparzwang. Das Kind mit Förderbedarf läuft in einer ganz normalen Klasse mit. Wenn es großes Glück hat, ist die Klasse etwas kleiner und die Fachlehrer sind vorbereitet. Oft genug ist es jedoch eines unter 30 Schülern, seine Lehrer wurden vorher nicht informiert und werden plötzlich mit einem Kind und dessen Besonderheiten konfrontiert, die sie komplett überfordern. Das nennt sich dann Inklusion. Wo an einer Förderschule je nach Behinderungsgrad lediglich fünf bis acht Kinder in einer Klasse sind, soll nun eine normale Lehrkraft eine, wenn es gut läuft, verkleinerte Regelklasse inklusive behindertem Kind beschulen. Da muss etwas auf der Strecke bleiben.

Stimmen jedoch die Rahmenbedingungen, ist ein inklusiver Lehrer immer Manager. In der Vorbereitung sei er Komponist, Drehbuchautor und im Unterricht Moderator und Berater, sagt Hans Wocken, Professor für Lernbehindertenpädagogik an der Universität Hamburg. Im Team zu unterrichten, unterschiedliche Leistungsstände managen zu können, Leistung anders zu bewerten, das seien große Bildungsaufgaben. »Bis jetzt aber lautet die ehrliche Antwort auf die Frage: Können Lehrer jederzeit allen Kindern gerecht werden? Nein, das können sie nicht. Viel wichtiger ist, dass es eine Haltung gibt, ein Bewusstsein für die Vielfalt«, propagiert es der Professor. Die inklusive Schule wird sich nur realisieren lassen, wenn der an den Kindern orientierte Unterricht qualitativ hochwertig ist und wenn es vielfältige, nachhaltige Unterstützungssysteme sowohl für die Kinder als auch für die für sie zuständigen Pädagogen gibt. Das Lernen der Kinder und Jugendlichen steht im Mittelpunkt, aber auch die Lehrkräfte müssen beraten werden und die notwendige Unterstützung erfahren.

So wie in der Schule, in der Sven Trapp arbeitet. Mit Rückendeckung der Schulleitung und einigen Mitstreitern hat der Gymnasiallehrer initiativ eine inklusive Klasse an seiner Schule in Köln ermöglicht – zwei Jahre Vorbereitung waren dafür notwendig. Was für ihn wichtig ist, damit die Umsetzung klappt: »Sich

Zeit zu nehmen. Skepsis und Fragen im Kollegium ernstzunehmen ist unumgänglich – ein Schnellschuss würde nie zum gewünschten Ziel führen. Und wenn die Rahmenbedingungen nicht stimmen, ist das Scheitern vorprogrammiert.« Zu diesem Ergebnis kommt auch der Verband Bildung und Erziehung (VBE): »Wir brauchen ein tragfähiges gemeinsames Finanzierungskonzept von Bund, Ländern und Kommunen. Inklusion ist nicht kostenneutral und nicht allein durch die Schließung von Förderschulen zu haben«, warnte der Bundesvorsitzende Udo Beckmann auf dem Deutschen Lehrertag 2014.

Paradox scheint vor allem, dass die Abschaffung der Förderschulen geplant ist, aber unser per se exklusives, weil mehrgliedriges Schulsystem dabei außer Acht gelassen wird. Eine Diskussion darüber findet kaum statt. Vielleicht sollten die, die Schule machen, sich an jenen Ländern orientieren, deren Bildungssystem großen Wert auf eine gemeinsame schulische Bildung für alle legt, und das für neun oder zehn Jahre. Im Anschluss könnten all jene Schüler nach weiteren zwei Jahren Unterricht einen höheren Schulabschluss erwerben – die, die das wollen und können.

Die Schule ist zur Erhaltung der Würde und des Selbstwerts jedes einzelnen Kindes verpflichtet – ob mit oder ohne Behinderung. Es bedarf daher einer differenzierten Vielfalt, auch in unterschiedlichen Gruppen. Dies gilt es, im alltäglichen Miteinander zu verwirklichen. Und damit jeder zu seinem Recht kommt, müssen in der inklusiven Schule alle Möglichkeiten greifbar sein, die derzeit in Förderschulen zur Verfügung stehen, soweit sie neben dem gemeinsamen Unterricht behinderter und nichtbehinderter Schüler erforderlich sind. Ein Schulleiter verrät einen Teil seines Rezepts: »die wohlwollend-förderliche Hinwendung zum Kind«. Das sei der Nährboden für eine inklusive Haltung und Praxis.

Um dennoch ein hohes Niveau zu gewährleisten, hat die Kultusministerkonferenz (KMK) für sämtliche Studiengänge der Lehrerausbildung einen Entwicklungsprozess eingeleitet, der den Erfordernissen der Inklusion in allen Unterrichtsfächern, allen Fachdidaktiken und in der Erziehungswissenschaft Rechnung trage. Angehende Lehrer sollen künftig auf den gemeinsamen, den inklusiven Unterricht vorbereitet werden. Die Präsidentin der KMK, Sylvia Löhrmann, nordrhein-westfälische Schulministerin, hat den Schwerpunkt ihrer Präsidentschaft auf die Inklusion gelegt. »Die Kultusministerkonferenz sieht in der Inklusion eine große Chance für die Schulentwicklung und das Lernen, Leben und Arbeiten an unseren Schulen. Den Schulen kommt bei der Inklusion als Aufgabe für die ganze Gesellschaft eine wichtige Bedeutung zu. Sie können ein Klima des Willkommenseins und gegenseitigen Respekts etablieren«, betont sie. Diese Nachricht macht Mut.

Eine im Frühjahr erschienene Studie der Universität Rostock, die einen inklusiven Schulversuch aller zwölf Grundschulen auf Rügen ausgewertet hat, kommt sogar zu einem positiven Ergebnis: Es gebe keine negativen Konsequenzen auf das Leistungsniveau der Schüler insgesamt, aber positive Auswirkungen auf Leistungsschwache. Diese Bilanz konnte jedoch nur erreicht werden, weil die inklusive Beschulung langfristig und fundiert vorbereitet und begleitet wurde von Pädagogen der Universität Rostock. Und die beschulten Kinder erhielten allesamt ein auf sie explizit zugeschnittenes Förderprogramm. Es lagen rundum optimale Rahmenbedingungen vor, und sowohl das Lehrpersonal als auch die Schulbehörde von Mecklenburg-Vorpommern waren offen und willig für diesen Versuch. Eine Konstellation, von der viele andere nur träumen können.

»Blutzuckermessen dauert 30 Sekunden.«

Björn ist acht Jahre alt und hat Diabetes. Der Vater erzählt, warum sich sein Sohn in der Schule als Außenseiter fühlt.

Björn ist bei dem Gespräch über Björn nicht dabei. Denn die Eltern wollen, dass der Achtjährige sich als stinknormalen Jungen wahrnimmt. Was er ja auch ist: ein völlig normales Kind, das sich Insulin spritzen muss.

Als Björn zweieinhalb Jahre alt ist, wird bei dem kleinen Jungen Diabetes Typ 1 diagnostiziert. Das Kind ist zuckerkrank. Damit es ihm gut geht, müssen er und die Erwachsenen, die sich um ihn kümmern, dafür sorgen, dass sein Körper mit ausreichend Insulin versorgt wird. Das bekommt er über eine Pumpe, die mit einem Katheter verbunden ist und in sein Bein die ausreichende Menge abgibt. Und weil das wohl so bleiben wird, steht in seinem Behindertenausweis, dass er zu 50 Prozent behindert ist. Den Integrationsstatus, der im Jugendamt, verbunden mit unzähligen Amtsarztterminen und Stempeln aller Art, festgestellt wurde, hat er bis zu seinem 17. Lebensjahr. Schon immer sind Diabetiker in Regelschulen gegangen. Jetzt jedoch haben sie einen Status, sie sind Inklusionskinder mit besonderem Förderbedarf, weil ein in der Schule beschäftigter Erwachsener aufpassen muss, was sie essen. Trotzdem muss nach wie vor jede Schule Ja sagen, wenn Eltern ein Kind mit Diabetes anmelden wollen.

Björns Grundschule nimmt ihn auf. Etwa ein halbes Jahr vor der Einschulung treten seine Eltern Lars und Ricarda in Kontakt mit der Schulleitung und drängen darauf, kurz vor der Einschulung eine Art Infoveranstaltung für die betreuenden Lehrer und Erzieher durchzuführen. Natürlich war es den Eltern des damals Sechsjährigen sehr wichtig, dass vor allem die Klassenlehrerin und die der Lerngruppe zugeteilte Erzieherin Bescheid wissen über Björns Handicap und adäquat reagieren können, wenn es ihm nicht gut geht. Oder erkennen können, wenn irgendetwas nicht in Ordnung ist. Lars und Ricarda bieten an, selbst in die

Schule zu kommen. Ihr Alternativvorschlag ist der Besuch eines Experten vom Virchow-Krankenhaus. Die würden Schulungen und Infoveranstaltungen in Kitas und Schulen anbieten. Anmelden müsste sich die Schule selbst. Die zeigt Interesse, doch zu einer Infoveranstaltung kommt es nicht. Terminschwierigkeiten, heißt es den betroffenen Eltern gegenüber. So wird Björn eingeschult. Ricarda und Lars sprechen die der Klasse zugeteilte Lehrerin und Erzieherin an, die kooperieren zunächst und lassen sich erklären, wie man die konkrete Menge der Kohlenhydrate im Essen bestimmt und das Ergebnis in Björns Pumpe eingibt, die dann die notwendige Insulinmenge freigibt. »›Wollen Sie sich das vorher nicht angucken?‹, haben wir gefragt. Das sei nicht notwendig, war die Antwort«, erzählt der immer noch fassungslose Vater. Obwohl er das zum Teil verstehen könne, der Umgang mit Diabetes sei generell angstbesetzt. Da habe man mit Blut zu tun und mit Schockzuständen. Umso wichtiger, meinen die Eltern, sei es doch, Bescheid zu wissen. Zu ihrer großen Überraschung läuft dann alles irgendwie. Denken sie zumindest. Bis ihr Sohn irgendwann mal erwähnt, dass er es doof findet, dass er nicht mit seinen Klassenkameraden zusammen Mittag essen darf. Warum denn das nicht?, horchen sie nach. Es stellt sich heraus, dass die vier Diabetiker der Schule – neben Björn gibt es noch drei andere an der Grundschule – die Mahlzeiten getrennt von den anderen Kindern im Lehreressensraum einnehmen müssen. Sie bekommen auch Extraessen, vorgepackt und leider nicht mehr warm aus einer blauen Box. Und weil die vier in unterschiedliche Klassenstufen mit voneinander abweichenden Essenszeiten gehen, muss Björn als einziges Kind seiner Klasse zu einer anderen Zeit essen und wird dafür sogar manchmal aus dem laufenden Unterrichtsgeschehen geholt. »Ich wurde sehr zornig«, erinnert sich Lars, und dass er ein heulendes Kind im Arm hatte, das sich total ausgeschlossen fühlte. »Wir sind dann zu der Lehrerin hin, und die sagte nur, sie sei nicht zuständig, beim Mittagessen wäre ihr Arbeitstag schon vorbei.« Die auf den Vorgang angesprochene Erzieherin erklärt, ihr sei das alles zu viel, sie müsse sich ja schließlich auch noch um 23 andere Kinder kümmern. »Beide haben sich ganz klar geweigert, die Verantwortung zu übernehmen«, ergänzt der Mediendesigner. Klar sei das mit dem Ausrechnen der Kohlenhydrate und das darauffolgende Bedienen der Pumpe Extraarbeit, und am Anfang müsse man auch ganz schön rumtüfteln, aber wenn es mal liefe, »dann dauert das vielleicht 30 Sekunden, mehr nicht«. Tja, und nun? Die von der Schule engagierte Schulhelferin soll es richten. Zumindest nach Meinung von Lehrerin und Erzieherin. Die Schulleitung wird informiert, doch während eines Telefonats wird den Eltern bescheinigt, das mit dem gemeinsamen Essen ginge einfach nicht, das wäre zu viel Organisation. Das Paar wendet sich sodann an das zuständige Jugendamt und bittet um ein gemeinsames Gespräch mit einem Vertreter der Schulleitung, einer Sonderpädagogin und dem für Björn zuständigen Erzieher aus Kitazeiten. Sie wollen keinen Druck ausüben, sie wollen lediglich darüber sprechen, »dass die Hilfemaßnahmen für einen Diabetiker im normalen Betrieb mitlaufen können«, berichtet Lars. Das sei ja kein Hexenwerk. Was der Kitaerzieher bestätigt, hat er es doch selbst im normal-chaotischen Kitaalltag geschafft. Natürlich muss man auch im Unterricht ein besonderes Auge auf das Kind haben. Wenn ein diabeteskranker Mensch plötzlich blass aussieht und schwitzt, müssen sofort seine Werte gemessen werden. Das alles macht den Betreuern Angst.

Das Schulgespräch findet statt, und unmittelbar danach teilt die Schulleitung mit, dass die betroffenen vier Kinder von nun an im Klassenverbund zu Mittag essen könnten. »Dann wurden auch die blauen Boxen abgeschafft«, erzählt der Vater. Der Essensanbieter verpflichtete sich, bei den zwei Wahlessen genaue Angaben über die Broteinheiten, also die Kohlenhydrate, beizulegen und dementsprechend zuvor in der Kantine ausrechnen zu lassen. Somit muss der Schulhelfer nicht mithilfe von langen Lebensmittellisten und den dazugehörigen BEs (Broteinheiten) abmessen, wieviel Kartoffeln und wieviel Gemüse sich möglicherweise im Suppenteller befinden, sondern lediglich den berechneten Wert in die Pumpe eingeben. Oder Björn eingeben lassen und kurz prüfen, dass er keinen Zahlendreher drin hat und zu viel oder zu wenig Insulin in seinen Körper gepumpt wird. Die Eltern atmen auf. Leider wechselt im folgenden Jahr die Cateringfirma. Weil in diesen Prozess die Elternvertreter involviert sind, erfahren auch die Eltern der Diabetiker davon. Es erfolgen Absprachen mit allen Verantwortlichen. »Wir wollten auf keinen Fall zurück zur blauen Box«, sagt Lars. Damit alles reibungslos funktioniert und auch der Übergang klappt, wird der Essensanbieter telefonisch eingewiesen. Trotzdem gehen noch einmal viele Schultage ins Land, an denen die Schulhelfer vor der äußerst kniffligen Aufgabe stehen, die einzelnen Lebensmittelmengen auszurechnen. »Weil einer dazu keine Lust hatte, rief er an und fragte, wie viele Kartoffeln Björn in der kommenden Woche wohl essen wird. Damit er mit einem Richtwert arbeiten könne«, erzählt Lars kopfschüttelnd. Woher er denn wissen solle, wieviel Hunger sein Sohn drei Tage später habe, hat er geantwortet und rief anschließend nochmals beim Essenslieferanten an. Die BE-Angaben pro Gericht werden dann auch kurz darauf mitgeliefert. Während des Unterrichts und im Umgang mit den Mitschülern läuft alles recht normal. Doch vom Lehrpersonal wird Björn anders behandelt. So verändert seine Klassenlehrerin öfter die Sitzpläne der Kinder. Alle bis auf einen. Björn muss immer an dem Tisch sitzen, der dem Pult der Lehrerin am nächsten steht. Wohl, damit sie besser auf ihn achten kann. Das ist sicherlich nett gemeint, kommt bei den Kindern aber so an, dass Björn eine Sonderstellung hat. »Als er bei Freunden beim Abendbrot saß, meinte er plötzlich, dass er ja anders sei als andere Kinder«, erinnert sich Lars. »›So ein Quatsch, du bist doch ein völlig normaler Junge‹, antwortete die Mama des Freundes, aber wir waren ganz schön geschockt.«

Ständig wechseln die betreuenden Schulhelfer – schlecht bezahlte nichtpädagogische Zusatzkräfte, die an Berliner Schulen kurzfristig dort eingesetzt werden, wo es brennt. Genauso schnell sind sie wieder weg. So kommt es, dass Björn in zwei Schuljahren fünf unterschiedliche Menschen an die Seite gestellt bekommen hat. »Und die rechnen ja nicht nur, die fummeln ja auch an seiner Pumpe rum und kommen ihm dadurch körperlich nahe. Wir erfahren von den Wechseln nur, wenn Björn einen Zettel nach Hause mitbringt, auf dem steht, dass der betreffende Neue ordnungsgemäß geschult wurde und weiß, wie die Pumpe etc. funktioniert. Das sollen der behandelnde Arzt und wir dann unterschreiben.« Obwohl die Eltern den Schulhelfer noch nie gesehen haben. Lars präzisiert: »Wir haben natürlich Verständnis dafür, dass Leute krank werden oder woanders gebraucht werden, aber wir möchten einfach im Vorfeld darüber informiert werden. Kommunikation findet oft leider nicht statt.« Um etwas zu verändern, war Björns Vater Mitinitiator der Inklusions-AG der Schule.

Leider haben die Eltern oft das Gefühl, dass sie nicht mit einbezogen werden. Bei Entscheidungsprozessen und überhaupt. »Björn wird oft eine Sonderrolle zugeschoben, und das müsste überhaupt nicht sein«, beklagt der Vater. Jetzt aktuell geht's um die im kommenden Sommer stattfindende Klassenfahrt. Bisher ist nicht klar, ob der Achtjährige mitfahren darf. Er und seine Eltern wünschen sich das natürlich, aber sowohl die Lehrerin als auch die Erzieherin sagen, dass sie sich außerstande sehen, die Verantwortung und die ihrer Meinung nach notwendige Rund-um-die-Uhr-Betreuung zu übernehmen. »Das ist es gar nicht, aber acht Mal am Tag muss schon kontrolliert werden«, sagt der Vater. Eine Möglichkeit, dass Björn doch noch mitfahren kann, wäre der Einsatz eines Schulhelfers, den die Schule als Sonderbedarf anmelden muss. Aber selbst wenn dem stattgegeben würde, wäre jemand an Björns Seite, den er noch nie zuvor gesehen hat. »Dass mein Sohn nicht will, dass ein wildfremder Mensch seinen Insulinpumpenkatheter kontrolliert, kann ich nachvollziehen«, sagt Lars. Björn hat schon gesagt, dass er dann nicht mitfahren will. Als einziges Kind seiner Klasse.

»Eine Schule muss das Spiegelbild der Gesellschaft sein.«

Eine Schulleiterin berichtet von den Inklusionsbemühungen in ihrer Grundschule.

Die Rektorin sitzt zwischen Lehrern und Sonderpädagogen auf dem Sofa ihres Büros und isst eine Waffel mit Puderzucker. Der Kaffeeklatsch ist wichtig, denn »ein regelmäßiger Austausch mit den Kollegen ist das A und O für eine gut funktionierende Schule.« Seit acht Jahren arbeitet sie als Schulleiterin einer Grundschule im Berliner Stadtteil Prenzlauer Berg. In ihrer Schule gibt es inzwischen 24 Inklusionskinder. Die haben aus unterschiedlichsten Gründen ihren Förderbedarfsstatus: Einige der Kinder leiden unter einer emotional-sozialen Störung, es gibt körper- und geistig behinderte Schüler und solche, bei denen Autismus diagnostiziert wurde. »Man darf beispielsweise kein ADHS-Kind mit einem Asperger-Kind in einer Klasse betreuen. Das eine braucht ganz oft Pausen, um sich zu bewegen und Energie abzulassen, das andere feste Strukturen mit den immer gleichen Abläufen ohne ständige Überraschungen. Wenn zwei so unterschiedliche Schüler zusammen unterrichtet würden, wäre ständig Chaos da und Überforderung von Lehrer- und Schülerseite an der Tagesordnung«, erklärt sie.

Oft wird der sonderpädagogische Förderbedarf erst im Laufe der ersten Klasse durch den betreuenden Lehrer festgestellt. Ungewöhnliche Verhaltensweisen fallen Eltern manchmal gar nicht zu Hause auf, entweder weil ihnen der Vergleich fehlt oder weil das Vertraute normal wirkt. Bemerkt der Klassenlehrer, dass sich ein Kind anders verhält als seine Klassenkameraden, bespricht er das zunächst mit Kollegen, die ebenfalls mit dem Schüler zu tun haben. Bestätigen diese die Beobachtungen, werden Kollegen mit sonderpädagogischer Weiterbildung hinzugezogen. Die setzen sich dann für mehrere Stunden mit in den Unterricht und beobachten das Kind. Dann besprechen

Klassenleiter oder Schulpsychologin die Beobachtungen mit den Eltern und stellen mit ihnen zusammen einen Antrag auf Überprüfung des sonderpädagogischen Förderbedarfs. Die wird wiederum von einer Integrationsfachkraft des Schulbezirks durchgeführt. Die Schulaufsichtsbehörde befindet am Ende darüber, ob eine Schülerin oder ein Schüler sonderpädagogische Förderung braucht. Denn es muss ein sonderpädagogisches Gutachten erstellt werden, damit die Schulaufsichtsbehörde eine Entscheidung treffen kann. Das Gutachten gründet auf Gesprächen mit den Eltern, bereits vorhandenen Gutachten und medizinischen Befunden sowie Aussagen von den Lehrkräften und weiteren Testverfahren. Eltern können aktiv mitwirken bei der Feststellung des sonderpädagogischen Förderbedarfs. Sie haben Anspruch darauf, mit den Gutachterinnen und Gutachtern bereits während des Verfahrens zu sprechen und auch Einsicht in die dazugehörigen Unterlagen zu nehmen. Dieser Prozess zieht sich allerdings über Monate hin und ist sowohl für die Schule als auch für die betroffene Familie sehr belastend. »Und dann ist das Gutachten genehmigt, und das Kind hat beispielsweise einen sonderpädagogischen Förderbedarf von acht Stunden in der Woche. Wir finden einen großartigen Unterstützer für dieses Kind. Und was passiert leider viel zu oft? Ein anderer Kollege erkrankt, und der Lehrer, der für den Förderbedarf zuständig ist, muss den Vertretungsunterricht übernehmen«, beklagt die Schulleiterin. »Das ist doch ein Unding! Wir Schulleiter sind gesetzlich dazu verpflichtet, zuallererst die den Förderbedarf betreuenden Lehrer im Krankheitsfall einzusetzen.« Das sei doch absurd. Genau dort müsse zuallererst eine Veränderung stattfinden: »Dass der normale Unterrichtsbetrieb und der Förderbedarf aus zwei verschiedenen Töpfen finanziert werden.« Erst wenn der sonderpädagogische Förderbedarf nicht permanent dem Vertretungspool zum Opfer falle, wäre echtes inklusives Arbeiten möglich: »Und nur unter den Umständen kann die Schule ein Spiegelbild der Gesellschaft sein. Genau das soll Schule doch sein.«

»Dass ich auf eine Regelschule gegangen bin, war prägend für meinen Lebensweg.«

Sven arbeitet als Gymnasiallehrer. Der 39-Jährige, der mit Glasknochen geboren wurde, ist Klassenlehrer einer inklusiven Lerngruppe.

»Mein Vater ist der Außenseiter in der Familie, der hat nämlich keine Glasknochen«, sagt Sven und lacht. Neben dem Lehrer an einem Kölner Gymnasium sind auch seine Mutter und sein einziger Bruder betroffen. Nach dem Besuch des normalen Kindergartens und der Grundschule in seinem Heimatdorf im Westerwald stellt sich die Frage, was nun mit dem Kind passiert. »Die Lehrer empfahlen uns eine 45 Kilometer entfernte Förderschule für Körperbehinderte. Das hätte täglich drei Stunden Fahrzeit bedeutet, weil in jedem Kaff auf der Strecke Kinder abgeholt wurden. Kommt nicht in die Tüte, sagten meine Eltern. Der Junge soll das Gymnasium besuchen!«, erinnert sich der junge Mann. Das tut er auch. Sven wird Schüler eines relativ barrierefreien Gymnasiums, »die mussten so ein Kind wie mich aufnehmen, mit großer Freude auch noch, schon wegen ihres christlichen Glaubens«, erzählt er und muss noch mehr lachen. Denn es handelt sich um eine Klosterschule. Mit relativ barrierefrei meint der Vater eines Sohnes (der übrigens ebenfalls Glasknochen hat), dass er zwar mithilfe eines Fahrstuhls hoch in die zweite Etage seines Schulgebäudes, das sich in einem modernen Anbau befindet, kommt, doch der Aufzug, eigentlich eingebaut für betagte, fußlahme Mönche, befindet sich im alten Klostergebäude nebenan. Lediglich über den Dachboden des Klosters gelangt Sven hinüber ins Schulgebäude, dessen zweiter Stock befindet sich auf derselben Ebene. »Das Ganze war ein Witz, total aufwendig und abenteuerlich. Uns hat's natürlich nicht gestört. Ich durfte mir immer einen der Mitschüler aussuchen, der mich begleiten durfte, alle wollten natürlich.« Die Pausen sind dann problematischer. Damit bloß nichts passiert, muss der

Junge mit den Glasknochen die Pausen oben im Klassenraum verbringen, was er für eine Weile auch genießt, sind doch immer andere Kinder oben, mit denen er Zeit verbringen und Karten spielen kann. »Das kippte ab einem gewissen Alter, die anderen durften was erleben und erzählten bei der Rückkehr von irgendwelchen Mädchen. Und ich? Musste mit den Vollnerds in der Klasse bleiben, da fand ich meine Sonderrolle alles andere als cool.« Als Außenseiter habe er sich nie gefühlt, er sei immer Teil einer festen Gruppe gewesen, »wir waren so eine Art Sammelbecken für Sonderlinge und sicherlich im Schulgefüge außen vor, aber das hat uns nicht gestört«, erzählt der Deutschlehrer. Weil der Fahrstuhl lediglich in den zweiten Stock fährt, manche Unterrichtseinheiten aber auf anderen Etagen stattfinden, verfügt die Schulleitung, dass ein Tragedienst eingerichtet wird: Oberstufenschüler werden verpflichtet, den kleinen Sven im Rollstuhl durchs Treppenhaus zu schleppen. »Hoch- und Runtertragen war das Mittel der Wahl. Völlig unhaltbar in einem komplett überlaufenen Treppenhaus, durch das Hunderte Schüler rannten. Wenn einer der Träger gestolpert wäre und mich und den Rolli losgelassen hätte, hätte ein Mitschüler erschlagen werden können von dem schweren Teil.« Als Sven seinen Eltern davon erzählt, sind sie entsetzt. Und bitten erst mal um eine Veränderung. Als niemand reagiert, fordern sie die Schulleitung auf, diese unhaltbare Situation zu ändern und einen Fahrstuhl im Schulgebäude einzubauen. »Tja, und bei diesem Gespräch sagte dann der Schulleiter, ein Mönch übrigens: Wenn Ihnen das nicht passt, melden Sie Ihr Kind doch an einer Sonderschule an! Da war's dann vorbei mit der christlich-humanistischen Nächstenliebe.« Weil seine Eltern jedoch hartnäckig bleiben, gibt es ein paar Monate später tatsächlich einen Schulaufzug. Wie die das geschafft haben, weiß ihr beeindruckter Sohn bis heute nicht. Jedenfalls macht er an diesem Gymnasium genau wie der Bruder sein Abitur.

Sein Plan danach ist klar: »Dass ich selber auf eine Regelschule gegangen bin, ist sicherlich prägend für meinen Lebensweg. Weil ich ein ganz normales Gymnasium besucht habe, konnte ich auch eine Lebensperspektive im ersten Arbeitsmarkt sehen. Es war von Anfang an klar, dass ich studieren werde wie alle anderen. Klar, ein Sicherheitsdenken gab's auch. Die Alternative Dramaturgie ging nicht. Das wäre zu unstet gewesen, zu unsicher und perspektivlos.« Sven habe immer daran gedacht, dass er krankheitsbedingt phasenweise ausfallen könnte. »Als Freiberufler stünde ich dann jedes Mal vor dem Nichts. Ich brauche einen Beruf, der mich finanziell absichert. Weil ich mich nicht auf einen körperlich stabilen Zustand verlassen kann«, sagt er klipp und klar. »Es gibt viele Dinge, die ich nicht einfach so machen könnte. Aber das finde ich nicht schlimm. Nicht mehr.« Vieles geht aber doch: »Ich komme aus einem derben Kaff im Westerwald. Auf der Hand hätte ein Studium in Siegen gelegen, da hätte ich schön weiterhin bei Mama wohnen können. Doch ich war schon immer sehr eigensinnig. Ich musste da unbedingt mal raus. Also haben meine Eltern mir zugetraut, dass ich das schaffe.« Er entscheidet sich für ein Lehramtsstudium in Köln. Und wendet sich ans Studentenwerk wegen eines barrierefreien Zimmers im Wohnheim. Die sind sehr hilfsbereit und bieten ihm einen Platz in einer Wohnung im Erdgeschoss mit Rollstuhlrampe an, eine Vierer-WG mit einem Zimmer für einen Studenten mit Behinderung. »Das finde ich im Nachhinein ziemlich fortschrittlich. Eine inklusive Wohngemeinschaft übers Studentenwerk. Gut, in ganz Köln gab's damals, glaube ich, gerade mal zwei solcher WGs, aber immerhin.« Sven entscheidet sich für die Wohnung. »Als Mensch mit Behinderung konnte ich damals problemlos an meiner Universität studieren. Vor der Mensa gab's Rampen und Fahrstühle in allen Gebäuden. Wäre ich jedoch komplett auf den Rollstuhl angewiesen gewesen, hätte ich nicht Philosophie studieren können. Denn man kam nur zu Fuß über die Treppe in die Seminarbibliothek der Philosophen.« Sven fühlt sich als Erstsemestler richtig wohl, er kommt wunderbar aus mit den anderen WG-Mitbewohnern, und dann stürzt er sehr unglücklich direkt am Anfang des zweiten Semesters. »Ich hatte eine üble Fraktur im

Oberschenkelknochen und gleichzeitig eine im Oberarm. So musste ich den Rest des Semesters bei meinen Eltern verbringen, die mich pflegten. Da ging's mir richtig dreckig, besonders als ich dann am Telefon erfuhr, dass die drei aus meiner WG ausgezogen sind und sich eine neue Wohnung in der Stadt gesucht hatten. Zuvor war im Gespräch gewesen, dass ich dort mit einziehen würde.« Als er wieder zurückkommt, ist die Wohngemeinschaft total verändert, drei neue junge Männer ziehen nach und nach ein. »Da habe ich eine richtige Krise geschoben. Einer der neuen Mitbewohner und ich haben uns total gestritten. Aber wenigstens hat er mich normal behandelt. Der hat mich nicht geschont à la das arme kleine krumme Männlein «, erzählt Sven und muss schmunzeln im Nachhinein.

Nach Abschluss des Lehramtsstudiums und des Referendariats beginnt der Arbeitsalltag als Fachlehrer für Deutsch und Philosophie: »Das war auch ein Witz. Meine erste Stelle habe ich nur wegen meiner Schwerbehinderung bekommen. Über die Vergabeliste kriegt man als Behinderter priorisiert eine Stelle. Die Schule bestand aus sechs verschiedenen Gebäuden, die allesamt an einem Hang gelegen und über etwa 1000 Stufen miteinander verbunden waren. Ich habe sofort den Schulleiter vorgewarnt, dass es sicherlich Phasen geben wird, in denen ich nicht gut laufen kann.« Der zeigt sich einsichtig und beantragt einen barrierefreien Umbau. Bis die Zuständigkeiten der Finanzierung klar sind, ziehen Monate ins Land. Und letztendlich wird die Finanzierung abgelehnt. Stattdessen wird dem jungen Lehrer eine Versetzung an ein barrierefreies Gymnasium angeboten. »Ich hatte zu dem Zeitpunkt einen total guten Kontakt zu den Kollegen und empfand das Angebot als Zwangsmaßnahme. Nach einem Telefonat mit der Schwerbehindertenbeauftragten, die mir empfahl, die anderthalb Jahre an der Schule als gute Erfahrung abzutun und nun etwas neues Gutes zu beginnen, habe ich dann aber angenommen.« Der Wechsel entpuppt sich als Glücksgriff. Die Schulleiterin ist sehr offen und interessiert an neuen Ideen. Die Schüler respektieren Sven durchweg, sie lernen ihn als Fußgänger kennen, lediglich bei Ausflügen, auf denen längere Strecken zu Fuß bewältigt werden müssen, hat er einen Rollstuhl dabei. Aktuell jedoch sitzt er auch im regulären Schulbetrieb wegen starker Knieprobleme im Rollstuhl. »Das fällt mir unheimlich schwer, ich habe mich am Anfang sehr eingeschränkt gefühlt. Wie nehmen die mich jetzt wahr? Bei den Schülern merke ich keinen Unterschied in ihrem Verhalten mir gegenüber. Trotzdem habe ich mit der Situation zu kämpfen. Nach wie vor. Ich glaube, ich fühle mich weniger selbständig, es fühlt sich blöd an, nicht vor der Klasse zu stehen, sondern zu sitzen. Vielleicht, weil man im Stehen und Laufen das Gefühl hat, eine Situation besser beherrschen zu können.«

Weil er besser als jeder Andere nachvollziehen kann, wie sich ein Schüler mit Behinderung fühlt, möchte Sven sein Gymnasium zu einer inklusiven Schule machen. Als er seine Rektorin diesbezüglich um ein Gespräch bittet, kommt die mit derselben Idee und bittet ihn um die Leitung und Entwicklung des Projekts »Inklusive Schule«. Genau das möchte er tun, das sei die Art Engagement mit Sinnperspektive, die er sich gewünscht habe. Sven schließt sich dem bereits bestehenden Schulentwicklungsteam an, findet einige Mitstreiter für ein angegliedertes Inklusionsteam und liest sich gründlich in die Materie ein. »Dann bin ich in andere Schulen, in denen bereits inklusiv unterrichtet wird, gegangen und habe dort hospitiert.« Man müsse es selbst erleben, bevor man Kinder mit Förderbedarf beschule, meint Sven. Einen Impulsvortrag hält er in der Gesamtkonferenz und stellt den Inklusionsplan der Stadt Köln vor: »Es ist ja so, dass alle Schulen den auch irgendwann umsetzen müssen. Da ist es doch besser, wir gehen frühzeitig mutig und konstruktiv mit der Inklusionsumsetzung um, damit wir selbst gestalten können, wie das an unserer Schule aussehen soll. Irgendwann würden wir dann nämlich dazu gezwungen werden.« Diese Logik überzeugt das Kollegium. Das Meinungsbild ist weitgehend gleich, doch eine Mehrheit stimmt für einen pädagogischen Tag, eine interne Fortbildung zum Thema Inklusion ein paar Monate später. Darin sieht Sven eine gute Chance, noch mehr Kollegen zu überzeugen. Er gewinnt engagierte Vortragende, die von ihrem Schulalltag und gelungenen Inklusionsbeispielen berichten. Bei der nächsten Lehrerkonferenz stellt das Inklusionsteam sein Konzept vor: Im neuen Schuljahr soll ein Versuchsmodell gestartet werden – eine Lerngruppe aus maximal fünf förderbedürftigen Kindern mit Extrastunden beziehungsweise Doppelbelegung durch Sonderpädagogen, die die Unterrichtsarbeit unterstützen. In enger Zusammenarbeit mit den sie umgebenden Grundschulen: »Um schon im Vorfeld die Namen, Gesichter und speziellen Bedürfnisse der Kinder mit Förderbedarf kennenzulernen. Das finden wir extrem wichtig. Erst mal, um Kollegen die Angst zu nehmen. Es ist einfacher, sich die konkrete Arbeit vorzustellen, wenn man ein Gesicht zum Namen hat. Und um zu sehen, was wir an Fortbildungen brauchen, um den Kindern so gut wie möglich gerecht zu werden.« Sie bekommen das Okay von den Kollegen, veranstalten offene Elternabende zum Thema für alle interessierten Sorgeberechtigten und arbeiten mit den Schülervertretern zusammen. Vor den Sommerferien, also mehrere Wochen vor dem Start, bittet Sven alle Kollegen, ein von ihm erarbeitetes Unterrichtsmodul mit den Schülern einzusetzen. Teil dieses Moduls ist ein Dokumentarfilm über eine Schule in Münster, die seit Jahren äußerst erfolgreich inklusiv arbeitet. Und im Anschluss findet eine Veranstaltung in der Aula statt, in deren Rahmen die Schüler die Möglichkeit erhalten, Fragen zu stellen. »Diese echte Teilhabechance zu bieten, halte ich für äußerst wichtig. Auch mit kritischen Stimmen muss gearbeitet werden. Natürlich sind Widerstände störend, und jeder hat ab und zu den Impuls, die gern diktatorisch wegzubügeln. Aber dann setzt die Vernunft ein, und man realisiert, wie viel sinnvoller es ist, darüber zu diskutieren«, sagt der engagierte Lehrer voller Überzeugung. Außerdem sei das bei diesem Thema besonders wichtig, damit man nicht in den »Inklusionsüberschwang« gerate und denke, alles sei möglich.

Denn das ist es einfach nicht. »Unser dreigliedriges Schulsystem ist für sich genommen schon selektiv: Dieses System ist prinzipiell nicht inklusiv. Wenn man den Inklusionsgedanken wirklich zu Ende denken würde, hieße es, dass jede Schule jeden Schüler nimmt und jeden Abschluss anbietet. Doch das Gegenteil ist der Fall. Wenn man inklusiv im Kleinen arbeiten möchte, muss man mit diesen Widersprüchen im Großen leben.« Intern würden er und seine Kollegen das von ihnen gegründete Netzwerk Inklusives Gymnasium auch mal schwarzer Schimmel nennen. »Auch wenn ich im Verdacht stehe, dass ich das nur gut finden muss«, sagt Sven und kichert: »Es läuft wirklich gut. Wir machen viele Dinge anders. Die Geschlossenheit der betreuenden Kollegen in unserer Klasse ist wirklich besonders. Eine Stunde pro Woche reden wir lösungsorientiert über die Klasse, was wir gemeinsam machen können, was wir verbessern können. Das gesamte Team für unsere Modellklasse, die 25 Kinder besuchen, besteht aus zwei Klassenlehrern, einer Sonderpädagogin, zwei Schulbegleitern und den Fachlehrern.« Klare Regeln seien sehr wichtig. Für eine gute Struktur gibt es jeden Tag ähnliche Anfangs- und Schlussrituale. Das würde sich unheimlich auszahlen, diese Klasse sei die leistungsstärkste und kooperativste in der Schule, meinten Kollegen. Das Konzept geht auf und wird angenommen. Konkret bedeutet das: Drei Kinder mit Förderbedarf besuchen die Klasse. Die von der Förderschule für sieben Stunden die Woche abgeordnete Sozialpädagogin, die aktiv ins Unterrichtsgeschehen eingebunden ist und beispielsweise den Stundeneinstieg macht, unterstützt sie. Probleme gibt es trotzdem: »Wir waren sehr gut vorbereitet, doch manchmal ist es einfach nicht auszuhalten für alle Beteiligten, für Schüler, Lehrer und Eltern. Wenn ein Kind mit Autismus permanent beißt und kaum zu kontrollieren ist, stoßen wir an unsere Grenzen. Und wir haben gemerkt: Es ist nicht alles machbar. Die Gefahr ist groß, am eigenen Idealismus zu scheitern.«

Wie schwer es für die Schüler sei, Verständnis füreinander zu haben, zeige sich besonders im Drei-Regel-System. Das bedeutet:

Macht ein Schüler Blödsinn oder stört den Unterricht, bekommt er eine erste und eine zweite Ermahnung. Nach der dritten Ermahnung muss er in den Nebenraum gehen, in dem zur selben Zeit ein Oberstufenkurs unterrichtet wird, und dort einen Reflexionsbogen ausfüllen. Nach Unterrichtsende folgt ein Schüler-Lehrer-Gespräch. Kinder mit Förderbedarf haben jedoch sechs Chancen, müssen aber nach dem dritten Ermahnen auf einen Einzelsitzplatz wechseln. »Das haben die anderen schon als ungerecht empfunden. Und nachgefragt, warum wir bei den drei Schülern großzügiger wären«, erinnert sich Sven. Er habe geantwortet, dass doch jeder wisse, dass es für die drei schwieriger sei im Unterricht, und das hätte die Klasse eingesehen. »Gott sei Dank ist die Leistungsbewertung in unserer Modellklasse einheitlich, wir haben aktuell nur Kinder, die allesamt zielgleich unterrichtet werden. Echte Inklusionsarbeit beinhaltet zieldifferenten Unterricht, das macht die ganze Sache natürlich noch viel komplizierter. Was auch gut ist. Wir alle müssen da hineinwachsen«, erklärt er sein Vorgehen. Zieldifferenziert hieße, dass er statt nach gymnasialen Richtlinien beispielsweise ein Kind mit Lernbehinderung nach Hauptschulrichtlinien bewerten müsse. Wie das konkret ginge, weiß er noch nicht. Damit würde er sich beschäftigen in enger Abstimmung mit der Schulleitung, wenn es so weit wäre.

Für das kommende Schuljahr jedenfalls ist eine inklusive Klasse mit vier Kindern mit Förderbedarf geplant. Die Klassenleitung übernimmt einer der Mitstreiter aus der Inklusions-AG, ein Überzeugungstäter, wie Sven sagt. Alle Fächer sind bereits mit Kollegen besetzt, die sich diese Arbeit vorstellen können. Sie haben sich freiwillig dazu bereit erklärt.

»Dafür, dass ich hier das Versuchskaninchen bin, läuft's einigermaßen.«

Die 17-jährige Kerstin besucht die Oberstufe eines Berufsgymnasiums. Wegen ihrer Bewegungsstörung sitzt sie im Rollstuhl.

Auf die blöde Frage, ob sie gern in die Schule gehe, antwortet die Oberstufenschülerin Kerstin mit einem Schulterzucken: »Ist halt Schule.« Die 17-Jährige trägt eine feste Zahnspange, hat ihre dunklen Haare zum Zopf gebunden und ein paar Sommersprossen im Gesicht. Eine junge Frau mit Glitzertop und Ripped Jeans. Ach ja, und einem Rollstuhl. Darin sitzt sie, wenn sie sich außerhalb der eigenen Wohnung bewegt. Denn die Berlinerin leidet unter einer angeborenen Ataxie, einer Bewegungsstörung. »Als gesundes Baby kam ich zur Welt, erst als ich zwei Jahre alt war oder so, haben die Ärzte das festgestellt.« Es folgen alle möglichen Therapien, Logopädie, Physio- und Ergotherapien. Nach dem Besuch einer Integrativkita besucht Kerstin eine Körperbehindertenschule. »Die haben dort aber kein Abitur angeboten, und weil ich Abitur machen wollte, musste ich die Schule wechseln«, erzählt sie. Weil sie sich nicht vorstellen kann, in zwei Jahren den Abiturstoff zu lernen, macht sie sich auf die Suche nach einer Berufsschule, in der die Oberstufe drei Jahre dauert inklusive einem Jahr Einführungsphase. Genau zwei Schulen im gesamten Stadtgebiet kommen in Frage, denn die sind barrierefrei. Doch auch hier gibt's Tücken, sagt Kerstin. »Für mich ist alles okay. Aber ein Mitschüler kann sich kaum bewegen und ist auch im Rollstuhl unterwegs, und für den sind die Riesen-Holztüren hier schon ein Problem. Er braucht immer jemanden zum Aufhalten.« Insgesamt vier Schüler mit Körperbehinderungen sind sie, die als »Versuchskaninchen« auf die Berufsschule wechseln. Vier unter mehreren tausend Schülern. »Da war es natürlich angenehm, in der Gruppe aus der Körperbehindertenschule zu wechseln. Ich hatte lediglich Angst, mit dem Stoff nicht hinterherzukommen«, sagt Kerstin und dass sie wegen ihrer Behinderung Probleme mit der Motorik habe und nicht gut schreiben kann. »Bei Arbeiten und Klausuren bekomme ich mehr Zeit. Etwa eine halbe Stunde, manchmal auch eine Dreiviertelstunde. Im Unterricht ist es manchmal sehr schwierig. Da komme ich gar nicht hinterher bei Tafelbildern zum Beispiel. Das ist mein größtes Problem.« Weil von Anfang an klar ist, dass Kerstin beim Schreiben Hilfe benötigt, wird für sie eine Schreibassistenz beantragt. Also ein Schulhelfer, der mit im Unterricht sitzt und für sie mitschreibt, damit die Berlinerin konzentriert dem Unterrichtsstoff folgen kann, ohne permanent unter Stress zu stehen. »Das ist doch Inklusion. Dass Schüler die Unterstützung bekommen, die sie brauchen, oder?«, sagt sie. Doch die Ämter streiten sich, keiner will zahlen, obwohl die für sie zuständige Bearbeiterin in der Arbeitsagentur bestätigt hat, dass sie Hilfe brauche. Und Kerstin? Die sitzt seit einem Dreivierteljahr da ohne Schreibassistenz. Und bekommt natürlich nicht den gesamten Stoff mit.

Was die Menschen an dieser neuen Schule anbetreffe: Der Empfang sei freundlich gewesen. Obwohl, aber das weiß Kerstin nicht, das berichtet eine unterrichtende Lehrerin, große Verunsicherung herrschte auf Seiten des Kollegiums. Es sei vor Beginn des neuen Schuljahrs und dem Start des Inklusionsversuchs keine Schulung erfolgt, die betreffenden Kollegen hätten plötzlich Schüler mit Behinderungen in der Klasse gehabt und keine Ahnung, was diese brauchen. Vielleicht lässt sich so erklären, was Kerstin beobachtet hat am Anfang: »Viele wussten nicht so richtig, wie sie mit mir umgehen sollen. Die Lehrer und die Schüler. Die hatten noch nie zu tun mit Behinderten.« Viele Mitschüler könnten nach wie vor nicht viel mit ihr anfangen, glaubt sie. »Bei manchen war das am Anfang so und hat sich dann geändert, bei einigen aber auch nicht. Die verhalten sich mir gegenüber anders als bei anderen«, erzählt die 17-Jährige und dass sie das unglaublich stören würde. Besonders, »dass manche mich nicht so ernst nehmen, ich bin da vielleicht empfindlich, aber das kommt mir auf jeden Fall so vor.« In der Schule sei es wie sonst überall auch, sagt Kerstin. »Entweder die Leute sind hilfsbereit, oder sie ignorieren mich weitestgehend. Beim Busfahren nervt das, wenn zum Beispiel der Fahrer die Rampe nicht anlegt, und ohne die komme ich im Rollstuhl ja nicht raus oder rein, aber ich rege mich schnell wieder ab. Es bringt mir nichts, wenn ich mich übermäßig aufrege«, erzählt sie und wischt sich mit ihrem Halstuch ein paar Tropfen Speichel vom Kinn. Wegen der Ataxie ist nämlich auch ihr Mund betroffen, ihre Sprache ein wenig verwaschen. »Bei Betroffenen sind die Sprechbewegungen unkoordiniert, das Sprechen selbst ist undeutlich und unrhythmisch. Die Lautkoordination ataktischer Menschen ist erschwert, ihre Sprache ist wenig moduliert, schwer und schleppend«, so die logopädische Erklärung. Bei Kerstin muss man sich ein bisschen »reinhören«, aber dann kann man ihr sehr gut folgen. Wenn man denn will und sich ein bisschen bemüht. »Bei Referaten habe ich eigentlich keine Probleme, da hören mir alle ziemlich geduldig zu«, sagt Kerstin.

Auch sonst sei das Miteinander okay, aber eine echte Annäherung zu den Mitschülern wäre nicht leicht. »Es ist schwierig, Freundschaften zu knüpfen. Das war viel leichter an der alten Schule, da hatte niemand Berührungsängste. In meiner Klasse sind die nicht unfreundlich, aber auch nicht offen«, bedauert die Berlinerin. Sie würde sich eine andere Aufteilung der Schüler auf die verschiedenen Lerngruppen wünschen. »In anderen Klassen sind viele aus meiner Gegend, ich sehe die oft auf dem Weg, da hätte es doch nahegelegen, mit denen in eine Klasse zu kommen«, erklärt die 17-Jährige, die jeden Tag eine Weile mit öffentlichen Verkehrsmitteln unterwegs ist. Und umsteigen muss. Natürlich ohne fremde Hilfe. »Warum auch? Ich will selbständig leben«, ist ihr knapper Kommentar. So normal wie nur möglich.

Im »normalen« Leben jedenfalls habe sie keine Probleme, Leute kennenzulernen. Mit und ohne Behinderungen. Oft sei sie mit Freunden unterwegs, die sie über Facebook oder gemeinsame Freunde kennengelernt habe. Ihr Freund, den sie übers

Internet gefunden hat, sei mehr oder weniger normal. »Dafür, dass ich hier das Versuchskaninchen bin, läuft's einigermaßen«, fasst sie lapidar ihren bisherigen Schulalltag auf dem Berufsgymnasium zusammen. »Ich glaube, ich gehe genauso gern zur Schule wie meine Mitschüler, und lernen tue ich natürlich nur in Klausurphasen.« Kerstins Noten sind absolut durchschnittlich, aber das sei in der alten Schule auch so gewesen. Trotzdem war damals klar, dass sie die Fachhochschulreife erwerben möchte. Mit diesem Wunsch ist sie jedoch eine Ausnahme, lediglich vier aus ihrer Klasse mit 28 Schülern wären nach dem Abschluss der zehnten Klasse auf eine weiterführende Schule gewechselt: »Nur wenige Körperbehinderte wollen Abitur machen, weil das für viele eine zu große Herausforderung wäre.« Für sie war es das Ziel, und ihre Lehrer hätten sie dahingeschoben. An sie geglaubt. Und ihre Eltern? Die haben immer geantwortet, wenn ihre Tochter Bedenken geäußert hat: »Hab dich nicht so. Schaffste schon!« Und sie schafft es auch. Obwohl sie im Osten wohnt und ab und zu Wandertage im tiefsten alten Westen stattfinden. Wie sie morgens selbständig dorthin kommen soll, darüber denken die Lehrer natürlich nicht nach. Warum auch? »Ich muss so was allein schaffen. Was ich gar nicht will, ist eine Sonderrolle. Ich gucke dann eben, wo der beste Weg ist, ich weiß ja, worauf ich achten muss.«

Am Schüleraustausch mit Teenagern aus Spanien kann Kerstin leider nicht teilnehmen. Die Lehrerin wirbt für Verständnis, die Schule könne leider nicht alles bedenken und hätte keinen Einfluss auf die Organisation vor Ort, die von der Partnerschule übernommen wird. »Ist halt so«, sagt Kerstin und ergänzt: »Ich denke gar nicht über so was nach. Bringt mir ja auch nicht viel. Mein Leben ist schön, wie es ist. Keine Ahnung, wie mein Leben ohne Behinderung wäre. Ich glaube, ich wäre ein ganz anderer Mensch, auch vom Charakter her.«

»Wir passen uns dem an, was der Schüler mitbringt. Das ist für uns Inklusion.«

Martina arbeitet als Berufsschullehrerin. Seit einem Jahr unterrichtet die 32-Jährige vier Schüler mit einer Körperbehinderung.

Die Berufsschule ist in einem Altbau untergebracht. Alte Steinstufen führen durch schattige Treppenhäuser, in den Fluren blättert der Putz von den Wänden. Barrierefrei wirkt diese Schule beileibe nicht. Und trotzdem wird hier ein Schüler unterrichtet, der auf den Rollstuhl angewiesen ist. Im Vorstellungsgespräch schildert man ihm die Probleme, doch das hält den jungen Mann nicht davon ab, sich hier zu bewerben. Um seinen Schulalltag so einfach wie möglich zu gestalten, werden die Schulstunden seiner Kurse weitgehend im Erdgeschoss abgehalten. Aber eben nur weitgehend. Die Ausnahme ist der Deutschunterricht. »Die Raumkapazitäten waren damals ausgeschöpft, und wir wussten nicht wohin mit der Klasse. Genau gegenüber der Schule liegt eine Turnhalle mit Fahrstuhl. Also reagierten wir flexibel, und mein Unterricht fand ein Dreivierteljahr in einem Besprechungsraum im ersten Stock der Halle statt«, erzählt die Fachlehrerin Martina. Eine junge, engagierte Frau – klein, zäh und dunkelblond gelockt. Das sei nicht gerade luxuriös gewesen, aber für den Übergang hätte es gereicht. Inzwischen sei die Raumproblematik aber geklärt, und sämtliche Unterrichtsstunden fänden ebenerdig statt.

Ihre Schulleitung habe sich aktiv um eine Inklusion von Schülern mit Förderbedarf gekümmert und sich bemüht, die Rahmenbedingungen zu schaffen, damit auch junge Erwachsene mit körperlichen Einschränkungen hier zur Schule gehen könnten. Alles könne die Schule jedoch nicht selbständig regeln, und genau das sei das Problem. »Inklusion halten wir für wichtig und richtig. Doch in Deutschland, so befürchte ich, ist es ein grundsätzliches Problem, dass erst die gesetzliche Grundlage für irgendetwas da sein muss und dann im Anschluss die Strukturen dafür geschaffen werden. Dabei müsste es doch genau umgekehrt sein, oder nicht?«, beklagt die junge Lehrerin. »Unsere Schule jedenfalls hat sich zur Maxime gemacht, alle Schüler, auch die mit alternativen Fähigkeiten, zu nehmen. Das stellt uns vor viele Herausforderungen, denn wir Lehrer sind allesamt keine Reha-Lehrer, die speziell geschult sind für die Bedürfnisse Behinderter.« Von Seiten der Behörde gibt es leider keinerlei Hilfestellungen, keine Fortbildungen. Damit sie überhaupt eine Ahnung bekämen, werden Kooperationen geschlossen mit mehreren Schulen für Körperbehinderte und Schüler mit geistigen Einschränkungen. »Damit wir neue Zöglinge ihren Fähigkeiten entsprechend fördern können. Wir treffen uns mit Lehrern und bitten sie um Informationen zum konkreten Schüler, aber auch, welche Hilfestellungen benötigt werden. Was brauchen wir, was müssen wir beantragen?«, beschreibt Martina diesen Prozess. Genau das wünsche sich das Kollegium an ganz konkreter Hilfe vom Schulamt: »Am liebsten wäre uns ein richtig gut vorbereiteter Infohefter für Schulen, die inklusiv arbeiten wollen. Da würde drin stehen, an welches Amt man sich in welcher Sache wenden müsste. Wir verschwenden Unmengen an Zeit bei zahllosen Telefonaten, weil wir vieles gar nicht wissen können. Man wird da als engagierte Schule ganz schön im Regen stehen gelassen.«

Aber das größte Unding seien die sinnlosen Fristen. Bis April jeden Jahres müssen die Hilfsmittel beantragt werden, die die Schüler mit Förderstatus im nächsten Schuljahr benötigen. Zwei Monate später erst, nämlich im Juni, finden die Abschlussprüfungen der zehnten Klassen statt. Erst wenn die Schüler wissen, dass sie die Prüfungen bestanden haben, können sie sich an einer weiterführenden Schule anmelden. »Hilfsmittel können wir für diese aber nicht mehr beantragen, die Frist ist zu dem Zeitpunkt ja bereits seit drei Monaten abgelaufen. Im konkreten Fall heißt das, dass unser auf den Rollstuhl angewiesener Schüler, der im aktuellen Schuljahr neu auf unsere Schule kam, keinen Schulhelfer hat, der ihn im Unterricht unterstützt. Weil kein Amt die

Mittel bewilligt hat. Die Begründung lautete, wir hätten die Frist versäumt. Das ist doch absurd!«, sagt die 32-Jährige mit Nachdruck. Dabei sei das oberste Ziel, dass die Einschränkungen des Schülers keinen Nachteil für ihn darstellten. Um das sicherzustellen, hat die Schule einen Fragebogen ausgearbeitet, den jeder Schüler gewissenhaft ausfüllen soll. Darin wird unter anderem gefragt, welche Schwächen der Betroffene hat und ob ihm der daraus resultierende Förderbedarf bereits offiziell genehmigt wurde. Wenn klar ist, dass derjenige beispielsweise eine Lese-Rechtschreib-Schwäche oder wegen einer Behinderung eine Spastik in der Hand hat und nicht lange schnell schreiben kann, bekommt der Schüler einen Nachteilsausgleich, erzählt Martina: »Das regeln wir ganz individuell. Ob der Schüler statt der schriftlichen Leistungen mündliche Prüfungen ablegen darf, mehr Zeit bei Klausuren bekommt oder diese statt mit Stift und Papier auf dem Laptop schreiben darf: Wir passen uns dem an, was der Schüler mitbringt. Das ist für uns Inklusion.«

Inzwischen heißt diese Herangehensweise so, »früher wurde es nicht benannt, doch wir arbeiten seit jeher mit richtig vielen verhaltensoriginellen Schülern, die einen großen Förderbedarf haben. Doch viele Eltern scheuen sich, einen Integrationsstatus zu beantragen, weil sie befürchten, dass das Nachteile für ihr Kind brächte.« Martina geht von etwa einem Drittel aller Schüler aus, die leistungsschwach oder verhaltensauffällig sind. Was absolut normal sei im Berufsschulbereich. »Selbst wenn ein neuer Schüler zuvor einen Status hatte oder größere Konzentrations- oder Anpassungsschwierigkeiten oder was auch immer: Wenn er zu uns kommt, hat er die Schulpflicht hinter sich. Von nun an ist alles freiwillig und Sache des Schülers und seiner Eltern, welche Informationen sie der Schule zur Verfügung stellen. Die Unterlagen, die bei der abgebenden Schule liegen, können wir nicht ohne Weiteres anfordern. Sollte da etwas sein, das wir Lehrer eigentlich wissen müssten, sind sie nicht verpflichtet, uns von der Behinderung zu erzählen. So können wir uns natürlich auch nicht vorbereiten. Und die Interessen des Kindes werden absolut nicht bedient. Das passiert richtig oft. Wenn wir die Eltern ansprechen, heißt es: Nee, nee, alles ist normal.«

Da kein Sonderpädagoge an der Schule tätig ist, einigt man sich in vielen Gesprächen intern auf eine konkrete Vorgehensweise, wie bei dem betreffenden Schüler zu verfahren sein: »Damit alle Lehrer, die diesen Schüler unterrichten, gleich auf ihn reagieren können. Klare Regeln und Strukturen sind eigentlich immer hilfreich«, meint die Pädagogin. Obwohl häufig große Ratlosigkeit herrsche. »Dabei ist doch unser Ziel, allen die gleichen Bildungschancen zu ermöglichen.«

»Echtes Wertschätzen des Andersseins ist die Grundlage für eine gelungene Inklusion.«

Eine Schulrätin setzt sich besonders ein für die inklusive Schule. Sie ist zuständig für Grundschulen und sonderpädagogische Förderzentren.

»Es fängt immer bei einem selber an«, davon ist sie überzeugt. Dass man Dinge zur Sprache bringt, um sie positiv zu verändern. »Wo ist die Möglichkeit?«, diese Frage spielt eine zentrale Rolle in ihrem zupackenden Tun. »Ich bin nicht behindert, ich werde behindert, sagen viele Betroffene. Ich glaube, das stimmt. Nur ein echtes Wertschätzen des Andersseins, davon bin ich überzeugt, ist die Grundlage für eine gelungene Inklusion«, fasst die engagierte Mitfünfzigerin ihren Ansatz zusammen. Um Kollegen für die Inklusion nicht nur zu sensibilisieren, sondern sie auch zu begeistern, fährt sie regelmäßig mit Schulleitern, Lehrern und Erziehern auf Fortbildungen. Und sie entwickelt einen Leitfaden: »Einige Dinge sind unabdingbar für das Gelingen von Inklusion in einer Regelschule: Beziehungsarbeit. Das bedeutet, dass der Pädagoge eine aktive Bindung zum einzelnen Schüler aufbauen muss, damit der Bildungserfolg ermöglicht wird«, erklärt sie weiter. Die optimale Einstiegsform, um inklusives Lernen an einer Schule zu etablieren, ist für die Schulrätin die Dreierjahrgangsmischung. Es sei die familienbezogenste Form, die einem Familienkonstrukt ähnelt und von Vornherein maximale Formen des Verschiedenseins bietet. »Diese Form spiegelt die traditionelle Entwicklung vom Gesellen zum Lehrling bis zum Meister wider«, sagt die Schulrätin, und dass genau das die Form sei, die ein besonderes Kind, ein Augenmerkkind, brauche. In einer solchen Gemeinschaft helfe ein Kind dem anderen, die Inklusion werde auf diese Weise von den Kindern selbst umgesetzt. »Inklusion wird von Menschen ermöglicht, kompetenten, offenen und interessierten Menschen. Selbst wenn die finanziellen Mittel begrenzt sind und die Ressourcen überschaubar: Wer

Lust hat, schafft ein Miteinander auf Augenhöhe«, davon ist sie überzeugt.

Dieses Engagement hat sicherlich mit ihrer Biografie zu tun. Arbeitete die Brandenburgerin doch zu DDR-Zeiten als Sonderpädagogin an einer Sonderschule und hätte dort gern zwei Kinder in die Regelschule geschickt. »Doch das war nicht möglich, der Staat hat damals entschieden und nicht die Eltern oder Pädagogen«, erinnert sich die Mutter einer erwachsenen Tochter, die heute im selben Bereich arbeitet. »Nach der Wende, als alles anders war, habe ich mir vorgenommen, so viele behinderte Kinder wie möglich in eine Regelschule zu bringen.«

Heute nach über 20 Jahren als Schulrätin konstatiert sie ziemlich zufrieden über die Entwicklung im Schulbetrieb: »Ich sehe so viel, was möglich geworden ist.« Und trotzdem gibt es noch sehr viel zu tun. »Ich entdecke überall gute Ansätze, aber ich wünsche mir mehr Supervision und mehr finanzielle Mittel, um die Unterstützung bieten zu können, die einfach gebraucht wird.«

Wie eine inklusive Freizeit aussieht

Fragt man Kinder und Jugendliche, was sie gern anfangen mit ihrer Freizeit, dann hört man fast immer das Gleiche: Computerspielen, Fernsehen, aber natürlich auch Sport. Überall gibt es unzählige Sportangebote, für Kleine, Mittlere und Große, für Jungs oder Mädchen. Und für Kinder mit Behinderungen? Für die, die vielleicht nicht schnell rennen können oder den Ball nicht richtig sehen – und trotzdem Fußball spielen möchten? Da muss man suchen. Denn gerade im Fußball ist der Freizeitbereich sehr leistungsorientiert aufgebaut. Ständige Turniere am Wochenende bedeuten, dass die Freizeitkicker regelmäßig Leistung zeigen und natürlich auch gewinnen müssen. Es geht sehr oft um Leistung und sehr selten um den reinen Spaß am Spiel. Inzwischen gibt es auch einige wenige Teams, in denen inklusiv gespielt wird. In denen es den Jungs zwar ums Gewinnen geht, aber die Freude am gemeinsamen Bolzen im Vordergrund steht. Und in denen es okay ist, wenn der eine oder andere zumeist daneben schießt oder an die Latte.

Kleinere Kinder möchten üblicherweise den Großteil ihrer gemeinsamen Zeit mit den Eltern bei gutem Wetter auf einem Spielplatz verbringen. Doch »viele behinderte Kinder verbringen als Folge ihrer Behinderung eine Kindheit, die nur sehr eingeschränkt Möglichkeiten und Gelegenheiten zu Spiel und Bewegung bietet. Besonders deutlich zeigt sich für behinderte Kinder die Einschränkung ihrer Möglichkeiten, aktiv zu spielen, in den Spielangeboten öffentlicher Spielplätze«, schreibt die Landschaftsarchitektin Beate Voskamp auf der Website nullbarriere.de.

Dabei hat der Landschaftsarchitekt Lothar Köppel bereits Ende der 1980er Jahre Pionierarbeit geleistet und in München den ersten behindertengerechten Spielplatz entworfen. Bis heute gibt es jedoch beispielsweise in ganz Berlin keinen einzigen Spielplatz für Kinder mit Handicap. Dabei seien barrierefreie Spielplätze nicht teurer. Die richtige Herangehensweise sei wichtig und die Kooperation mit Fachleuten, empfiehlt der Landschaftsarchitekt. »Ein barrierefreier Spielplatz muss die ganze Vielfalt abdecken. Eine ebene Fläche mit fünf behindertengerechten Spielgeräten ist kein lustvoller Spielort«, sagt er im Interview mit myhandicap.de. Ihm sei es wichtig, dass seine Spielplätze als »normale« Spielplätze wahrgenommen würden und von allen Menschen genutzt werden könnten.

Inklusive Freizeitinitiativen gibt es wahrlich nicht wie Sand am Meer. Eine der nicht allzu zahlreichen Aktionen ist die Tour der Begegnung – Inklusion läuft! –, die vom LVR (Landschaftsverband Rheinland) ausgerufen wird. Zu Fuß, mit dem Fahrrad, in Rollstühlen oder auf Inlineskates legen Kinder und Jugendliche fast 400 Kilometer durch das gesamte Rheinland zurück. Knapp 3000 Schüler aus 50 Schulen machen hier mit. Außerdem gibt es die Landkarte der inklusiven Angebote, die man auf der Website des Behindertenbeauftragten finden kann. Da zeigen Leuchttürme den Weg. Was eigentlich bedeutet, dass die paar Angebote, die es gibt, einen Vorbildcharakter haben und anderen den Weg weisen sollen. Aktuell sind dort 207 Angebote aufgelistet. Initiativen, die Kinder, Jugendliche oder Erwachsene ansprechen sollen. Und tatsächlich sind vom Zirkusprojekt bis zum gemeinsamen Theaterspielen von Menschen mit und ohne Behinderung, Yoga und Kampfkunst die unterschiedlichsten inklusiven Angebote dabei. Viele Jugendclubs arbeiten zwangsläufig inzwischen inklusiv, werden sie doch häufig auch von jungen Erwachsenen besucht, die auf Förderschulen gehen. Hier mischen sich Menschen mit unterschiedlichem Bildungs- und Kulturhintergrund. Die Hoffnung einiger Eltern, dass ihre in Förderschulen beschulten Kinder im Freizeitbereich mit Kindern ohne Behinderung einem Hobby nachgehen und sich über diese gemeinsame Aktivität näher kennenlernen und möglicherweise befreunden, scheint sich meistens nicht zu erfüllen. Zumindest, wenn es sich nicht um eine körperliche Behinderung handelt. Gerade Teenager scheinen größtenteils kein Interesse an einem näheren Kontakt zu haben. »Über das gemeinsame Training geht es nicht hinaus«, bestätigt der Berliner Fußballtrainer Fabian. Er habe noch nie mitbekommen, dass sich Jungs miteinander verabredet hätten. Was sicherlich auch daran liegt, dass es nicht allzu viele inklusive Freizeitangebote gibt und die Teilnehmer aus den unterschiedlichsten Bezirken zusammenkommen und weit voneinander entfernt wohnen. Ein Problem ist jedoch auch: »In einer Förderschule ist man ein Behinderter unter anderen Behinderten. Das heißt natürlich nicht, dass sich dann der Downi in einen anderen Downi verliebt. Aber wir nehmen die Behinderung gar nicht wahr, wir achten auf die Persönlichkeit und wie wir da zusammenpassen«, erzählt ein junger Mann mit Spastiken. »Unter normalen Jugendlichen falle ich auf, da bin ich erst mal der Behinderte. Viele wollen gar nicht den Menschen dahinter kennenlernen, für die ist man behindert, und das reicht denen als Information.«

»Wir treffen uns zum Knödeln.«

Fabian trainiert eine inklusive Fußballmannschaft. Der 29-Jährige erzählt von den Besonderheiten seiner Arbeit.

Juhu, Bayern-Paul hat ein Tor geschossen! Der 13-jährige Junge steht hoch motiviert mit elf Kollegen auf dem Platz und freut sich. »Gut gemacht«, ruft sein Trainer Fabian. Er ist Coach der inklusiven Fußballmannschaft für Kinder der Jahrgänge 1998 bis 2003. Bis zu 17 Jungs kommen am Montagnachmittag auf dem Kunstrasenplatz zusammen und bolzen. »Darum geht's in erster Linie, um das gemeinsame Spiel und Spaß haben«, erklärt Fabian. Was natürlich nicht heißt, dass die Jungs nicht gewinnen wollen. Und sehr genau die erzielten Tore mitzählen.

Etwa die Hälfte der Mitspielenden hat ein Handicap, also eine körperliche oder geistige Behinderung. Jungs mit Lernbehinderungen und Entwicklungsverzögerungen spielen genauso mit wie Kinder mit Asperger, einer Autismusform. »Alle können Fußball spielen, die checken, worum es geht«, erzählt der 29-jährige Trainer. »Wir haben es also relativ leicht, weil alle das Spiel einigermaßen verstanden haben.« Als gerade ein Turnier gespielt wurde gegen eine andere inklusive Mannschaft, hätten sie mal wieder gesehen, dass die Spielbedingungen absolut erschwert sein können: »Da war beispielsweise ein Junge mit Down-Syndrom dabei, der hat konsequent in die falsche Richtung gespielt«, erinnert sich Fabian. Unter solchen Bedingungen hätte es der Trainer ganz schön schwer, denn das gemeinsame Spielen soll allen Spaß machen, den Kindern mit und ohne Behinderung. Und es mache einfach vielen keine Freude mehr, wenn nicht ein gewisses Leistungsniveau gehalten und zumindest ab und zu ein Tor geschossen würde.

Durch ein Praktikum während seines Studiums für Sozialarbeit hat er die Mannschaft kennengelernt und ist dabeigeblieben. Seit zweieinhalb Jahren trainiert der sympathische Berliner seine Jungs inzwischen. »Ich hatte einfach keinen Bock mehr auf diesen ewigen Leistungsdruck«, beschreibt er seine Motivation, und dass das Verabschieden vom üblichen leistungsorientierten Trainingskram eine sehr bewusste Entscheidung gewesen sei. Sieben, acht Jahre habe er zuvor als Trainer für ganz normale Teams gearbeitet, doch da würde es eben – wenn nicht ausschließlich, so hauptsächlich – ums Gewinnen gehen. Außerdem sei das Training unheimlich zeitintensiv, trifft man sich doch mindestens zwei Mal, wenn nicht drei Mal pro Woche zum Üben, am Wochenende stünden dann Turniere an.

Bei den Pfefferwerk-Kids sieht das ganz anders aus. Training findet lediglich einmal in der Woche statt, und Turniere stehen zwei Mal im Jahr an, ein Hallenturnier im Winter und eines auf dem Außenplatz im Frühling. »Freies Bolzen ist uns wichtig, wir machen das, worauf die Jungs Bock haben«, sagt der Trainer. Ums Verbessern von Schusstechniken und anderen fußballerischen Fähigkeiten ginge es nicht, er sage zwar schon, was ihm auffalle, »aber dann wird eben mit der Pike gebolzt und nicht mit dem Spann, was soll's«, ergänzt Fabian.

Doch nicht auf allen Ebenen gibt es diese entspannte Herangehensweise. Der Trainer bedauert, dass beim Verband der Inklusionsgedanke nicht zu Ende gedacht werde. »Die meinen das ja nicht böse«, sagt er mit einem Schulterzucken, die Amateurfunktionäre wollten etwas Schönes planen. Und beispielsweise auch den Kindern mit Handicap ein Turnier ermöglichen. Die Anfangsidee war toll: Es wurden Turnier-T-Shirts in vier verschiedenen Farben gedruckt, dann wurden alle Teilnehmer bunt zusammengewürfelt, auf diese vier Teams verteilt und der Wettkampf ging los. Zum Schluss gab's für alle eine Medaille, und die Jungs waren glücklich. Klar hätten sie am Ende auch mal in ihren originären Stammmannschaften gegeneinander antreten wollen, was sie natürlich auch durften, aber das sei nur ein Nebenschauplatz gewesen. »Das war einfach klasse und weg vom klassischen Aufbau mit erstem, zweitem und drittem Platz, da gab's keine richtigen Gewinner und Verlierer«, erzählt Fabian begeistert. Umso enttäuschter war er, als er mitbekam, dass direkt im folgenden Turnier wieder wie althergebracht Mannschaft gegen Mannschaft spielte. Und Platz eins bis sechs verteilt wurde. »Für meine Jungs ist das gut, denn wir sind eine von genau zwei Mannschaften in ganz Berlin, in der inklusiv gespielt wird. Wir treten also normalerweise gegen reine Behindertenteams an, da sind wir natürlich im Vorteil«, erklärt der Trainer. So würden die Pfefferwerk-Kinder üblicherweise gewinnen. Aber der Sinn der Sache sei das ja gerade nicht. So sei beim letzten Turnier auch die häufig gestellte Frage gewesen, sowohl von Seiten der Kinder als auch der Betreuer: Na und, wie habt ihr gespielt? Wieviele Tore habt ihr geschossen? »Das ist ja nicht aus böser Absicht«, relativiert der Berliner, sondern eher aus alter Tradition gedacht. Damit sich etwas verändert, meint er, müsse man weg von dieser gesamtgesellschaftlichen Haltung, immer gewinnen zu wollen. Er und sein Co-Trainer Florian versuchen, im Klitzekleinen etwas anderes zu schaffen. Ihnen geht es um die freundliche Atmosphäre, in der jeder so spielen darf, wie er kann. Effekt und Ziel seien das gemeinsame Spiel und ein offener, selbstverständlicher Umgang mit Behinderten. »Und genau das klappt. Bei unseren Jungs ist der Blick auf die Fußballkenntnisse und die Fähigkeiten ihrer Mitspieler gerichtet und eben nicht auf die Behinderung«, freut sich der Trainer. Wenn ein Kind einen coolen Pass mache oder ein Tor schieße, sei es eben wertvoll für die Mannschaft, basta. Aha-Erlebnisse à la »Wow, der Spastiker kann auch mal richtig zielen!« gebe es inzwischen nicht mehr, weil solche Dinge einfach häufiger passierten und inzwischen normal seien für die Jungs. »Insgesamt läuft das Projekt ohne viel Aufregung, eigentlich ist das hier wie in jedem anderen Team auch«, sagt Fabian. Es gebe den üblichen Quatsch, klassisches Disziplinieren sei manchmal notwendig, um eine Grundordnung und Struktur herzustellen, wie in jeder Gruppe.

Der angeleitete Bolzplatz, wie er sein Training spaßeshalber nennt, wird gut angenommen. Und vom Verband akzeptiert. Was ein großes Glück ist, denn sonst würde das Konzept einer

Freizeitmannschaft sonst gar nicht gefördert. Grundsätzlich bekommen nur Turniermannschaften Zeiten zugeteilt, in denen sie in der Halle und auf den Außenplätzen trainieren dürfen. Die Sportstättenvergabe wird sozusagen von ganz oben geregelt, organisiert und kontrolliert. »Der Spielbetrieb sieht eigentlich ein Team wie uns nicht vor«, erklärt Fabian. »Wir sind die Ausnahme von der Regel, und das ist gut so.«

»Nico ist der Dienstälteste.«

Seit 15 Jahren kommt er jeden Nachmittag in den Jugendclub. Obwohl der junge Mann mit Down-Syndrom schon 38 Jahre alt ist.

Wenn man den Jugendclub betritt, empfängt einen ohrenbetäubender Lärm. Die Geräuschquelle findet sich schnell: Nico sitzt mit Kopfhörern an einem Computer, hört Schlager von Helene Fischer und singt lauthals mit. Registriert er, dass Besuch da ist, den er noch nicht kennt, springt er vom Stuhl auf, streckt ihm seine Hand entgegen und stellt sich höflich vor. Und weil der Besuch gern ein bisschen mit ihm reden möchte, schlägt Nico vor, doch einfach ins Büro zu gehen. Ins Büro von Dirk nämlich, der ist Sozialpädagoge und Leiter des Clubs. »Da hast du doch noch nie ohne mich gesessen«, wendet der ein, händigt Nico dann doch aber bereitwillig die Schlüssel aus. Der schließt so selbstverständlich auf, als würde er das jeden Tag tun, und bittet den Besuch herein mit den Worten: »Nach Ihnen, junge Frau!« Das Gespräch ist nicht leicht zu führen, denn der 38-Jährige redet ziemlich verwaschen. Der fröhliche Mann mit Basecap auf dem kahlen Schädel hat das Down-Syndrom. Was aber sofort klar wird: Nico liebt den Jugendclub und freut sich schon morgens beim Aufstehen auf seine Zeit dort. Denn hier ist »jut alles, kein Stress, kein Problem!«

Sein Alltag ist durchgetaktet. Frühstück mit seiner betagten Mutti, mit der er zusammenlebt, Morgenspaziergang mit seinem schwarzen Pudel namens Jule, und dann kommt auch schon der Behindertenbus, um ihn abzuholen und zur Arbeit zu fahren. »Betten machen und Klos putzen« ist sein Job in einem kleinen Hotel. »Essen voll Scheiße«, und dann wird Nico nach Hause gebracht. Gegen zwei, halb drei Uhr läuft er die paar Meter rüber zum Jugendclub und bleibt dort bis zum Abend. Was er dort den ganzen Nachmittag macht? »Helene Fischer hören und quatschen«, erzählt er. Früher habe er auch oft beim Kochen geholfen, ergänzt Dirk, der inzwischen mit im Büro sitzt, aber das dürfe er nicht mehr. Seitdem seine Mutter mitbekommen habe, dass er im Club eben nicht nur kochte, sondern selbstverständlich auch mit den anderen Abendbrot aß. Und zu Hause nochmal mit der Mutti. Aus gesundheitlichen Gründen gibt's seither nur noch einmal was zu essen. Zu Hause.

Nur Freitag kommt er nicht, »da ist Haustag, ich putze alles, picobello!« und auch am Wochenende nicht. Da sei er oft unterwegs mit der Mutter und besuche Verwandtschaft in Berlin. Und dann freut er sich wieder auf Montag, auf seinen Club. Seit 15 Jahren ist er dabei. »Nico ist der Dienstälteste«, erzählt Dirk und lacht. Dass Nico überhaupt kommen darf, war anfangs gar nicht klar. Der Club soll ein Neubeginn in der Jugendarbeit sein mit neuer Zielsetzung. Um Wertschätzung für die Einrichtung zu entwickeln, müssen die Jugendlichen sie selbst mit aufbauen. Dirk, der Diplom-Sozialpädagoge, ein paar Kollegen und eine Handvoll Jugendlicher sanieren und renovieren das Haus von Grund auf. »Wir haben fast ein Jahr gebraucht, die Kids waren total motiviert, und dieses gemeinsame Arbeiten hat uns sehr, sehr weit getragen«, erinnert sich Dirk. In diesem Prozess werden auch Regeln festgelegt. Unter anderem die Altersstruktur: Ausschließlich Teenager zwischen 14 und 18 Jahren sollten willkommen sein. »Und dann kurz nach der Eröffnung brachten die Nico mit. Ein 24-jähriger Nachbar aus dem Wohnblock, den offensichtlich alle kannten«, erzählt der Berliner. Mann, habe er gedacht, der ist viel älter und behindert. »Vorher hatte ich nämlich mit Behinderten gearbeitet und dachte, Nico brauche möglicherweise ein anderes Umfeld und andere Leute in derselben Situation«, erklärt er. Sehr vorsichtig habe er seine Bedenken dann vorgetragen bei einer der regelmäßig stattfindenden Clubversammlungen. Doch die Jugendlichen hätten darauf bestanden, und Dirk ist auf ihren Wunsch eingegangen. Seitdem darf Nico kommen. Seine Anwesenheit, da sind sich alle einig, sei aber eine totale Ausnahme, begründet durch seine Behinderung. Im Nachhinein sagt Dirk: »Dass sich das so positiv entwickeln würde und welche Bedeutung Nico haben wird, war ja damals nicht klar.«

Munter geht es zu im Jugendclub, etwa 60 Stammbesucher habe die Einrichtung im Jahr, zusätzlich kommen viele Teenager zum Sportangebot oder nutzen die Probenräume, um mit ihren Bands zu spielen. »Wenn's mal Stress gibt, wird klar: Nico kriegt auf emotionaler Ebene alles mit. Dann mischt er sich auch mal ein, sagt was und beendet das mit ›Und das ist der Wahrheit!‹«

In den ersten Jahren ist die Lobby für Nico stark. Er mischt überall mit und wird von den Jugendlichen miteinbezogen. »Wenn die Karten gespielt haben, saß er mit am Tisch und hatte genau wie die anderen einen Stapel vor sich liegen.« Beim Training haue er dreimal auf den Sandsack und beobachte die anderen, richtig gut spiele er jedoch Basketball: »Da sind die Kids nicht einfach nur nett zu ihm, da ist er ein gleichberechtigter Mitspieler, der viele Körbe wirft.«

Nach wie vor begrüßt Nico jeden mit Umarmung oder Handschlag. Er gehört einfach dazu. »Öfter kommen Kids zu zweit oder zu dritt her und wollen sich mal umschauen. Diese Jungs, die so aussehen, als hätten sie ein Rasiermesser unterm Arm, reagieren dann oft irritiert. Da stürzen Bilder zusammen, Nico bringt die aus dem Gleis«, beschreibt Dirk dessen Wirkung. Dann merkten die Neuen, wie selbstverständlich der Umgang mit diesem Mann mit Down-Syndrom ist. »Dieses normale Zusammenleben kann man hier erfahren. Berührungsängste fallen weg.« Überhaupt hätte es nie Probleme mit der Akzeptanz gegeben. »Am Anfang war die Lobby für ihn viel zu groß, da hätte sich niemand getraut, irgendwas Abfälliges zu sagen oder ihn gar anzugreifen. Und die Neuen, die in den letzten Jahren immer wieder dazugekommen sind, wissen von Anfang an, dass er zum Haus gehört, und begegnen Nico mit Respekt. Beim Stammpublikum ist er zu 100 Prozent akzeptiert.«

Trotzdem sei nicht alles Friede, Freude, Eierkuchen. Probleme gebe es auch schon mal. Besonders dann, wenn sich der 38-Jährige mal wieder verliebt. Und der Auserwählten die hilflosen Annäherungsversuche zu viel sind. »Klar wird dann viel geredet. Das ist aber auch toll. So kommen ganz natürlich Themen auf wie ›Was bedeutet es, jemanden nicht zu erreichen?‹ und ›Wie schütze ich mich vor Übergriffen von Erwachsenen?‹ Ist ja klar, dass wir Nico nicht damit meinen, der würde nie gewisse Grenzen überschreiten, aber als Aufhänger dient das. Und wichtig ist mir auch, dass die Kids lernen, dass uns alle, ob behindert oder nicht, vieles eint und jeder Mensch verliebt sein kann.« Froh sind sie dann jedes Mal, wenn Nicos Liebeskummer wieder weg ist. »Er ist ein Schmetterling, er liebt im Hier und Jetzt. Unsereins müsste dafür zehn Buddhismusbücher durchackern und schafft es trotzdem nicht in diesem Zustand zu kommen«, sagt Dirk und lacht wieder.

Dass Nico mitmacht im Jugendclub, sei wegweisend. Besonders jetzt, wo immer mehr Jugendliche mit unterschiedlichsten Behinderungen kommen. Mia beispielsweise, die eine Lernbehinderung hat, an Multipler Sklerose erkrankt ist und dennoch hier ihren Platz gefunden hat. Aus ihrer lesbischen Sexualität macht sie keinen Hehl, »und keiner hat jemals daran Anstoß genommen«, sagt Dirk. Wenn die Akzeptanz da sei für Behinderte, sei es für diese Kids, von denen übrigens etwa die Hälfte eine Akte beim Jugendamt hat, auch okay, näher mit Migranten oder Schwulen zu tun zu haben. »Manche finden das nicht toll, das merkt man, aber sie respektieren das Anderssein. Und das ist ein riesengroßer Schritt.« Da merke man, dass das Credo des Hauses verinnerlicht würde. Dass man sich zu Hause fühlen, aber gleichzeitig Verantwortung für sein Handeln übernehmen solle. Und den Zustand der Einrichtung. Nach wie vor gibt es hier kein Reinigungs- und kein Instandhaltungspersonal. Wer mitmachen will, muss auch saubermachen. »Wenn die Kids sich gehenlassen, kippt es. Und das wissen die«, deshalb würde das Gemeinsame-Verantwortung-Tragen auch funktionieren.

Im Umgang mit den Jugendlichen habe der engere Kontakt zu Nico ihm ein bisschen die Augen geöffnet, sagt Dirk. Für ihn sei seither die Frage »Was kannst du noch?« wichtig. Seine

Erwartungshaltung sei eine andere bei Nico, und das habe sich nicht nur auf die Jugendlichen übertragen, sondern auch auf den Umgang mit anderen Jugendlichen mit Behinderungen, die gern herkommen. Wie zum Beispiel Hans, von allen Hänschen genannt. Hans kann gut bauen, hat fünf Geschwister, sammelt Flaschen und geht auf eine Förderschule. Dass er Autist ist, spielt bei einer Konstruktion gar keine Rolle. Als eine zweite Ebene mit großem Hochbett eingebaut wird, hätten die anderen Jugendlichen nach kurzer Zeit schon gesagt, sie hätten keinen Bock mehr. Hänschen, ein schmaler, kleiner 14-Jähriger, der als Zehnjähriger durchginge, den direkten Augenkontakt mit Fremden scheut und höchst einsilbig oder gar nicht auf Fragen antwortet, war von Anfang bis Ende Feuer und Flamme. »Er hat immer Ideen gehabt, tolle Ideen, und vehement gesagt, was nun zu tun sei«, erinnert sich Dirk. »Das Allerirrste war: Er hat acht Stunden hintereinander durchgemacht. Selbst ich habe so lange nicht durchgehalten.« Das sei wunderbar gewesen, eine richtige Erfolgsgeschichte. Darauf hofft auch Jenny, die bald 20 Jahre alt wird. Sie hat übrigens im selben Sommermonat Geburtstag wie Nico. Der freut sich schon auf den Tag, dann bringt er wie immer »Käsekuke« von seiner Mutti mit und feiert natürlich im Jugendclub. Jenny jedenfalls ist in normale Schulen gegangen bis zur neunten Klasse. »Das war eine Praxisklasse, einmal in der Woche hatte ich Schule, sonst habe ich im Kindergarten gearbeitet. Da war ich immer pünktlich und so.« Den Schulunterricht schwänzt sie jedoch irgendwann jede Woche, »ich kam mit dem Stoff nicht hinterher«, erinnert sich die schmale junge Frau. Als sie suspendiert wird, hängt sie eine Weile zu Hause ab, besucht dann jedoch mehrere Monate eine Ganztagsschule. »Da war ich immer erst um 19 Uhr zu Hause und habe meine Freunde nie sehen können. Also habe ich nach einem halben Jahr geschmissen.« Tests, die bei der Arbeitsagentur durchgeführt werden, ergeben, dass Jenny eine Lernbehinderung hat. »Also ich war in der Schule immer komplett falsch. Ich hätte gefördert werden müssen«, sagt sie empört und dass ihr Kopf ständig überfordert war. Genau so ging es ihrer Mutter, erzählt sie dann und zieht ihren dunkelblonden Pferdeschwanz noch ein bisschen straffer. Die hätte auch keinen Schulabschluss gehabt und mit 18 Jahren ihre Tochter bekommen. Auf der Abendschule habe sie ihren Abschluss nachgeholt, welchen, das weiß Jenny nicht. Aber sie weiß, dass ihre Mutter jetzt, wo ihr zehn Jahre jüngerer Bruder sozusagen aus dem Gröbsten raus sei, eine Ausbildung mache zur examinierten Altenpflegerin. Mit Ende 30.

Was sie selbst irgendwann mache, wisse sie noch nicht. »Den Kindergarten würde ich vom Kopf nicht schaffen«, hätten die Betreuer von der Arbeitsagentur gesagt. Nun werde getestet, ob sie für einen normalen Berufsweg geeignet sei. Dabei fühle sie sich gar nicht behindert, »ich habe auch keinen Ausweis oder so«. Irgendwas mit Menschen, das wäre gut, »ich bin total sozial«, sagt Jenny. Bevor sie Nico kennengelernt hat, hatte sie noch nie zu tun mit einem behinderten Menschen, erzählt sie. Was er eigentlich genau habe, das weiß sie nicht. Aber dass er viel kann, das ist ihr klar: »Wenn man Nico dreimal seinen Namen vorschreibt, kann er das auch. Und er kann sogar seine Schnürsenkel binden.« Und wie ein Verrückter balgen und toben mit den Jüngeren. Das habe allerdings ein wenig nachgelassen, manchmal sitze er einfach nur daneben und wolle kurz seine Ruhe haben. »Vom Habitus ist er mehr ein Mann, Nico ist im Laufe der letzten 15 Jahre gesetzter geworden. Obwohl diese Entwicklung wahrscheinlich nur als Nuance wahrnehmbar ist«, sagt Dirk. Eine kleine Veränderung würden sie sich von ihm wünschen: »Dass er auch mal was unternimmt außerhalb des Clubs. Er lässt sich eigentlich nie zu Ausflügen überreden. Ob er sich nicht traut, weil er früher nicht durfte, wissen wir nicht. Dabei würden wir ihn so gern öfter mal mitnehmen.«

»Jeder profitiert, jeder!«

Soziologe Bernd, 43, hat mehrere Jahre Kinder- und Jugendreisen für Teilnehmer mit und ohne Behinderungen organisiert.

»Rollstuhlschieben auf Kopfsteinpflaster ist nicht so eine tolle Idee«, sagt Bernd und lacht. Aber anders wäre es eben nicht gegangen. Wenn man mit 20 Kindern und Jugendlichen, die teilweise nicht laufen können, in der Toskana unterwegs ist. »Und die Bürgersteige so schmal sind, dass ein Rollstuhl da gar nicht drauf passt, und die öffentlichen Verkehrsmittel nicht barrierefrei sind. Da blieb uns, um vorwärtszukommen, lediglich die Straße«, erinnert sich der Vater von zwei Jungen im Grundschulalter. Darauf gekommen, ein inklusives Angebot zu machen, sei er während seines Studiums. Bereits in den 1990er Jahren hätten in seiner Universität immer wieder Seminare zum Thema Inklusion stattgefunden, da sei aber nur theoretisch mit der Sache umgegangen worden, »und ich wollte es eben praktisch tun«.

Weil sich der gebürtige Bremer ohnehin ehrenamtlich in der Jugendarbeit seiner Kirchengemeinde engagierte, sah er dort den optimalen Ort, um seine Ideen umzusetzen. »Das war gar nicht so leicht. Damals war kein einziges Kind mit Behinderung in der Jugendgruppe. Ich habe mich dann mit einigen unserer Kids in einer Förderschule vorgestellt und die Schüler eingeladen, mal bei uns vorbeizukommen.« Einige trauten sich und kamen regelmäßig jede Woche wieder. »Wir waren dann eine inklusive Kirchenarbeitsgruppe. Und beim gemeinsamen Spiel haben selbst die mit den größten Berührungsängsten gar nicht mehr gemerkt, dass die Neuen eine Behinderung hatten. Im Nu hatten die eine Ebene.« Günstig wäre auch die Altersstruktur gewesen, die jüngsten Teilnehmer waren um die neun, die Ältesten etwa zwölf Jahre alt. »Da ist man noch offen«, erklärt der Soziologe. Als die Gruppe fest zusammengewachsen war, begann die Organisation der Reise: »Wir hatten 15 Teilnehmer, vier davon im Rollstuhl, zusätzlich fünf Betreuer. Ein paar Monate vor dem Reisetermin sprach mich ein Kollege aus einer anderen Gemeinde an, der leitete damals eine kleine kirchliche Gruppe für Teenies mit geistiger Behinderung und hatte von unserer Reise gehört. Ob wir uns vorstellen könnten, gemeinsam loszufahren, fragte er mich.« Wie sich so viele Bedürfnisse unter einen Hut bringen ließen, konnte sich Bernd anfangs nicht vorstellen. Er war sehr skeptisch, »auch wenn ich aus der Theorie wusste, wie sinnvoll ein gemeinsames Erleben ist und wie sehr jeder Einzelne von der Diversität profitiert«, sagt er heute. Der schlaksige Mann gab sich einen Ruck und erzählte seiner Gruppe von der Anfrage. »Meine Kids waren erst mal noch viel zurückhaltender als ich, aber wir haben uns dann geeinigt, dass wir alle neugierig seien und das einfach mal ausprobieren wollten. Ich musste ihnen aber versprechen, dass wir ein paar Ausflüge auch allein machen, wenn das Experiment nicht klappt. Und ganz wichtig: Die wollten auf gar keinen Fall mit den anderen ein Zimmer teilen«, erinnert sich Bernd und schmunzelt. »Zur Vorbereitung habe ich noch mal alle Fachbücher zum Thema Inklusion gelesen«, sagt er und lacht über sich selbst. »Das war total überflüssig.« Auf der Hinreise im Bus seien seine Schützlinge sehr vorsichtig gewesen. Doch die fünf Teenager aus der anderen Kirchengruppe, darunter zwei mit Down-Syndrom, gingen völlig unbefangen auf sie zu und, so erinnert sich der Soziologe: »Vor Ort ließen sich meine Kids auch irgendwann drauf ein. Da war eben gar kein Zwang von uns Betreuern dabei. Wir haben die einfach machen lassen. Die Kleineren ohne Behinderungen halfen den Älteren, die Unterstützung benötigten, ständig reiste einer auf dem Schoß eines Rollifahrers mit, und in der zweiten Woche haben die Kinder, die sich ein paar Tage zuvor erst kennengelernt haben, sogar gekuschelt.«

Dass letztendlich weder auf der ersten noch auf den folgenden Reisen kein einziger Ausflug separat gemacht werden musste, sprach für den Erfolg des Experiments. »Alle Kinder und Jugendlichen, die dabei waren, verloren ihre Berührungsängste und waren sofort dafür, im Folgejahr wieder miteinander zu verreisen. So haben wir das auch gemacht«, berichtet Bernd. Es seien in den Folgejahren die alten Hasen, aber immer wieder auch neue Kinder dazugestoßen, die gehört hatten, wie lustig es zuging auf der inklusiven Reise. »Und ich selbst wurde zum Fachmann für ein vielfältiges, buntes Miteinander. Eines kann ich versichern«, betont der Norddeutsche: »Jeder profitiert, jeder.«

Besondere Herausforderungen für das Familienleben

»Wenn Eltern erfahren, dass ihr Kind an einer Behinderung leidet, können sie in tiefe seelische Krisen geraten. Angst, Abwehr, Ambivalenz, Trauer, dazu materielle und zeitliche Belastungen führen oft zu schweren Konflikten«, schreibt der Psychotherapeut Matthias P. Krause in seinem Buch *Gesprächspsychotherapie und Beratung mit Eltern behinderter Kinder*. Manchmal reagierten Eltern auch mit den Symptomen einer psychischen Erkrankung. Ein Kind mit Behinderung ist eine besondere Herausforderung.

»Experten unterscheiden verschiedene Stufen im Bewältigungsprozess der Behinderung des Kindes«, schreibt der Pädagoge Martin R. Textor in seinem Onlinehandbuch *Kindergartenpädagogik*. So differenziert die Pädagogin Beate Strobel in *Heilpädagogik für ErzieherInnen* zwischen folgenden Phasen: Die erste sei der Schock. Die Eltern würden entweder von negativen Emotionen überwältigt oder empfänden eine große innere Leere. Sie fielen in ein tiefes Loch, fühlten Panik, Enttäuschung und Wut. Ihre bisherige Lebensplanung falle wie ein Kartenhaus in sich zusammen. Die zweite Phase sei die der Auflehnung. Die Eltern wollten ihr Schicksal nicht akzeptieren und besuchten mit ihrem Kind immer wieder neue Ärzte in der Hoffnung auf eine »bessere« Diagnose, browsten im Internet nach erfolgversprechenden Therapien oder »verhandelten« mit Gott. Darauf folge die Resignation. Die Eltern ergäben sich in ihr Schicksal, seien verbittert oder deprimiert. Sie erlebten sich selbst als hilflos und seien von anderen Menschen (Ärzten, Therapeuten oder dem

Partner) enttäuscht. Die letzte Phase sei die der Adaption. Die Eltern passten sich der Behinderung ihres Kindes an, nutzten alle Behandlungs- und Therapiemöglichkeiten und akzeptierten ihre Grenzen beziehungsweise die ihres Kindes. Oft erlebten sie nun ihr Kind auch als Bereicherung ihres Lebens. Das Durchlaufen dieser Phasen könne zwei, drei Jahre dauern. »Auch Rückfälle sind immer wieder möglich. Verharren Eltern länger in den ersten drei Phasen, können psychische und psychosomatische Störungen, Paarkonflikte und Trennungen die Folge sein«, ergänzt Martin R. Textor.

Von zahlreichen Fachleuten wird ein solches Stufenmodell jedoch abgelehnt, da sie eine universelle Gültigkeit der jeweiligen Phasen unterstellten. Zu viele Dinge würden zu wenig berücksichtigt wie beispielsweise unterschiedliche Lebenssituationen. Der Einfluss des sozialen Umfeldes und sozioökonomische Faktoren würden komplett ignoriert, schreibt die Kinderpsychotherapeutin Waltraud Hackenberg in ihrem Buch *Geschwister von Menschen mit Behinderung. Entwicklung, Risiken, Chancen*. Außerdem würde es der Individualität des einzelnen Elternteils und seiner Bewältigungsversuche nicht genügend entsprechen.

Was die Journalistin Mareice Kaiser, Mutter zweier Töchter, eine der beiden ist mehrfach behindert, wiederum auf ihrem Blog kaiserinnenreich schreibt, ist für mich als Nichtbetroffene sehr nachvollziehbar. Wendet man das oben beschriebene Stufenmodell an, ist sie offensichtlich bereits in der letzten Phase angekommen: »Unsere behinderte Tochter setzt ihre Meilensteine selbst. Während andere Eltern auf die ersten Schritte oder Worte warten (wie wir ja auch bei Kaiserin 2), haben wir mit Kaiserin 1 unsere eigenen Feiertage: Der erste Tag ohne Sauerstoffbedarf, die ersten Schlucke Milch, die erste Woche ohne Magensonde mit oraler Ernährung, das erste Lächeln, das erste Schläfchen in der Kita. Dass wir diese Meilensteine überhaupt erleben können, grenzt für uns als Eltern noch immer an ein Wunder. Unsere Tochter hatte und hat keinerlei Prognosen.

Niemand konnte und kann uns sagen, was in ein paar Jahren sein wird. In den Tagen nach ihrer Geburt war alles möglich. Auch, dass ihr Leben nur ein paar Tage lang sein könnte. Mittlerweile macht sie ihre ersten Stehversuche und zeigt uns: Alles ist möglich.«

Dennoch stellt ein Leben mit einem behinderten oder chronisch kranken Kind eine massive Belastungsprobe für die Eltern dar. Tatsächlich gibt es keine eindeutigen statistischen Erhebungen, wie hoch die Scheidungs- beziehungsweise Trennungsrate von Eltern eines behinderten oder chronisch kranken Kindes im Vergleich zu der von Eltern mit gesundem Nachwuchs ist. Die Psychotherapeutin Silvia Görres, selbst Mutter von zwei Kindern mit einer geistigen Behinderung, beschreibt, wie es sich anfühlt, wenn man Glück hat als Paar: »Viele Ehen gewinnen durch eine gemeinsam ertragene Last eine tiefere Dimension, werden aus einer unbeschwert begonnenen Liebesbeziehung zu einem Rücken-an-Rücken-Stehen im Bewusstsein gemeinsamer Verpflichtungen.«

Verschiedene Untersuchungen über die Partnerschaft von Eltern mit behinderten Kindern kommen zu unterschiedlichen Ergebnissen. Manche gehen davon aus, dass die Partnerschaft durch das besondere Kind leidet, andere davon, dass sie sich festigt und dass es zu einer tieferen persönlichen Beziehung zwischen den Partnern kommt. Das hängt vermutlich vor allem davon ab, wie die Beziehung der Eltern vor dessen Geburt des Kindes war. Wenn es ihnen gelingt, nach der Geburt trotz der vielen neuen Anforderungen ihre Partnerschaft weiterzuleben, wenn sie als Paar verbunden bleiben, kann ihre Beziehung durchaus gestärkt werden. Befragungen haben gezeigt, dass die Verbundenheit der Partner und das sich gegenseitige Akzeptieren den Eltern auch wieder hilft, ihren schwierigen Alltag zu bewältigen. Es ist nun einmal so, dass Kinder mit Behinderungen ganz besonderer Fürsorge bedürfen. Und die meisten Eltern sind bereit, alle Opfer dafür zu bringen. Doch diese Opferbereitschaft führt zwangsläufig zu Stress und Spannungen im ohnehin schon komplizierten Familienalltag. Betroffene Mütter und Väter fragen sich, ob es ihnen gelingen wird, ein behindertes Kind großzuziehen, ob sie die Zeit, die Kraft und die Nerven dazu haben. Sie befürchten, nicht genug geben zu können. Und sie wissen nicht, ob ihre Aufopferungsbereitschaft und ihre Leistungsfähigkeit ausreichen werden. Und die Angst ist da, dass die Beziehung kaputtgeht, die Familie zerbricht. Dass man sich gegenseitig Vorwürfe macht, dass ein Elternteil andere Erziehungsprinzipien vertritt als der andere, dass es zu ständigen Reibereien und Streitigkeiten kommen wird. Und die Angst, dass einer dieses Beziehungsgeflecht verlässt und der andere die Last allein tragen muss.

Auf der Seite von rehakids.de, auf der sich Eltern von Kindern mit Behinderung austauschen, schreibt eine Mutter: »Wie sieht das eigentlich bei euch aus mit den Partnern … so sie noch da sind? Bei mir hängt immer öfter der Haussegen sehr schief, weil ich gestresst, genervt, unaufmerksam und nicht ›funktionstüchtig‹ genug bin. Mein Mann ist der Meinung, ich erziehe unseren Sohn nicht konsequent genug und ließe auch bei den beiden Großen zu oft Fünfe gerade sein. Er sagt, er sei deswegen so verhaltensauffällig, weil ich es nicht anders gewollt habe. Ich höre ja nie auf ihn, wenn er sagt: Sei konsequenter! Dazu kommt, dass er sich chronisch vernachlässigt fühlt. Oft fühlt er sich zurückgewiesen oder nicht ernst genommen. Im Grund verstehe ich das ja … aber mein Kopf ist so voll und meine Nerven liegen oft so blank … da bleibt nicht mehr viel. Das Schlimme ist, dass ich das Gefühl habe, die Kluft wird von Mal zu Mal größer, die Sprachlosigkeit zwischen uns nimmt immer mehr zu! Wie schafft ihr das? Im Alltag, in der ganzen Hektik, zwischen Therapien, Hausaufgaben, Lernen, Kochen, Einkaufen … noch liebevoll und aufmerksam miteinander zu sein?« Dieser Beitrag scheint mir durchaus repräsentativ, um die Nöte, Sorgen und Überlastungen der meisten Eltern behinderter Kinder zu beschreiben. Meistens arbeiten die Väter mehr denn je, und die Mütter? Neben einer Berufstätigkeit, die aus Zeit- und Energiemangel oft nicht mehr ausgeübt werden kann und den üblichen Haushaltsdingen, warten vielfältigste Aufgaben darauf, erledigt zu werden: Behördengänge, Therapie- und Arztbesuche und der ständige Kampf um die Finanzierung wichtiger Hilfsmittel. Den Vätern, so beschreibt es eine betroffene Mutter, bleibe der Einblick in diesen Alltag oft verwehrt. Meist blieben sie als hilflose Zuschauer zurück, und Hilflosigkeit führe zu Verzweiflung, Wut oder Rückzug auf beiden Seiten. Wer es da schaffe, einander zugewandt zu bleiben, habe sehr viel Mut und Kraft, ohne Hilfe sei das ihres Erachtens nicht zu schaffen.

Eltern behinderter Kinder brauchen Unterstützung. Es gibt nicht nur Paartherapeuten, die sich auf die Therapie von Eltern mit einem besonderen Kind spezialisiert haben. Auch Ratgeber wie der von Judith Hennemann mit dem Titel *Besonderes Glück? Hilfen für Eltern mit einem geistig behinderten Kind* enthalten wichtige Tipps für das Elterndasein. So beschreibt sie die Möglichkeiten und Grenzen von Therapien und macht deutlich, wie wichtig Selbsthilfegruppen, unterstützende Netzwerke und professionelle Hilfe sind. Auch sind in den letzten Jahren einige Rehakliniken für Familien entstanden, die Eltern von behinderten Kindern Unterstützung und dringend benötigte Auszeiten bieten. »Um sich auch künftig ihrem behinderten Kind mit aller Kraft widmen zu können, sollten Eltern die kräftezehrende Situation nicht verharmlosen, sondern vielmehr bereit sein, Unterstützung anzunehmen. Solche Unterstützung bietet beispielsweise die Schwerpunktkur ›Behinderte Kinder‹ für Eltern behinderter Kinder der Pflegestufe I und II: drei Wochen Auszeit für die Familie, verbunden mit einem speziellen Therapieprogramm, aus dem Eltern und Kinder neue Kraft schöpfen können«, beschreibt eine der Kliniken ihr Programm.

Wichtig ist diese Auszeit auch für das Miteinander der Geschwister. Die Beziehung zu Bruder oder Schwester ist die dauerhafteste und oft auch eine der prägendsten Bindungen in unserem Leben. Geschwister sind die ersten Freunde, aber auch die schärfsten Konkurrenten. Im Kinderzimmer lerne man nicht nur Gemeinschaft und Liebe, sondern auch Abgrenzung und Eifersucht. Schwierig werde es nur, wenn in diesem sozialen Trainingscamp nicht für alle die gleichen Spielregeln gälten, etwa weil ein Kind behindert sei, schreibt die *Zeit* (Ausgabe 10/12). Die normalen Geschwisterkinder bekämen weniger Aufmerksamkeit, müssten stärker zu Hause helfen, früher selbständig werden und möglichst problemlos funktionieren. Selbst wenn sie sich zurückgesetzt fühlten: Den Groll gegen den Bruder mit Down-Syndrom oder die Schwester im Rollstuhl dürften sie nicht zeigen. Geschwister von Behinderten seien Meister der Anpassung. »Sie lernen, ihre negativen Gefühle in sich hineinzufressen«, sagt Marlies Winkelheide von der Lebenshilfe Bremen. In mehr als 150 000 Familien in Deutschland lebt ein Kind mit einer Behinderung oder einer chronischen Erkrankung. Viele von ihnen haben gesunde Geschwister. »Geschwister von behinderten Kindern zeigen für ihr Alter oft viel Verantwortungsbewusstsein und eine hohe Sozialkompetenz. Sie nehmen sich im Alltag zurück und stellen ihre Ansprüche hinten an. Nicht wenige sehen ihre Rolle sogar als Ersatzelternteil und übernehmen eine Verantwortung, die ein Kind natürlich nicht dauerhaft tragen kann«, erklärt Jana Hofmann vom Geschwisterkinderprojekt der Evangelischen Alsterdorf Stiftung in Hamburg.

Auf den ersten Blick mag es positiv wirken, wenn ein Kind die eigenen Bedürfnisse für ein reibungsloseres Familienleben zurückstellen kann, schreibt die *Zeit* (10/12). Allerdings könne es für die gesunden Geschwister manchmal zur Belastung werden. Denn die große Verantwortung gehe oft einher mit dem Gefühl, in der zweiten Reihe zu stehen. Bei manchen Kindern könne das zu Verhaltensauffälligkeiten wie ADHS oder psychischen Erkrankungen wie Depressionen führen. Auch schulische Leistungen litten manchmal darunter, denn schlechte Noten könnten zu einem Mittel werden, die Aufmerksamkeit der Eltern zu bekommen. Doch fühlten sich beileibe nicht alle durch den behinderten Bruder oder die Schwester beeinträchtigt. Auch

Volker Rinne vom Geschwisterkind-Netzwerk warnt vor einer Stigmatisierung: »Ohne Frage entstehen außergewöhnliche und familiär sehr unterschiedliche Belastungen. Trotzdem sind die meisten Geschwisterkinder gesund, und wir möchten helfen, dass sie das auch bleiben.« Am besten gelinge das, wenn die Familien starkgemacht würden. Rinne geht von knapp zehn Prozent Geschwisterkindern mit therapeutischem Bedarf aus.

Lange haben sich Psychologen, Mediziner und Pädagogen – abgesehen von den Behinderten selbst – allenfalls mit den Eltern und deren möglichen Problemen befasst. Nicht aber mit den Geschwistern der Betroffenen und deren Belastungen. Die sind ja schließlich nicht behindert. Denen geht es doch gut, sie sind gesund! Das ändere sich allmählich, sagt Eberhard Grünzinger vom Sozialverband VDK Bayern, der einen Ratgeber für Geschwisterkinder geschrieben hat: »Heute betrachtet man behinderte oder chronisch kranke Kinder stärker im System der Familie, zu dem natürlich auch Brüder und Schwestern gehören.«

Verschiedene Studien, so nachzulesen auf myhandicap.de, einer Internetplattform für Menschen mit Behinderungen, unter anderem die von Dr. Waltraud Hackenberg, hätten bereits vor 20 Jahren aufgezeigt, dass Geschwister chronisch kranker oder behinderter Kinder zu sozial besonders kompetenten, lebenspraktischen, selbstbewussten Menschen heranwachsen könnten. Gleichzeitig seien sie jedoch auch gefährdet, sich schuldbeladen und zu kurz gekommen zu fühlen oder schlechte soziale Kontakte und verstärkt Schulprobleme zu haben. Nicht die Schwere der Behinderung sei ausschlaggebend, sondern die Bindungsstärke in der Familie untereinander, meint eine Sozialpädagogin. Sie selbst habe Familien mit mehreren geistig behinderten Kindern betreut, deren gesunde Geschwister ohne jede Beeinträchtigung aufwüchsen – während in anderen Fällen bereits ein lernschwaches Kind das gesamte Beziehungsgefüge ins Wanken bringe.

Eine Mutter, Christiane Müller-Zurek, ehemalige Vorsitzende der Lebenshilfe Berlin, einer Selbsthilfeorganisation, die sich für

Menschen mit geistiger Behinderung und deren Eltern einsetzt, formuliert es folgendermaßen: »Ich habe zwei Nachrichten, die gute zuerst: Familien mit behinderten Angehörigen sind wesentlich normaler, als man denkt. Wir sind stolz auf unsere Söhne und Töchter mit Behinderung, und wir ermöglichen ihnen ein Leben in weitgehender Normalität. Aber der Preis, den wir dafür zahlen, ist hoch. Und damit komme ich auch schon zur schlechten Nachricht: Die sich aus der Behinderung ergebenden Belastungen sind erheblich und können nur unter günstigen Rahmenbedingungen aufgefangen werden.«

Wichtig für eine positive Entwicklung der Geschwisterkinder sind folgende Dinge: Eltern sollten ihnen genügend Aufmerksamkeit und Zeit widmen und sie nicht überfordern. Es sei ungeheuer wichtig, dass sie auch Beachtung und Zuwendung fänden und gelegentlich mal im Mittelpunkt stünden. Eltern sollten alles nur Mögliche tun, um für alle Rücksichtnahme, Hilfe und Vermittlung einen Ausgleich zu schaffen. Je selbstsicherer und unabhängiger die Geschwister seien, so Experten, desto besser könnten sie ihr behindertes Geschwisterkind akzeptieren und das Zusammenleben mit ihm als persönliche Chance für die eigene Entwicklung nutzen.

»Ich habe mich nie gefragt, warum ich, sondern warum denn nicht ich?«

Die elfjährige Lotte kam durch Sauerstoffmangel während der Geburt mehrfach schwerbehindert zur Welt. Eine Herausforderung für die ganze Familie.

Urlaub auf den Bahamas. Sonne, Strand, türkisblaues Meer. Herrlich, die Familie auf den Bahamas, und Julia bleibt zu Hause. Für sie ist der Inbegriff von Traumferien die Freiheit, zu tun und zu lassen was sie will. Zeit für sich, die Wohnung ganz für sich allein, ausschlafen und lesen. Ruhe, Ruhe, Ruhe. Dieses Gefühl, Hauptsache allein, kennt vermutlich jede Mutter und jeder Vater. Doch bei der 39-Jährigen ist das noch etwas anderes. Für sie ist das Alleinsein und Ausruhen elementar, um durchzuhalten: Ihre Tochter Lotte ist schwer mehrfach behindert.

Als Erstes fallen Lottes Haare auf. Ährenfarbene wellige lange Haare. Aber nicht nur wegen ihrer Frisur wird die Elfjährige ständig angestarrt. Lotte ist nämlich die meiste Zeit auf den Rollstuhl angewiesen. Es gibt Phasen, da sei es nicht auszuhalten mit ihr. Wie jetzt. Lotte ist einfach nicht zufriedenzustellen. Zu Hause nicht, unterwegs nicht, auf dem Spielplatz nicht. Sobald sich eine Gelegenheit bietet, versucht sie im Rollstuhl abzuhauen, aber weil ihre Mama gut auf sie aufpasst und sie nach wenigen Metern zurückholt, sitzt das Mädchen da, jammert und beißt sich in die Hände. Manchmal bis sie blutet. Einzig bei stundenlangem Schaukeln oder Fischefüttern – man lässt Sand durch die Finger rieseln und tut so, als wäre das Futter und die Sandkiste ein Teich – entspannt sich das anspruchsvolle Mädchen. Zumindest für eine halbe Stunde. »Klar, dann lässt man sich ja auch ganz auf sie und ihre Bedürfnisse ein«, sagt Julia. In der Zeit, und genau das sei das Problem, könne sie nichts mit Kasimir machen. Der ist Lottes jüngerer Bruder. Und der will mit seinen acht Jahren nicht allein in der Sandkiste sitzen, sondern Tischtennis spielen.

Die Schwangerschaft mit Lotte verläuft völlig komplikationslos. Kurz vor dem errechneten Geburtstermin geht es Julia plötzlich gar nicht mehr gut. Mit ihrem Freund macht sie sich auf ins Krankenhaus. Dort schildert sie ihre Beschwerden. »Doch ich wurde einfach nicht ernst genommen«, erinnert sich die gelernte Physiotherapeutin. Erst nach fünf Stunden wird sie richtig untersucht: Eine teilweise Plazentaablösung wird festgestellt und dass das ungeborene Baby seit mindestens 20 Minuten nicht richtig mit Sauerstoff versorgt worden war. Ein Notkaiserschnitt erfolgt, Lotte und ihre Mama ringen ums Überleben. Beide schaffen es knapp.

Und es ist klar, dass Lotte mehrfach behindert ist, sowohl geistig als auch körperlich, und ihr Leben lang auf Hilfe angewiesen sein wird. »Komischerweise habe ich nie gedacht: Warum ich? Sondern eher, warum nicht ich? Richtiges Hadern war nicht meins. Es war für mich nicht abwegig, dass ich ein behindertes Kind bekomme, weil ich vor meinem Studium als Physiotherapeutin viel mit behinderten Kindern gearbeitet hatte«, erinnert sich Julia. Die jungen Eltern wenden sich an die Schlichtungsstelle des Hospitals, das Gutachten kommt zu dem Schluss, dass die Beeinträchtigung des Mädchens hundertprozentig auf einen ärztlichen Fehler zurückzuführen ist. »Wenigstens das«, sagt die gebürtige Hessin. »Die Feuersozietät, also die Krankenhausversicherung, übernimmt seither alle Zusatzkosten und Aufwendungen, die durch Lottes Behinderung entstehen.« So sei die Familie weitaus besser aufgestellt als viele ihnen bekannte Familien, deren Kinder mit einem Gendefekt behindert geboren wurden. Die müssten viele Extras aus eigener Tasche bezahlen, für die keine Krankenversicherung aufkäme. Lottes Eltern werden alle Kosten erstattet. So wie die Einzelfallhilfe, die mit dem Mädchen einmal pro Woche ins Schwimmbad geht. Doch mühelos und unbürokratisch läuft gar nichts. Julia und ihr Freund müssen jeden Posten privat vorstrecken, die Summe dokumentieren und alle Belege sammeln. Am Jahresende wird der Papierwust bei der Versicherung eingereicht, und sie bekommen ihre Ausgaben zurückerstattet. Inzwischen läuft das einwandfrei, viele Jahre jedoch mussten sich Lottes Eltern für einzelne Ausgaben bei der zuständigen Sachbearbeiterin rechtfertigen. »Das war richtig unangenehm«, erzählt die mittlerweile 39-Jährige. Oft hätten sie und ihr Freund sich eine festgelegte monatlich ausgezahlte Rente für ihre Tochter gewünscht. »Aber wie gesagt, uns geht's vergleichsweise gut«, betont sie, die im geschäftsführenden Vorstand einer Stiftung arbeitet. Oft ist sie zufrieden mit ihrem Leben. Und glücklich mit ihren Kindern. »Das ist das Abenteuer Leben«, sagt die Mama, die Wahrnehmung von Lotte sei eine völlig andere und für alle Familienmitglieder eine Bereicherung. Trotzdem sei da immer wieder die Sehnsucht nach Normalität. »Deshalb haben wir früher, wie das so üblich ist, Lottes Geburtstag groß gefeiert und sämtliche Kinder aus ihrer Kita eingeladen. Aber eigentlich hat sie das Durcheinander gehasst, und sie wurde nie zurückeingeladen. Das hat uns so traurig gemacht, dass wir es irgendwann gelassen haben. Seither machen wir Sachen, die Lotte toll findet. So was wie Pferdekutschenfahren.« Und man denkt unweigerlich an Anaïs Nin, die einmal sagte: »Wir sehen die Dinge nicht, wie sie sind, wir sehen sie, wie wir sind.«

Sie sehen die kleinen Erfolge und freuen sich daran. Dass Lotte wie ein Häschen durch die Wohnung hoppeln und sich selbständig an Stühlen und anderen Gegenständen hochziehen kann und nicht ununterbrochen auf den Rollstuhl angewiesen ist. Dass sie wenige Wörter spricht, nämlich Mama, Papa und Ja. Und die beiden wichtigsten: Nein und A-a-a. Als Lotte beginnt, diese Lautwiederholung ständig zu rufen, denken ihre Eltern anfangs, sie müsse zur Toilette. Bis ihr kleiner Bruder Kasimir irgendwann begreift: Nee, die muss nicht aufs Klo, die meint ja mich! Eigentlich ist Kasimir sowieso der in der Familie, der seine große Schwester am allerbesten versteht.

Die Großmutter erinnert sich: »Kasimir war noch sehr klein, vielleicht gerade mal drei Jahre alt. Er, Lotte und ich fuhren im Auto, und Lotte brüllte. Irgendwann verlor ich die Geduld, drehte mich zu den Kindern um und herrschte meine Enkeltochter an, jetzt sei Schluss, sie solle sofort aufhören mit dem Geschrei. Da sagte ihr Bruder ziemlich streng: ›Aber Großmama, Lotte ist behindert, die kann doch nichts dafür.‹« Diese Erinnerung, bekräftigt Julia, sei exemplarisch. So sei er fast immer mit ihr. Unglaublich verständnisvoll und fürsorglich. »Wenn wir mit den Kindern unterwegs sind, fallen wir eigentlich immer auf. Dadurch, dass Lotte im Rollstuhl sitzt. Viele Leute starren sie an, das ist manchmal ziemlich unangenehm«, erzählt sie. Kasimir setze sich dann oft auf Lottes Schoß und umfasse seine Schwester. Um sie vor den Blicken Fremder zu schützen, zu beschützen.

Auch zu Hause weiß er oft am besten, wie man Lotte beruhigen kann. Denn sie ist eine äußerst temperamentvolle Person und schwer aggressiv. Sie schlägt und beißt, verletzt sich und andere. Es ist oft ein Kampf für die ganze Familie. Wenn sie beispielsweise eine ihrer manchmal Stunden andauernden Brüllattacken hat, bringt Kasimir sie in ihr Zimmer und sagt sehr streng: »Lotte, beruhig dich jetzt bitte, dann darfst du auch wieder zurückkommen ins Wohnzimmer.« Sie antwortet dann ganz brav: »Ja, ja, ja.« Und brüllt weiter, ab und zu aber lässt sie sich dadurch beruhigen. »Das schafft nur er so schnell«, konstatiert die Mutter. Klar sei er auch manchmal komplett genervt von Lotte und sagt, er wolle einen großen Bruder wie die meisten seiner Kumpels. Dann legt er sich mit seiner Schwester ins Bett, kuschelt mit ihr, liest ihr vor, manchmal stundenlang. Denn das geht ja alles mit ihr. »Sie hat eine Behinderung, aber ihr Wesen ist nicht behindert«, beschreibt die 39-Jährige. Julia bedauert es inzwischen sehr, für sich, für die ganze Familie und besonders für Kasimir, kein drittes Kind mehr bekommen zu haben. »Damals, als die beiden klein waren und mich beide so brauchten und in Anspruch nahmen, war mir allein der Gedanke an ein drittes Kind viel zu anstrengend. Aber jetzt wäre es natürlich viel schöner für unseren Sohn, auch ein nichtbehindertes Geschwisterkind zu haben.« Mit dem er auf Augenhöhe spielen könne.

Denn wie schlau und strategisch Lotte auch agiert, es ist nicht zu verleugnen, dass sie schwerbehindert und rund um die Uhr auf Unterstützung angewiesen ist. Und immer sein wird. »Das Allerschwierigste ist die Perspektive«, erklärt Lottes Mutter, nie könnten sie, wie bei Kasimir, sagen: Na ja, das ist eben eine Phase. »Dass sie immer auf Kleinkindniveau, ein Pflegefall bleiben wird, lähmt uns«, beschreibt sie ihre größte Beschwernis. »Und dass wir uns nicht auseinandersetzen können mit ihr.« So wie inzwischen ihr achtjähriger Bruder Dinge versteht und einsieht. Auch wenn ihm das nicht passt oder er keine Lust dazu hat. Aber man kann mit ihm verhandeln, diskutieren. »Bei Lotte ist das vermutlich für immer anders, bei ihr sind die Dinge schwarz oder weiß, Grautöne oder ein Ermessensspielraum existieren in ihrer Wahrnehmung nicht«, sagt Julia. Und die Elfjährige will Aufmerksamkeit. So viel sie kriegen kann. Ob positive oder negative. Hauptsache, jemand kümmert sich exklusiv um sie. Sie seien Sklaven ihrer Tochter, sagen die Eltern.

Es ist eine Katastrophe, als Lotte mit drei Jahren ihren kleinen Bruder bekommt. Sie kämpft regelrecht gegen ihn. Sie ist über alle Maßen eifersüchtig und brüllt mehr denn je. Genauso viel wie der neugeborene Kasimir, denn der hat Bauchweh und heult unentwegt. Als eine von Julias Schwestern anruft und beide Kinder im Hintergrund kreischen hört, sagt sie: »Bei euch klingt's wie im Affenhaus. Holt euch gefälligst Hilfe, ihr seid doch total überfordert.« Julia ist verblüfft ob der Dreistigkeit, aber sagt im Nachhinein: »Sie hatte vollkommen recht. Ich war so in der Situation gefangen damals, ich habe gar nicht gemerkt, wie überanstrengt ich war.« Sie beherzigt den unverblümten Rat und holt sich Hilfe, auf die die Familie natürlich Anspruch hat. Seither sind einige engagierte Einzelfallhelfer im Einsatz. Lotte liebt die Extraaufmerksamkeit und »ist hammerkooperativ, wenn sie mit Fremden unterwegs ist«, sagt Julia. Ins Schleudern gerät das System, als Kasimir zu stottern beginnt. Die Eltern begreifen es als Signal, dass er nicht genug Aufmerksamkeit bekommt. Und organisieren ihr Leben um, damit sie mehr Zeit allein mit ihm verbringen können. Sein Stottern verschwindet. »Eine Einzelfallhelferin sammelt unter der Woche ihre Stunden und nimmt dafür einmal im Monat Lotte für ein komplettes Wochenende zu sich. Für uns ist das jedes Mal unglaublich toll. Einfach rumgammeln, das geht mit Lotte nämlich nicht, die würde uns die Bude zusammenbrüllen, durchschlafen, Sachen mit Kasimir unternehmen, die, wenn Lotte da ist, nicht gehen. Er und wir genießen das sehr.«

Weil Lotte viele Dinge – wie besonders viel Aufmerksamkeit und eine passgenaue Lernsituation – braucht, die sie in einer Regelschule nicht ohne Weiteres beziehungsweise gar nicht bekommen würde, besucht sie eine Förderschule. »Das nervt mich an mir selbst manchmal. Eigentlich müssten wir als betroffene Eltern viel mehr kämpfen um Inklusion. Aber wir sind eben auch bequem. Diese Behindertenwelt ist ein total geschützter Raum. Unsere Tochter wird vom Fahrdienst abgeholt, zur Schule gebracht und wieder nach Hause gefahren. Oder der Einzelfallhelfer nimmt sie mit oder unternimmt etwas mit ihr. Wie ein Babysitter, der unser Kind fabelhaft betreut, während mein Freund und ich in Ruhe arbeiten können. Selbst die notwendigen Therapien wie Logo-, Physio- und Ergotherapie werden in der Schul- und Hortzeit vorgenommen. Das ist zwar nicht auf superhohem Niveau, aber wir müssen uns um so was nicht am Nachmittag kümmern. Das ist natürlich alles total entlastend.« Und trotzdem sagt sie: »Wenn mich der liebe Gott fragen würde: Na, Julia, willst du dieses Leben noch mal leben, würde ich sagen: Ach nee, danke.«

»Es ist eigentlich ein Wunder, dass wir noch zusammen sind.«

Thomas, 41, und Sabine, 36, sind seit vielen Jahren ein Paar. Die Geburt ihrer mehrfach schwerbehinderten Tochter Matilda, 13, hat ihre Beziehung ins Wanken gebracht.

Wenn Thomas und Sabine spazieren gehen zu zweit, nehmen sie sich immer an der Hand und verhaken ihre Finger ineinander. Eng und bewusst. »Das ist eine unserer kleinen Auszeiten, in denen wir uns ausschließlich aufeinander beziehen, das haben wir so gelernt«, erzählt Thomas und strahlt seine Frau Sabine an. Die nickt bestätigend und streicht ihm kurz liebevoll über die Wange. Zu zweit zu sein genießen sie sehr, denn im Alltag sind sie zu dritt. Thomas, Sabine und Matilda. Matilda ist 13 Jahre alt, hat mittelbraune, halblange Haare wie ihre Mama und trägt ein buntgeblümtes T-Shirt und blaue Stoffhosen. Sie sitzt im Rollstuhl, kann nicht sprechen. Sie ist einer der Menschen, die man als schwer mehrfach behindert bezeichnet. Mit Wasserkopf geboren, bekommt sie als wenige Wochen altes Baby eine schwere Infektion. Die Ärzte brauchen Wochen, um den Grund zu ermitteln. In dieser Zeit sterben große Teile ihres Gehirns ab. Was folgt, sind zahllose, manchmal monatelange Krankenhausaufenthalte. Heute ist das Mädchen einigermaßen stabil. Genauso wie die Beziehung ihrer Eltern. Und das bezeichnen sie als echtes Wunder. »Als Matilda geboren wurde nach einer unauffälligen Schwangerschaft, waren wir völlig schockiert, als wir die Diagnose Wasserkopf bekamen. Sie sah schlimm aus, der Kopf war riesig, wie aufgebläht«, erzählt die 36-jährige Sabine. »Und dann ging's richtig los, unsere Tochter hatte einen Eingriff nach dem nächsten. Ein Shunt musste gelegt werden, um die überschüssige Flüssigkeit aus ihrem Kopf zu leiten. Das heißt, dass die Ärzte eine Drainage legten vom Gehirn bis runter in den Bauch.« Warum dieser Eingriff notwendig ist, erklärt Dr. Nicolas Gumpert auf seiner Website dr-gumpert.de: »Ein untherapierter frühkindlicher Wasserkopf verläuft in mehr als 50 Prozent der Fälle tödlich, bei der anderen Hälfte der kleinen Hydrozephaluspatienten bleibt meist eine Behinderung zurück. Bei rechtzeitiger Therapie jedoch, also Anlage eines Shunts, sinkt die Letalität eines Wasserkopfs auf unter 10 Prozent und zwei Drittel der Patienten behalten weder eine körperliche noch eine geistige Behinderung zurück.« Das Glück hat Matilda nicht, im Gegenteil. Als die kleine Düsseldorferin endlich nach Diagnosestellung und Shuntlegung zu Hause ist mit ihren Eltern und diese hoffen, ein bisschen durchatmen zu können, erkrankt das Baby schwer. Matilda bekommt extrem hohes Fieber und muss auf der Intensivstation des Kinderkrankenhauses untergebracht werden. »Es war eine absolut grauenvolle Zeit, jeden Tag fuhren wir ins Krankenhaus und saßen da hilflos rum, während unser Kind total apathisch im Bettchen lag. Wir kannten sie ja vorher anders, da hatte sie auch mal die Äugelchen aufgemacht. Und dann war da nichts mehr. Außerdem waren wir natürlich in ständiger Sorge, dass unsere Tochter stirbt.« Doch Matilda stirbt nicht, Matilda kämpft. Und irgendwann finden die behandelnden Ärzte die Ursache für das Leid des kleinen Babys: Der Shunt ist infiziert und hat bereits das Gehirn in Mitleidenschaft gezogen. »Seitdem ist unsere Tochter schwerst mehrfach behindert. Sie sitzt im Rollstuhl, kann nicht selbständig atmen, sie spricht nicht und braucht Betreuung und Unterstützung rund um die Uhr«, sagt Thomas, während er seine und die Hand seiner Frau in die Manteltasche steckt. »Sie erkennt uns und reagiert auf das, was wir sagen. Das bilden wir uns zumindest ein. Und lächeln kann sie, Gott sei Dank«, ergänzt der 41-Jährige.

Das erste Lebensjahr des Kindes verbringt die Familie hauptsächlich im Krankenhaus. Allein drei Mal wird Matilda operiert, schwere Operationen, gefolgt von Wochen und Monaten auf der Intensivstation und der normalen Säuglingsstation. Sabine, die als freie Übersetzerin gearbeitet hat, ist rund um die Uhr an der Seite ihrer Tochter, Thomas arbeitet zwei Wochen nach der Geburt wieder als Programmierer. »Ich konnte gar nicht länger fehlen, einer musste ja das Geld verdienen«, sagt er, sonst wäre die Familie in die Sozialhilfe reingerutscht. »Zeit zum Trauern um ein ›normales‹ Kind hatten wir nicht, selbst an ein Verarbeiten der Situation war gar nicht zu denken. Wir waren nur im Überlebensmodus«, erzählt Sabine. »Ständig hieß es, dass Matilda möglicherweise die kommende Nacht nicht übersteht oder den nächsten Morgen. Wenn mein Mann nach der Arbeit ins Krankenhaus kam, saßen wir schweigend nebeneinander am Bett unserer Tochter. Und wenn er sich abends verabschiedete, wusste er nicht, ob er das Baby noch mal lebend sieht. Ich lag nachts neben ihr und habe mich nicht getraut einzuschlafen, weil ich dachte, dass ich dann etwas Bedrohliches nicht wahrnehme. So ging es monatelang, ein paar Wochen im Krankenhaus, ein paar Tage oder Wochen zu Hause, zurück ins Krankenhaus, das war unser Leben, unser Nichtleben«, erinnert sich die Übersetzerin. Kurz nach dem ersten Geburtstag des kleinen Mädchens stabilisiert sich sein Zustand. Ein relativ beständiges Familienleben beginnt. Um nach einem Jahr Schlaflosigkeit zu Kräften zu kommen, engagiert die Familie eine Nachtschwester, die Matildas Atmung überwacht und ihren Beatmungsschlauch richtet, wenn notwendig. »Als wir wieder mal durchatmen konnten, sind wir total zusammengebrochen beide. Und wir konnten damals überhaupt nicht füreinander da sein. Ich war so unendlich traurig, dass meine Tochter so ein Schicksal erlitten hat und wir mit ihr. Tag und Nacht habe ich gegrübelt, was wir hätten anders machen können, und mich an den Ärzteversäumnissen abgearbeitet. Für nichts anderes war Platz in meinem Leben«, erinnert sich Sabine. Thomas erzählt, wie es ihm ging: »Endlich war meine Frau wieder zu Hause und unsere Tochter auch, und ich habe getrauert. Weil ich mich dann erinnert habe, wie wir uns das ausgemalt haben in der Schwangerschaft: zu dritt in unserer Wohnung mit einem süßen Baby. Stattdessen lag da ein Menschlein, das so wenig auf uns reagiert hat. Obwohl wir uns alle Mühe gaben. Und meine Frau war so weit weg wie noch niemals zuvor. Ungefähr in dieser Zeit bekommt das Paar von den Trauzeugen ein Geschenk zum dritten Hochzeitstag: »Zehn Mal Babysitting stand auf dem Gutschein«, berichtet der Programmierer. Und dass sie sich über die Geste sehr gefreut hätten. »Wir haben seit der Geburt von Matilda unseren gesamten Freundeskreis total vernachlässigt. Wir hatten für nichts mehr Zeit. Wir wollten auch nicht, dass Freunde mit Kindern zu uns nach Hause kommen wegen der Ansteckungsgefahr. Dass sie mit Keimen in Kontakt kommt, sich ansteckt und zack, wieder im Krankenhaus landet. Viele Kontakte sind in der Zeit verlorengegangen, nach dem zweiten oder dritten Mal der Kontaktaufnahme haben die es nicht mehr versucht. Oder haben sich einfach gar nicht mehr gemeldet, als die das erfahren haben von Matilda, waren wohl überfordert und wussten nicht, was sie sagen sollten. Das war furchtbar für uns.« Die, die übrig geblieben sind, stünden nach wie vor treu an ihrer Seite, 13 Jahre später. »Auf jeden Fall sind wir dann an einem Abend losgezogen, wir hatten extra einen Tisch bestellt in einem unserer Lieblingsrestaurants aus der Vor-Matilda-Zeit, und da saßen wir dann und hatten uns nichts mehr zu sagen. Nichts. Wir waren wie eines dieser Paare, über die wir uns immer lustig gemacht hatten. Das fanden wir so unangenehm, dass wir superschnell gegessen haben und sofort zurück nach Hause gefahren sind«, erzählt Sabine und zieht ihre Mütze ein bisschen tiefer ins Gesicht, um sich vor dem kühlen Wind zu schützen.

Am nächsten Morgen macht sie einen Termin aus bei einem Paartherapeuten: »In der Nacht habe ich kaum geschlafen. Plötzlich war mir klar, dass mein Mann und ich seit Matildas Geburt komplett nebeneinander hergelebt hatten. Wir haben gar nichts mehr miteinander geteilt, und jeder war in seinem eigenen Elend gefangen und allein. So wollte ich nicht weitermachen.« Thomas, dem sie am Abend davon erzählt, reagiert ziemlich ungehalten und dass ihm so ein Scheiß gerade noch gefehlt habe. Dass er das Ganze nicht mehr wolle, gar nichts mehr davon. Am nächsten Tag zieht er aus. Schläft erst mal bei einem Kumpel im Gästezimmer – und meldet sich eine Woche lang nicht zu Hause. Sabine weiß zwar, wo Thomas ist, doch mehr weiß sie nicht. Am

Anfang ist sie unendlich traurig, »noch trauriger als vorher, ich dachte gar nicht, dass das geht«. Und ein paar Tage später kommt die Wut. »So eine Wut, wie ich sie niemals zuvor gespürt habe. Alles kam hoch, die Wut über mein beschissenes Leben, dass ich keine Zukunftsperspektive hatte und nichts, auf das ich mich freuen konnte. Und nicht zuletzt die Wut auf meinen beschissenen Verrätermann, der sich aus dem Staub macht, wenn's schwierig ist. Ich wäre ja eigentlich auch so gern abgehauen, aber das ging natürlich nicht«, erzählt sie mit weitausholenden Gesten. »Ich habe den Termin beim Paartherapeuten trotzdem wahrgenommen und bin erst mal allein hin. Das hat unglaublich geholfen.« Thomas geht's richtig mies. »Die ersten paar Tage beim Kumpel waren großartig. Wie Urlaub. Abends saßen wir auf dem Balkon und haben ein paar Bier getrunken oder Fußball geschaut, das war so entspannend, ich konnte mich an solche sorgenfreien Tage gar nicht erinnern. Und dann bin ich an einem Morgen weinend aufgewacht und konnte nicht mehr aufhören. Meine Frau hat mir gefehlt. Ich habe sie angerufen, und sie hat nur ins Telefon gebrüllt und geheult und geschrien«, erzählt der 41-Jährige und zieht seinen grauen Wollschal fester um den Hals.

Das Paar verlegt sich aufs Emailschreiben, das sei leichter gewesen. Thomas fragt an, ob er wieder nach Hause kommen dürfe, doch Sabine will nicht, sie brauche Zeit zum Nachdenken, Abstand. Und besteht darauf, dass sie gemeinsam den Therapeuten aufsuchen. »Ich wollte noch nicht mal eine Putzhilfe, das war mir irgendwie zu privat, dass eine Fremde unseren Dreck wegputzt … Und jetzt sollte ich mit einem wildfremden Mann mein Innerstes teilen? Die Vorstellung war mir äußerst unangenehm«, erklärt der zurückhaltende und ruhige Düsseldorfer. »Aber ich war dann positiv überrascht. Der Psychologe war ein besonnener Typ, der hat uns erst mal ein bisschen reden lassen. Und dort in der anderen Umgebung haben wir tatsächlich miteinander gesprochen und richtig zugehört.« Seine lebhafte Frau ergänzt: »Und er hat uns die richtigen Fragen gestellt. Wie es uns wirklich geht, und was wir uns wünschen. Ich war superüberrascht, als

Thomas zu berichten anfing, wie sehr er leidet. Ich habe das zu Hause überhaupt nicht in dem Ausmaß mitbekommen und realisiert. Für mich war's ein bisschen so: Der Kerl hat's gut, der kann arbeiten gehen, isst Mittag mit seinen netten Kollegen und hat denselben Alltag wie früher. Ich habe ihm das unbewusst total übelgenommen. Und in Selbstmitleid gebadet, weil ich die Arme war, die ständig im Krankenhaus leben musste und zu Hause den ermüdenden Alltag mit unserem Kind hatte. Ich fühlte mich wie abgeschnitten von der Welt.« Dabei sei es ganz anders gewesen für Thomas. Ihr Mann sei morgens gern aus dem Haus, aber das in erster Linie, weil das Paar sich so fremd geworden war. »Ich habe Bine so oft beneidet, dass sie so viel Zeit mit unserer Tochter verbringen kann. Und mitbekommt, wie sie lächelt und wie sie dann doch irgendwann angefangen hat, ein bisschen auf Gesang oder so zu reagieren. Besonders auch auf meine Frau, mich kannte sie irgendwie kaum, ich war richtig außen vor und kam mir auch ausgeschlossen vor. Und dann stand ich zusätzlich unter einem Wahnsinnsdruck, weil ich plötzlich allein das Geld verdienen musste. Vorher hatte ja Sabine ihre Übersetzeraufträge, und von uns beiden kam was rein. Eigentlich gleich viel. Und gleichzeitig war mir überhaupt nicht klar, wie sehr meine Frau unter der Situation leidet.« Der Therapeut rät weiterhin zu einer räumlichen Trennung. Er empfiehlt, dass sie abwechselnd in der gemeinsamen Wohnung leben und sich um Matilda kümmern. Damit auch Thomas nachvollziehen kann, wie belastend der Alltag mit dem Mädchen sein kann. Das Paar ist einverstanden, Thomas und Sabine wohnen ein Dreivierteljahr die Hälfte des Monats zu Hause und dürfen abwechselnd das Gästezimmer von Thomas' Freund nutzen. »Das war die beste Idee, die ein Psychologe jemals hatte. Durch das Allein-zuständig-Sein habe ich meine Tochter kennengelernt und sie mich, glaube ich. Und ich habe gemerkt, wie unglaublich anstrengend die Zeit mit ihr ist und wie wunderschön. In den Wochen, in denen ich zuständig war, habe ich zu Hause gearbeitet und Einzelfallhelfer organisiert, die jeden Tag ein paar Stunden verbracht haben mit Matilda. In der Zeit und in ihren Schlafphasen tagsüber habe ich gearbeitet und so viel geschafft wie sonst den ganzen Tag im Büro«, sagt der Programmierer. »Für mich war's eine lebensrettende Maßnahme, so kam es mir vor«, ergänzt die Übersetzerin. »Ich habe gemerkt, dass ich ersetzbar bin, dass es auch ohne mich wunderbar läuft und dass Thomas das auch alles kann. In den Wochen, in denen ich allein gelebt habe, wurde ich wieder ich. Kam zum Arbeiten, habe eine Freundin getroffen und bin ins Kino gegangen. Es war fantastisch. Und das Beste: Ich habe mich immer wie wahnsinnig auf Matilda gefreut und konnte die Zeit mit ihr dann richtig genießen.«

Nach und nach nähern sich die beiden wieder an. »Der Therapeut hat uns jede Woche Hausaufgaben gegeben. Ich erinnere mich an eine Sache: Wir sollten uns gemeinsam aufs Sofa setzen, die Hände des anderen nehmen und uns ganz bewusst anschauen. Am Anfang haben wir gelacht, das hat sich komisch angefühlt, aber dann war's wunderbar«, erzählt Sabine und lehnt kurz ihren Kopf an Thomas' Arm. »Stimmt«, sagt er knapp und erzählt, dass sie irgendwann grünes Licht bekommen haben zum Wiederzusammenleben nach neun Monaten. »Die Einzelfallhelfer sind die folgenden Jahre bis zum Kindergarten geblieben, und ich arbeite nach wie vor von zu Hause. Das klappt seit zehn Jahren ganz gut«, fasst die Düsseldorferin zusammen. »Matilda geht in eine Förderschule und wird mit einem Fahrdienst hingebracht und auch wieder abgeholt. Nachts haben wir nach wie vor eine Schwester da, die neben unserer Tochter schläft. Und mittwochmittags und freitagabends sind unsere festen Paarzeiten. Am Abend leisten wir uns einen Babysitter. Das ist es uns wert. Mittwochs, wenn Matilda noch in der Schule ist, hole ich Thomas von der Arbeit ab, dann gehen wir zusammen essen und hinterher im Park spazieren. Freitags gehen wir ins Konzert oder ins Kino oder essen. Da reden wir viel miteinander«, sagt Sabine. »Es ist nicht immer leicht, unser Leben, und oft denken wir, das war's, wir können nicht mehr. Aber dann heulen wir eine Runde, geben uns einen Ruck und machen das Beste draus.«

»Man muss sich selbst achten und seine Bedürfnisse ernst nehmen.«

Paartherapeut Clemens Schulz, 67, hat in 20 Jahren Berufserfahrung viele Eltern unterstützt, deren Beziehung durch die Geburt eines Kindes mit Behinderung zu zerbrechen drohte.

»Ein Paar muss sich immer neu justieren, wenn ein Baby geboren wird«, sagt der Paartherapeut Clemens Schulz. »Da spielt es erst mal keine Rolle, ob das Neugeborene eine Behinderung hat oder nicht. Aber natürlich ist es für viele eine Extrabelastungsprobe.« Der 67-Jährige hat die Hälfte seines Berufslebens mit Eltern gearbeitet, deren Energie, Aufmerksamkeit und Durchhaltevermögen hauptsächlich beziehungsweise ausschließlich dem Kind mit Behinderung gewidmet wird. Und die gemerkt haben, dass für sie selbst und ihre Paarbeziehung nichts mehr übrig geblieben ist. »Zu mir kommen natürlich nur die, die an der Familiensituation wirklich etwas verbessern wollen«, führt der Psychologe aus. »Die Masse der Eltern, die irgendwie als Paar gar nicht mehr existieren, registriert ihre problematische Situation erst gar nicht, weil sie eben ausschließlich mit dem Kind beschäftigt ist.« Für nebensächlich hält es der gebürtige Bamberger, ein großer Mann mit sonorer Stimme, die äußerst beruhigend wirkt, was das Kind überhaupt hat. Es sei der Fokus, der entscheidend sei für das Überleben der Paarbeziehung. »Ob ein Kind rund um die Uhr gepflegt werden muss und seine Atmung überwacht oder lediglich ständig gefordert werden muss, um das Kind trotz Lernbehinderung auf der Regelschule halten zu können: Jedes Handicap kann sämtliche Zeit- und Energiereserven auffressen, wenn man nicht aufpasst.« Genau das sei immer das Erste gewesen, was er einem frisch in Behandlung gekommenen Paar nahegelegt hätte: Hilfe holen und sich Zeit nehmen für sich selbst und den anderen. Kinder mit einer diagnostizierten Behinderung hätten Anspruch auf Fremdbetreuung, und die solle und müsse man auch unbedingt nutzen. »Man muss sich selbst achten und seine Bedürfnisse ernst nehmen. Auch wenn gerade Mütter sich überwinden müssen, weil sie denken, dass sie die Einzigen sind, die ihren Sohn oder die Tochter richtig verstehen und somit exklusiv die sind, die das Kind optimal unterstützen können: Nehmt euch Zeit für euch selbst!« Erst wenn man ab und zu mal durchschnaufen könne, erst wenn mal wieder Raum da wäre für das Hobby, einen Kinobesuch oder eine einsame Wanderung durch den Wald kämen Mutter oder Vater wieder zu sich selbst. Und wären im zweiten Schritt bereit, nach möglicherweise langen Jahren zum ersten Mal wieder auf die Bedürfnisse ihres Partners einzugehen. »Dann ist Zeit für Beziehungsarbeit. Das klingt anstrengend, dabei ist es so ein toller Prozess«, beschreibt der Paartherapeut. »Ich habe immer zwei, drei Sitzungen gemacht mit den Eltern. Da haben wir besprochen, wie sie das zu Hause organisieren können, dass ein Babysitter oder Einzelfallhelfer oder wer auch immer aktiviert wird. Und dann gab's eine sechswöchige Pause. Die sollten sie nutzen, um Zeit mit sich allein zu verbringen. Und dann haben wir erst angefangen, über die Probleme in der Partnerschaft zu reden. Da waren die alle viel offener und konnten viel eher den Standpunkt des anderen mal einnehmen und sich richtig zuhören«, erinnert er sich. »Um das aufzuarbeiten, was besonders mangels Kommunikation schiefgegangen ist, und die Gefühle des Partners nachvollziehen zu können.« Wenn das gelänge, wäre ein Zusammenrücken des Paares auch noch Jahre nach der Geburt des Kindes möglich. Und eine befriedigende Partnerschaft erreichbar, in der jeder zu seinem Recht kommt. Mareice Kaiser bestätigt diese professionelle Einschätzung und schreibt auf ihrem Blog: »›Man braucht ein ganzes Dorf, um ein Kind zu erziehen‹, heißt es in einem afrikanischen Sprichwort. Vielleicht braucht es eine Familie, Freunde und einen Pflegedienst, um ein Kind wie Kaiserin 1 zu erziehen und zu pflegen. So, dass alle dabei glücklich sind und nicht alle mit mindestens einem Fuß im Burnout stehen.«

»Anders und normal sind schon komische Wörter.«

Finja, elf, erzählt von ihrem neunjährigen Bruder Niklas, der das Cri-du-Chat-Syndrom hat.

Wenn Niklas' Familie Besuch bekommt, drückt er auf den Summer und rennt neugierig raus ins Treppenhaus. »Hallo, hallo, ich heiße Niklas, und wie heißt du?«, ruft er mit seiner hohen, durchdringenden Stimme. Und wenn man dann in der Wohnung ist, bestürmt er einen mit Fragen wie: »Bist du auch traurig, dass Ottfried Preußler gestorben ist?« oder »Magst du die kleine Meerjungfrau?« Die Antworten wartet er kaum ab. Der neunjährige Junge ist offensichtlich belesen, hört gern Radio – von morgens bis abends – und redet noch viel lieber. Ach ja, und er hat eine Behinderung, nämlich das Katzenschrei-Syndrom.

Dieses Syndrom, auch Cri-du-Chat-Syndrom genannt, ist erstmals 1963 von dem französischen Genetiker und Kinderarzt Jérôme Lejeune unter wissenschaftlichen Gesichtspunkten beschrieben worden. Er benannte es nach dem katzenähnlichen Schreien (französisch: cri du chat, deutsch: Schrei der Katze) der betroffenen Kinder im frühen Alter. »Er ist geistig etwa auf der Höhe eines unfitten Kindes mit Down-Syndrom«, beschreibt seine Mutter Gesa, eine temperamentvolle und sehr eloquente Journalistin, ihren Sohn.

Beim Abendbrot kann Niklas kaum stillhalten und redet ohne Unterlass. Manchmal ist er ein bisschen schwer zu verstehen, doch eine versteht ihn eigentlich immer, nämlich Finja. »Schnups, beruhig dich mal«, sagt sie zu ihm in einem liebevoll-mütterlichen Tonfall, und an die Besucherin gerichtet: »Er ist nicht immer so aufgewühlt.« Finja ist elf Jahre alt und Niklas' große Schwester. Eine stolze große Schwester. »Als ich fast zwei Jahre alt war, wurde mein kleiner Bruder geboren, und ich war so glücklich, sagen meine Eltern«, erzählt sie und pustet sich eine dunkelblonde Haarsträhne aus dem Gesicht.

An das erste Lebensjahr des Geschwisterkindes erinnere sie sich nicht so richtig, sie war ja selbst noch klein, wisse jedoch von ihrer Mutter, dass diese oft sehr traurig war. Weil irgendwas komisch war mit ihrem zweitgeborenen Baby. Das ständig schrie, das seine Eltern und seine Schwester nicht anlächelte und nicht fixierte, dem es scheinbar egal war, ob es auf dem Arm lag oder im Bett. Das sich nicht einmal durch Körperkontakt beruhigen ließ. Wie aus dem Nest gefallen. Seine Mutter ist trotzdem die Einzige, die sich sorgt. Weil sowohl der Vater als auch die Kinderärztin und das restliche Umfeld beschwichtigen und von einer kleinen Entwicklungsverzögerung ausgehen. Wenn überhaupt. Erst als Niklas ein Jahr alt ist, bestätigt eine Ärztin des SPZ (Sozialpädiatrisches Zentrum) den Verdacht der Mutter, eine Genanalyse ergibt die Diagnose Katzenschreisyndrom. Als die Kinderärztin informiert wird, meint diese als Erstes, dass sie schnell noch ein weiteres Baby bekommen sollen, damit Finja mit einem nichtbeeinträchtigten Geschwisterkind aufwachsen kann.

Heute ist Niklas ein charmanter, umgänglicher Junge, der gut ankommt bei seinem Umfeld. Der sich umarmen lässt und knuddeln und fest durchkneten. Der ganz viel zulässt und ganz viel gibt. Und das, davon sind die Eltern überzeugt, hat er auch seiner Schwester zu verdanken. »Er hat wahnsinniges Glück mit seiner Schwester. Eigentlich müssten wir täglich ein Tischfeuerwerk abfackeln, weil wir sie haben«, sagt die Mama und blickt ihre Tochter an, liebevoll und stolz. Um dann ihren Nickel nochmals nachdrücklich aufzufordern, seinen Abendbrotteller in und nicht auf die Spülmaschine zu stellen. Dann darf er ein Weilchen fernsehen, sonst wäre ein ruhiges Gespräch nur schwer möglich.

Womit wir bereits bei einem der wenigen Dinge wären, die Finja schon nerven in der Familie: dass sie mehr mithelfen muss im Haushalt, aber sogar da hat sie Verständnis: »Niklas macht eben öfter etwas kaputt, das will man nicht immer riskieren.« Ansonsten ist sie voll des Lobes, sie findet ihren Bruder ziemlich toll. »Er ist anders und nicht so normal wie Kinder ohne Behinderung. Aber was heißt schon normal? Anders und normal sind schon komische Wörter.« Leider würden andere manchmal gar nicht sehen, wie großartig er sei, die würden nur auf seine Behinderung reagieren. »Zum Beispiel, als er in meine Kita kam. In seiner Gruppe war er der Einzige, der anders war. Keiner wollte mit ihm spielen. Oft ist er allein rumgeschlendert.« Oft habe sie dann mit ihm etwas gemacht, doch klar, allein mit ihren gleichaltrigen Freundinnen wollte sie auch spielen. Immer konnte und wollte Finja nicht eine betreuende Erzieherin ersetzen. Wie zum Beispiel auf dem jährlich stattfindenden dreitägigen Ausflug zu einem Ponyhof. »Eigentlich darf man da nur einmal in seiner Kindergartenzeit mitfahren. Mich haben sie dreimal mitgenommen, denn ich habe mich da vor Ort immer um meinen Bruder gekümmert.« Dass ihre Tochter einen Zivi ersetzt habe, hätten sie erst viel später realisiert, ergänzt die Mutter, sonst hätten sie bestimmt eingegriffen. Vieles läuft in dieser Zeit nicht so, wie es sollte. »Ganz schlimm war's dann mal im Sommer. Es war richtig heiß, und alle Kinder durften nackt in einem großen Planschbecken im Garten toben. Nur Niklas nicht, der durfte nicht ins Wasser wegen seiner Ohren. Und statt mit ihm drinnen schön zu spielen, haben die Erzieherinnen ihn am anderen Ende des Gartens allein in ein Laufställchen gesteckt. Das war so traurig«, erinnert sich das hübsche, großgewachsene Mädchen. Finden ihre Eltern auch, deshalb wird er in einen anderen Kindergarten umgetopft, in eine Einrichtung für Kinder mit Handicap. »Dort war es viel netter für ihn. Und ich bin auch immer gern mal hingegangen und habe dort den Tag verbracht in den Sommerferien oder so. Es macht mir total Spaß, mit Behinderten zu spielen. Man kann die so schnell glücklich machen. Überhaupt sind Kinder mit Behinderung besonders. Da habe ich so ein bestimmtes Gefühl, das kann ich ganz schwer erklären.«

Manchmal war es aber doch schwer. Weil Niklas es nicht zulassen konnte, wenn er nicht die volle Aufmerksamkeit bekam. Und dann sehr wütend wurde und schrie, alles ausräumte und kaputtmachte. »Früher hat er einen Aufstand gemacht, nur weil ich einmal im Mittelpunkt stand«, erinnert sich Finja. Gern hätte sie manchmal einen »normalen« Bruder gehabt, einmal sei sie auch in der Kirche zum Fürbitten nach vorn gegangen und hätte sich für Niklas und auch für sich selbst und die ganze Familie gewünscht, dass die Behinderung verschwindet.

Entlastend und befreiend sind die Jahrestreffen von Menschen mit Cri-du-Chat-Syndrom und ihren Familien, die jeden Sommer ein Wochenende miteinander verbringen. »Da treffe ich immer so viele Kinder, die ähnlich wie Niklas sind, und das macht mir Mut. Und mit den anderen Geschwistern muss man gar nicht viel reden und versteht sich trotzdem«, erklärt Finja. Eng seien sie allesamt mit einer Familie befreundet, die ebenfalls zwei Kinder hat. Da sei das Kind mit Behinderung die große Schwester, so alt wie Nickel, und der kleine Bruder habe keine Beeinträchtigung.

Überhaupt hätte sie ein gutes Gespür für Menschen mit Beeinträchtigungen, erzählt die Schülerin einer integrativen Schule, sie würde sofort merken, wenn jemand behindert ist, und sich zu ihm hingezogen fühlen. Das sei einfach interessant, dieses Anderssein, klar, auch wenn sie diesen Begriff nicht mag, und gar nicht peinlich. »Schämen tu ich mich eigentlich nie für meinen Bruder. Ich bin nur manchmal traurig, wenn ihm was Blödes passiert«, erzählt sie weiter. »Man sieht ihm ja nicht direkt an, dass er eine Behinderung hat. Wenn wir dann unterwegs sind und er laut brüllt, in der U-Bahn oder so, denken andere bestimmt: Mann, so ein schlecht erzogener Junge. Das mag ich nicht, ich möchte, dass andere das Richtige denken.« Was Finja auch nicht mag: Wenn manche fragen: Was hat der jetzt? Wenn sie nicht mit Niklas sprechen, sondern über ihn. So was würde manchmal passieren.

Besonders böse wird sie, wenn Kinder Niklas schlecht behandeln. Dabei verstehe ihr Bruder manche Dinge eben nicht und mache Sachen nicht absichtlich kaputt. »Im Park hier vorm Haus hat er mal Blumen zertrampelt, und zwei Jungs haben ihn nachgeäfft und waren richtig doof. ›Was soll das?‹, habe ich die gefragt. ›Niklas hat eine Behinderung. Wisst ihr überhaupt, was das ist? Vielleicht erklärt ihr ihm, warum sein Verhalten nicht okay ist. Anschreien bringt nichts.‹« Die Kinder hätten interessiert zugehört, so was sei ihr sehr wichtig, denn viele Leute würden gar nichts wissen von Behinderungen. Und manchmal würde das wirklich gut helfen, dieses Erklären. In manchen Situationen hätten die Kinder dann sogar mit Niklas gespielt. »Da freue ich mich richtig. Es kann auch nett sein, wenn man etwas erklärt und der andere das dann versteht. Auch wenn wir zusammen irgendwo eingeladen werden, denn mein Bruder ist gern mit anderen ohne Behinderung zusammen.«

Der Neunjährige geht in eine Förderschule. Obwohl Finja eine integrative Schule besucht, »haben wir nie ernsthaft überlegt, ihn dort einzuschulen. Dafür, denken wir, spielt Niklas zu sehr in einer anderen Liga«, sagt die Mutter. Und obwohl er in eine Förderschule ginge, sei ihm seit Schuleintritt seine Behinderung bewusster geworden. Weil er wohl merke, dass fittere Kinder deutlich mehr können als er. Trotzdem geht er gern hin. Oft wird er nach Schulschluss von einem Einzelfallhelfer abgeholt und nach Hause gebracht. »Die machen dann tolle Sachen mit ihm«, erzählt Finja. »Theoretisch könnte ich auch mitspielen, aber ich habe keine Lust mehr auf Playmobil.« Ihre Eltern wissen diese Betreuung extrem zu schätzen, auch die Schulangebote: »Die kümmern sich richtig um unser Kind. Die Einzelfallhelfer arbeiten auch sehr professionell und sind unfassbar engagiert, Niklas profitiert sehr davon, und wir können entspannt arbeiten«, ergänzt Gesa.

Ach ja, noch was findet Finja blöd: »Mich nervt total, wenn er jeden Morgen um sechs Uhr sein Radio anmacht. Und dann hört er noch nicht mal gute Musik!« Gott sei Dank müsse sie nicht mehr ein Zimmer mit dem Bruder teilen. »Früher hat er immer alles kaputt gemacht, was ich aufgebaut habe. Er kann zwar nichts dafür, aber das hat mich trotzdem traurig gemacht«, erinnert sich die Elfjährige. Traurig und sauer auf ihren Bruder sein, das darf und muss das Mädchen ausleben. Denn klar, auch

Geschwisterkinder mit Behinderung stören manchmal ganz schön. Das habe auch der Familientherapeut immer wieder betont, den die Eltern nach Niklas' Diagnosestellung aufgesucht haben. Es solle unbedingt vermieden werden, Finja ständig die Rolle der großen, vernünftigen Schwester aufzubürden. »Der Therapeut sagte, sie habe wie alle Kinder auch das Recht, sauer zu sein und ihren Bruder anzupampen. Daran erinnern wir uns immer wieder, das war echt wichtig«, betont die Hörfunkjournalistin.

Es sei schon manchmal ganz schön anstrengend mit ihm, vor allem, wenn sie unterwegs sind. »Da muss ich ihn manchmal am Kragen packen und richtig festhalten, damit er nicht irgendwo anstößt. Er läuft so torkelig rum«, erzählt sie weiter. Niklas' Körperwahrnehmung sei merkwürdig, er merke nicht, wo er selbst aufhöre. Deswegen lässt er sich beispielsweise beim Fernsehen aufs Sofa plumpsen, ohne zu merken, dass Finjas Beine drunterliegen. Überhaupt das Fernsehen, da sitzt Niklas immer noch vor. »Das übt einen massiven Reiz auf Niklas aus. Den ganzen Tag wird gebettelt und gefleht. Und wenn er darf, ist er hingerissen«, sagt die Mama.

Und dann erzählt Finja noch von einem Traum, den sie mal als Erstklässlerin geträumt hat. Da wäre ein Herr herumspaziert mit einem großen Zylinder auf dem Kopf. Der hätte Fläschchen in der Hand gehabt mit einer blauen Flüssigkeit und sie an Kinder verteilt, die offensichtlich behindert waren. Und davon wäre die Behinderung weggegangen. »Ich habe schon ganz oft nachgedacht über den Traum. Und festgestellt, dass ich Niklas die Flüssigkeit nicht geben würde. Dann wäre er ja nicht mehr, wie er ist. Dann wäre er ein anderer Junge. Und ich kann mir keinen besseren Bruder vorstellen. Ich liebe ihn genau so, wie er ist.«

»Niemand ist freiwillig behindert, Inklusion klappt auch nicht freiwillig.«

Die zwölfjährige Nelly spricht über ihre große Schwester Carla. Die 15-Jährige hat das Down-Syndrom.

Als Nelly etwa fünf Jahre alt ist, trifft sie mit ihrer Familie ein befreundetes Paar, das gerade ein Baby bekommen hat. Das kleine Mädchen stellt sich auf die Zehenspitzen, schaut in den Kinderwagen und fragt interessiert: »Ist das mit Down-Syndrom oder ohne?« Ihre Mutter muss heute, sieben Jahre später, immer noch lachen über diese Episode. In dem Moment war klar, wie natürlich und selbstverständlich für Nelly der Umgang war mit der Behinderung ihrer älteren Schwester Carla. Das habe sie inzwischen leider längst verloren, diese Unschuld. Dieses selbstverständliche Hinnehmen.

Erst nach der Geburt erfahren Carlas Eltern, dass ihre Tochter das Down-Syndrom hat. »Klar war das am Anfang ein totaler Schock. Aber dann haben wir beschlossen: Carla soll ganz normal aufwachsen«, erinnert sich Petra, eine schmale, dunkelhaarige Fernsehjournalistin. Mit einem Jahr kommt ihre Tochter zu einer Tagesmutter, die mehrere Kinder betreut. Da jedoch hätten die Eltern zum ersten Mal bemerkt, dass andere Eltern Unterschiede machen. Eines der anderen Kinder habe Geburtstag gefeiert und alle anderen Kinder zu seiner Party eingeladen. Bis auf Carla. Ihre Mutter fragte daraufhin die andere Mutter, warum sie denn ausgeschlossen würde. Das sei ihnen zu anstrengend mit Carla, lautete die Antwort. »Das war wie ein Schlag in die Magengrube. Und die Eltern waren beide Ärzte, wir konnten das gar nicht fassen«, erinnert sich die gebürtige Schwäbin heute noch kopfschüttelnd.

Drei Jahre nach Carla wird Nelly geboren. Ein echter Quatschkopf mit lustigen Einfällen, ein intelligentes, recht stilles Kind. Viel zu still, meint ihre Tante, und erklärt das damit, dass sie sich ständig verantwortlich fühle für ihre ältere Schwester. Das sei von Anfang an so gewesen, sagt ihre Mutter, sie sei bereits als kleines Kind unruhig gewesen, wenn Carla sich verspätet habe. Obwohl von den Eltern keinesfalls gefordert, ein eben häufig zu beobachtendes Phänomen. Studien belegen, wie gesagt, dass Kinder mit einem Geschwisterkind mit Behinderung häufig ein höheres Verantwortungsbewusstsein als Gleichaltrige zeigen.

Die beiden Schwestern werden von derselben Tagesmutter betreut, gehen in denselben integrativen Kindergarten und dieselbe integrative Grundschule. In keiner der Institutionen habe es größere Schwierigkeiten gegeben. Abgesehen von den Eltern im Kindergarten, die sich lautstark über das Integrationskind freuten: »Aber nur, weil der Betreuungsschlüssel ein viel besserer war. Ich fand das total egoistisch. Vielen war gar nicht klar, dass sie aufgrund ihrer Behinderung diese Extrastunden dringend benötigt«, sagt ihre Mutter. Carla, die bald 16 Jahre alt wird, besucht die an ihre Grundschule angegliederte Gemeinschaftsschule. Sie ist – gemeinsam mit zwei anderen Kindern mit Down-Syndrom – sozusagen das Versuchskaninchen in der ersten inklusiven Klasse, die in ihrer Schule gebildet wurde. »In der zweiten Woche bekamen wir einen Anruf vom betreuenden Sozialpädagogen. Mitten in der Arbeitszeit. Wir sollten jetzt Carla abholen, die Klasse würde einen Ausflug machen, das wäre ja nichts für sie.« Petra kann es nicht fassen. »So ein extremes Ausschließen haben wir zuvor nie erlebt.« Die Situation verbessert sich, doch nach wie vor bedeute ein Kind mit Behinderung in einer Regelschule ein größeres Maß an Elternengagement, Mitdenken und Mitmachen. In der Schule basiert alles auf Freiwilligkeit, das sei vom Ansatz auch bestechend, nur: »Niemand ist freiwillig behindert, Inklusion klappt auch nicht freiwillig.« Und Petra ergänzt, dass die meisten einfach zu wenig wissen und oft auch nicht mehr wissen wollen.

Um Carla von Anfang an gut zu integrieren, richten die Eltern dem Teenager, der eigentlich immer in den Sommerferien Geburtstag hat, zum Beginn des Schuljahrs eine Riesenparty aus und laden alle neuen Mitschüler ein. 20 Kinder hopsen durch die Bude. Und dann? »Im Laufe des Schuljahres erfolgten genau zwei Gegeneinladungen, natürlich von den beiden anderen mit Down-Syndrom. Ein beschissenes Gefühl«, erinnert sich Petra. Sie erzählt, dass sie das Fest im folgenden Jahr haben ausfallen lassen, obwohl Carla in den Sommerferien ständig davon gesprochen habe. Überhaupt, die Kontakte mit Gleichaltrigen seien ein schwieriges Thema. Carla ist ausgesprochen kommunikativ und telefoniert unheimlich gern. Nicht nur ihre Großmutter und ihre Tante ruft sie ständig an, auch Mitschüler kommen regelmäßig in den Genuss. Außerdem möchte die 15-Jährige sich verabreden, »doch die anderen in ihrer Klasse haben keine große Lust dazu«, sagt ihre Mutter. Das wäre natürlich problematisch für ihre Tochter. Mit den anderen beiden Mitschülern mit Down-Syndrom hat sie ein eher schwieriges Verhältnis, »das Mädchen will immer alles bestimmen und ist oft grob«, erzählt Nelly. »Außerdem haben die ganz andere Interessen.«

Nelly hat inzwischen die Schule gewechselt, sie geht seit einem Dreivierteljahr auf ein Gymnasium. Um sich einen eigenen Raum zu schaffen. Sie will partout nicht mehr mit Carla auf eine Schule gehen. Erst vor wenigen Wochen hat sie ihren Mitschülern von ihrer Schwester erzählt, und dass sie behindert sei. »Ein anderes, sehr beliebtes Mädchen hat dann von der Schwester ihrer Mutter berichtet, die ebenfalls das Down-Syndrom hat. Und dass sie ein ganz besonderer, sensibler Mensch sei, der sofort merken würde, wenn es ihr nicht gut geht«, erzählt Nelly und zieht an einer Haarsträhne, so dass ihre dunklen langen Locken noch ein wenig länger werden. Das habe ihre Tochter wohl sehr entlastet, sagt die Mutter.

Die Trisomie 21 von Carla ist sowieso nicht das Lieblingsthema der beiden Schwestern. Carla ist ihre Behinderung sehr wohl bewusst. Als Kindergarten- und Grundschulkind will sie phasenweise mit einem anderen Namen angesprochen werden, sie sucht sich regelmäßig den Namen eines »Alphamädchens« oder den eines mit langen Locken aus ihrem Umfeld aus und nennt sich selbst so. Ach ja, die Herminephase, Hermine von Harry

Potter nämlich, gibt's auch. Wenn die Familie sie mit ihrem Namen ruft, antwortet sie: »Bin nicht Carla.« Die Eltern erklären sich das damit, dass sie schon als kleines Mädchen registriert habe, dass sie anders sei. Als die Eltern eines Tages einen Film über ein Kind mit Trisomie 21 mit Carla anschauen möchten, wehrt diese vehement ab. Damit wolle sie nichts zu tun haben. Und weil der Teenager offensichtlich nicht über seine Behinderung sprechen und nichts darüber hören möchte, findet das Gespräch über Carla ohne Carla statt. Die nimmt zur selben Zeit am Konfirmandenunterricht teil, zu dem sie allein mit der Straßenbahn hin und wieder zurück nach Hause fährt. Genauso der Schulweg: Carla muss da sogar umsteigen und sowohl die U-Bahn als auch die Tram nehmen. Das findet ihre jüngere Schwester Nelly ziemlich gut: »Carla ist ganz schön selbständig. Die traut sich viele Dinge. Auch Sachen, die mir peinlich sind«, erzählt sie. So habe sie mal auf einer großen Piazza in Italien getanzt und dabei laut gesungen. Oder sei bei einer Kinopremiere im vollbesetzten Saal aufgestanden und habe dem Regisseur eine Frage gestellt. Die Mutter ergänzt: »Bei der Vollversammlung in ihrer Schule hat Carla mal vor der Aula gesprochen. Und sie hält ab und zu Referate und Vorträge. Sie schafft das, obwohl sie Angst hat. Und das hat sie ganz bestimmt der inklusiven Schule zu verdanken, an einer anderen Schule wäre sie bestimmt nicht so weit gekommen.«

Überhaupt: »Carla fällt oft auf. Sie lacht laut, richtig laut, oft auch ohne Grund. Und sie redet permanent mit sich selbst. Für mich war das früher total normal, und die Reaktion von anderen ist meistens positiv«, sagt Nelly. »Auch wenn Carla glücklich ist, lacht sie laut. Und wenn wir irgendwo unterwegs sind und sie lacht, freut das andere Menschen. Die lachen dann mit.« Aber sie sei beileibe nicht immer glücklich, oft habe ihre Schwester richtig schlechte Laune. Und die Eltern definitiv mehr Verständnis für ihre Launen. Oder auch das Helfen im Haushalt: »Ich muss immer den Tisch decken. Wenn Carla das mal macht, rufen alle gleich hurra«, ergänzt sie mit einem Schulterzucken.

Dass ihre Schwester sowohl Samstag als auch Sonntag allein Brötchen hole, sei natürlich nett, »aber das macht sie richtig gern, weil sie beim Bäcker immer Brownies geschenkt bekommt«. Und ergänzt versöhnlich, dass Carla ihr davon immer etwas abgeben würde.

Der Rest des Wochenendes ist oft schwierig zu organisieren, um die Interessen aller Familienmitglieder zu bedienen. »Früher war das einfacher, da haben wir toll gespielt. Aber irgendwann wollte ich anspruchsvollere Sachen machen«, erinnert sich Nelly und dass sie inzwischen oft nicht so recht wisse, was sie mit ihrer Schwester anfangen solle. Sie liebt Musik, und sie schaut gern Filme, so Teenagerfilme, typische Mädchenfilme, die guckt sie aber lieber allein auf ihrem iPad.« Carla mag es nämlich nicht, wenn die anderen lachen, »und meistens an Stellen, an denen sie nicht lachen würde. Dann wird sie richtig sauer. Das macht keinen Spaß.« Nelly schaut lieber Krimis, aber auch die kann sie nicht mit ihrer Schwester zusammen gucken, die würde sie nicht verstehen.

Es klappt gut, wenn sie schwimmen gehen, Carla liebt das. »Im Wasser ist's besser, da kann man viel Spaß mit ihr haben und Sachen mit ihr machen, Tauchen und Handstand und so. Letztes Jahr in den Ferien waren wir in den Bergen, das ist nicht so ihr Ding, ich musste ständig warten, weil Carla nicht hinterherkam. Die kann schnell laufen, aber nur, wenn es sich lohnt.«

Nelly beneidet manchmal ihre Freundinnen mit normalen Geschwistern. Sie hat sich schon oft ein weiteres Geschwisterkind gewünscht, am liebsten ein älteres, aber auf jeden Fall eins ohne Behinderung. »Dann wäre noch jemand da, der auch mal aufpassen würde. Ich habe die Verantwortung allein, wenn Carla sauer ist, ein Problem hat, dann muss ich das immer klären.« Außerdem würde sie auch gern mal über wichtige Dinge sprechen, die sie bewegen, mit Carla ginge das nicht, die würde das nicht verstehen. Und alles wolle man ja nicht mit den Eltern besprechen. Obwohl die auch immer schauten, dass Nelly nicht zu kurz käme. Und versuchten, das, was Carla nicht kann, auszugleichen.

Wenn die Mädchen abends allein sind, weil ihre Eltern im Kino, auf einer Party oder im Theater sind, halten sie sich üblicherweise getrennt in ihren Zimmern auf. »Wenn Carla dann rüberkommt, anklopft und ich gerade nicht kann, sage ich ihr das. Sie bleibt aber vor der Tür stehen und redet laut mit sich selbst. ›Nelly ist doof‹, höre ich dann ständig. Irgendwann gehe ich raus mit einem schlechten Gewissen«, erzählt die Zwölfjährige. »Später dann am Abend höre ich, dass sie Leute aus ihrer Kontaktliste anruft. Ich gehe dann rüber und sage ihr, dass ich da bin und ihr Problem, das sie gerade hat, klären kann. Aber manchmal habe ich auch keine Lust, mit ihr zu reden. Carla hat sich angewöhnt, immer unsere Eltern anzurufen, weil die immer nett zu ihr sind. Netter als ich.« Leider würden sich viele Konflikte nicht bereinigen lassen, »denn wir streiten nicht in dem Sinne, das kann man nicht, Carla geht dann direkt in ihr Zimmer. Und sie weint sehr schnell. Alle versuchen das zu vermeiden. Sie muss nur kurz heulen, keiner kann ihr dann mehr böse sein. Bei mir klappt das aber nicht. Ich würde mir total wünschen, dass Carla nicht immer so schnell sauer und beleidigt ist«, sagt Nelly. Und dass ihre Mutter in Streitsituationen manchmal gerechter wäre. So viel Gemeckere und dennoch: »Im letzten Sommer war Carla mit einer Einzelfallhelferin eine Woche auf Reisen in Brandenburg. Ohne sie ist es viel ruhiger, nicht so stressig. Wir mussten nicht eine Stunde vorher ankündigen, dass wir irgendwohin müssen, damit sie pünktlich fertig ist. Aber es ist auch ein bisschen langweilig ohne sie.«

Ein Blick in die inklusive Arbeitswelt

»Der erste Arbeitsmarkt wäre natürlich ein Traum«, sagt Petra, die Mutter von Carla, die das Down-Syndrom hat und zurzeit auf eine Regelschule geht. »Ich habe in Bayern schon mal eine Behindertenwerkstatt mit Stacheldrahtzaun drum herum gesehen. Da stellt sich die Frage, wer da vor wem geschützt werden soll«, ergänzt sie und lacht.

Im ersten Teil ihres Berufslebens war Verena Bentele, die blind geboren wurde, Biathletin und Skilangläuferin. Die erfolgreichste in Deutschland. Sie ist vierfache Weltmeisterin und zwölffache Paralympicssiegerin. Anfang des Jahres wurde sie auf Vorschlag von Bundesarbeitsministerin Andrea Nahles zur neuen Behindertenbeauftragten der Bundesregierung bestellt. Als erster Mensch in dieser Position, der selbst eine Behinderung hat. Das war ein Aufreger in den Medien. Dabei müsste es doch genau andersherum sein: Warum waren die Beauftragten für die Belange von Behinderten nie selbst behindert? Wurde dieses Amt bisher Menschen mit Beeinträchtigung nicht zugetraut? Gibt es in Deutschland überhaupt Prominente mit Handicap? Jemanden, der mit oder trotz Behinderung beruflich erfolgreich ist und im öffentlichen Bewusstsein eine Rolle spielt? Wolfgang Schäuble, ja, aber der war bereits sehr etabliert im Politikbetrieb, als er Opfer eines Attentats wurde und seither im Rollstuhl sitzt. Im Kunst- und Kulturbetrieb ist der Bassbariton Thomas Quasthoff, der mit Conterganschäden geboren wurde, die große Ausnahme.

Zurück zu Verena Bentele: Als sie ihr Amt als Beauftragte der

Bundesregierung für die Belange behinderter Menschen antrat, hielt sie eine Rede, in der sie unter anderem Folgendes sagte: »Inklusion heißt für mich, dass Menschen mit und ohne Behinderung gemeinsam eine Gesellschaft gestalten, in der jeder seinen Platz hat und gefördert wird. Dazu möchte ich in den nächsten Jahren mit meiner Erfahrung als blinde Frau beitragen. Ich möchte den Dialog zwischen der Regierung, Betroffenen und allen anderen Beteiligten fördern und die Barrieren im Kopf durch gegenseitiges Verstehen beseitigen.« Ihre anspruchsvolle Aufgabe wird es sein, innerhalb der Bundesregierung Einfluss auf politische Entscheidungen zu nehmen und aktiv die Gesetzgebung zu begleiten. Zur Wahrnehmung dieser Aufgabe beteiligen die Bundesministerien die Beauftragte an allen Gesetzes- und Verordnungsvorhaben, soweit sie Fragen der Integration und Inklusion von behinderten Menschen behandeln oder berühren.

Verena Bentele sagt auch: »Ich möchte für die Bundesregierung ein unbequemer Gesprächspartner sein«, und dass sie die kleinen Barrieren sichtbar machen wolle. Ihre Benennung ist ein guter und wichtiger Schritt in diese Richtung.

Der Alltag in unserer Gesellschaft wird wesentlich durch das Arbeitsleben ausgefüllt. Und natürlich gibt eine Erwerbstätigkeit Menschen mit Behinderung ebenso die Möglichkeit zur Selbstbestätigung, Selbständigkeit und zur sozialen Anerkennung. Richtet man seinen Blick auf den deutschen Arbeitsmarkt, fällt unweigerlich auf: Es gibt noch viel zu tun auf dem Weg zu einem echten Miteinander, einer Welt, in der behinderte und nichtbehinderte Menschen die gleichen beruflichen Chancen erhalten. Leider gehen nach wie vor viele Menschen davon aus, dass Behinderte nicht fähig wären zu arbeiten. Doch eine Behinderung sagt noch nichts über die Kompetenzen, über die Leistungsfähigkeit eines Menschen aus. Oft sind vor allem persönliche Unterstützung oder ein individuell zugeschnittener Arbeitsplatz notwendig, damit sich ein Arbeitnehmer mit Handicap einbringen kann.

Im erwerbsfähigen Alter, also zwischen 15 und 65 Jahren, leben fast viereinhalb Millionen Menschen mit Behinderung in Deutschland. Das besagt eine Statistik der Agentur für Arbeit. Wenige haben eine Chance auf dem sogenannten ersten, dem regulären Arbeitsmarkt. Menschen mit Beeinträchtigungen haben es auf dem Arbeitsmarkt doppelt so schwer wie Nichtbehinderte. Sie finden seltener einen Job und sind deutlich länger arbeitslos.

Derzeit wird die Mehrzahl der Arbeitsverhältnisse mit Behinderten gleich welcher Art und welchen Grades auf dem zweiten Arbeitsmarkt geschlossen, mit niedrigen Verdienstmöglichkeiten, aber der Sicherheit, praktisch unkündbar zu sein. Der Großteil der Menschen mit Handicap kommt in Behindertenwerkstätten unter und arbeitet in einem geschützten Raum, erhält Erwerbsminderungsrente oder landet im Pool der Bezugsempfänger, also der Menschen, die Hartz IV beziehen. Dabei sind Schwerbehinderten von Gesetz wegen fünf Prozent aller Arbeitsplätze in Deutschland vorbehalten. Alle privaten und öffentlichen Arbeitgeber mit mindestens 20 Arbeitnehmern sind verpflichtet, Schwerbehinderte zu beschäftigen. Von einer solchen Behinderung spricht man, wenn der Grad körperlicher, geistiger oder psychischer Beeinträchtigung mindestens 50 Grad beträgt. Rund 135 000 Unternehmen gibt es in Deutschland, die Schwerbehinderte beschäftigen müssten. So weit die Theorie. Die Praxis sieht anders aus: Etwa 38 000 Betriebe täten das nicht, so Dorothee Czennia, Referentin der Sozialpolitik im Sozialverband VdK Deutschland in Bonn. Firmen, die die Fünf-Prozent-Quote nicht erfüllen, müssen eine Ausgleichsabgabe zwischen 105 und 290 Euro pro Monat und unbesetztem Pflichtarbeitsplatz zahlen. Selbst hochqualifizierte Arbeitnehmer mit Behinderung kennen dieses Problem. »3000 Behinderte mit Abitur, Hochschulabschluss oder Promotion brauchen derzeit in Deutschland keinen Spucknapf und kein Lätzchen, sondern einen ernstzunehmenden Job, der ihrer Qualifikation entspricht«, schreibt Yvonne Weindel, die selbst von der Nervenlähmung ALS betroffen ist, in der *Zeit* (11/14). »Das Risiko ist zu hoch, der gute Wille zu schwach, und der mutige Chef fehlt zu oft. So übergehen Arbeitgeber Behinderte weiter. Sie laden pro forma zu Vorstellungsgesprächen, weil das Gesetz sie zwingt, und kaufen sich dann doch lieber frei«, schreibt sie weiter.

Auch für Menschen mit leichter geistiger Behinderung oder einer Lernbehinderung ist die Lage schwierig. Leistungsschwächere finden in unserer Gesellschaft nur in Ausnahmefällen eine Arbeit. Dabei könnten sie mit genügend Förderung vergleichbare Arbeitsleistungen wie nichtbehinderte Menschen erreichen. »Arbeit ist dann gut, wenn sie einen Menschen nicht unterfordert, aber auch nicht seine Möglichkeiten übersteigt«, sagt Elisabeth Tschanner, die als Sonderpädagogin im Institut für Sozialdienste im österreichischen Vorarlberg arbeitet. Gut, dass es eigentlich in vielen Betrieben und Dienststellen Arbeiten gibt, die geistig behinderte Menschen erlernen und dann auch selbständig ausführen können, zum Beispiel Hilfstätigkeiten in Bauberufen, in der Lagerhaltung, in Gärtnereien, in Küchen und in sozialen Einrichtungen wie Krankenhäusern oder Heimen. Es habe sich herausgestellt, so das Integrationsamt, dass Praktika oder ein Probearbeitsverhältnis gerade für geistig behinderte Menschen eine wichtige Voraussetzung für eine erfolgreiche Eingliederung seien, ermöglichen sie doch ein gegenseitiges Kennenlernen, das sowohl dem Betrieb als auch dem behinderten Menschen Rückzugsmöglichkeiten offen lässt. Ibrahim, ein junger, freundlicher Mann mit Lernbehinderung, hatte dieses Glück. Er durfte drei Jahre lang ein Mal in der Woche zum Schnuppern in die Werkstatt seines zukünftigen Arbeitgebers Cemal Ates gehen – und arbeitete dort so engagiert mit, »dass ich den einfach nehmen musste«, so der Malermeister.

Für Micha war es ein anderer Weg. Sein Arbeitgeber kannte und schätzte ihn als Mitarbeiter bereits seit Jahren, als er durch Vollblindheit zum Schwerbehinderten wurde. Und er hatte bezogen auf seine Berufstätigkeit großes Glück, gab es doch in seinem Arbeitsumfeld einen Menschen mit Entscheidungsbefugnis, seine Vorgesetzte nämlich, die sich für ihn einsetzte und ihm ein relativ unkompliziertes Weiterarbeiten ermöglichte. Solche Erfolgsgeschichten sollten die Norm sein – und nicht die lobenswerte Ausnahme. Ibo und Micha haben viel Glück gehabt: Einen engagierten, offenen Arbeitgeber, gute Rahmenbedingungen und ein durchsetzungsstarkes Naturell. Beide haben Lust und Kraft auf und für ein Arbeiten auf dem ersten Arbeitsmarkt. Und wurden von ihrem Umfeld nicht daran gehindert, sondern immer wieder bestärkt. Nur wenn all das zusammenkommt, ist echte Teilhabe praktisch möglich.

»Ich vertraue dir blind!«

Micha, 46 und vor zehn Jahren erblindet, ist der erste nichtsehende Student seiner Fachhochschule.

Wenn morgens um kurz vor neun ein Dienstwagen vorfährt vor dem Uni-Campus, wissen inzwischen alle Studenten: Micha kommt. Der große, kräftige Mann steigt aus dem Auto und tastet sich mit seinem Blindenstock ein Stück den Weg entlang. Am Eingangsbereich wartet Lina, seine Assistentin. Sie begrüßen sich freundlich und machen sich gemeinsam auf zum schnellen Kaffee, bevor es richtig losgeht mit den Veranstaltungen.

Als Micha ein Baby ist, wirken seine Augen übermäßig groß, die Eltern sorgen sich. Und die Ärzte stellen fest: Dieses Kind hat ein juveniles, also angeborenes Glaukom. Der Grüne Star, verursacht durch einen erhöhten Augeninnendruck, vermindert das Sehvermögen des Jungen um 70 Prozent. Die im Rheinland lebende Familie ist entsetzt, hat sie doch bereits das erstgeborene ältere Geschwisterkind verloren, das bei einer Augenbehandlung verstorben ist. »Meine Eltern hatten einfach riesige Angst«, erinnert sich der inzwischen 46-Jährige. »Sie taten alles in ihrer Macht Stehende, um mir zu helfen.«

Die Wissenschaft ist schon damals recht weit, Ärzte kennen Mittel und Wege, den Status quo von etwa 30 Prozent Sehvermögen so lange wie möglich zu erhalten, medikamentös und operativ. Eine Verbesserung ist ausgeschlossen. »An mir wurde unglaublich viel rumgedoktert, Anfang der 1990er Jahre habe ich meinen 50. gefeiert. Meinen 50. Krankenhausaufenthalt«, sagt Micha und lacht, während er nach seinem Kaffee tastet und der freundlichen Bedienung antwortet, er brauche keinen Strohhalm. Neben ihm am Cafeteriatisch sitzt Lina. Sie greift so wenig wie möglich ein und beschreibt lediglich, dass der Zuckerstreuer einen anderen Verschluss hat als üblich. Micha tastet dann über den Tisch und holt ihn zu sich heran: »Ohne meine Assistentin ginge es nicht, sie hilft mir sehr, mein Studium zu meistern.« Ihre

Vollzeitstelle wurde von seinem Arbeitgeber ausgeschrieben, um Micha optimale Weiterbildungschancen zu ermöglichen. Das ist bequem für den Studenten, doch nichts Besonderes. Denn jeder Studierende mit Handicap hat Anspruch auf eine ihn begleitende Assistenz. Gemäß §§ 39 ff. Bundessozialhilfegesetz umfasst die »Hilfe zum Besuch einer Hochschule« den Assistenzbedarf, der zum Besuch von Lehrveranstaltungen, zur Teilnahme an schriftlichen und mündlichen Prüfungen, zur Erstellung von Referaten und Hausarbeiten aller Art einschließlich Bibliotheks- und anderer Recherchen sowie zum Erreichen der Hochschule notwendig ist.

Zurück zu Michas Werdegang: Richtig wohl gefühlt habe er sich in seinem ganz normalen Kindergarten. Als er eingeschult werden soll, entscheiden sich die Eltern, die ihm auch da etwas Gutes tun wollen, ihn auf eine Sehbehindertenschule in Köln zu schicken. »Da hat man zum ersten Mal gemerkt, dass man anders ist«, erläutert der Verwaltungsfachangestellte. Seine Nachbarskinder seien allesamt auf die Grundschule im Ort gegangen, während er eine Stunde vor Schulbeginn bereits im Schulbus saß, der über sämtliche Orte der Umgebung fuhr und die Mitschüler einsammelte. Der Wechsel ins normale Gymnasium direkt nebenan ist schwierig. Zwar hat die Schule durch die räumliche Nähe Erfahrungen mit Sehbehinderten, doch Micha, eigentlich ein guter Schüler, muss die fünfte und sechste Klasse, die er bereits in der Sehbehindertenschule besucht hat, ein weiteres Mal durchlaufen. »Ich brauchte damals keine Hilfsmittel wie Lupen oder so, aber trotzdem fühlte ich mich anders«, sagt der Rheinländer, während er Zucker in seinen Latte Macchiato rieseln lässt und nach dem langen Löffel zum Umrühren tastet. Um endlich auch mal Kontakt zu bekommen mit Kindern, die in seiner Nähe wohnen, wechselt er auf ein Gymnasium in seinem Heimatort und ist ganz normal in der Schule mit drin. Nach Bestehen der Mittleren Reife bewirbt er sich bei den unterschiedlichsten Ämtern und Behörden, bestimmt 50 Bewerbungen schreibt der junge Mann. Letztendlich klappt es beim Bundeswirtschaftsministerium. Dort macht er eine Ausbildung zum Verwaltungsfachangestellten und arbeitet seit 1998 im Fachreferat. Solange er sieht, ist alles gut. Sein Leben funktioniert.

»Doch 2002, 2003 habe ich morgens manchmal meine Brille geputzt, weil ich dachte, sie sei schmutzig«, erinnert er sich und streicht sich über die hervorquellenden Augen. »Meine Sicht wurde körnig, und irgendwie war der Rand meines Gesichtsfeldes neblig.« Irgendwann habe er quasi wie durch einen Tunnel geguckt. Es ist ein schleichender Prozess, »und dann im Februar 2004 waren die Lampen aus«. Zwar wird Micha von Kindesbeinen an von allen Ärzten prognostiziert, dass er irgendwann vollblind sein werde, »aber ich habe natürlich gehofft, dass das erst passiert, wenn ich 70 oder 80 bin«. Es ist eine schwere Zeit für den damals 36-Jährigen. »Anfangs hatte ich oft den Wunsch, aus dem Fenster zu springen«, erinnert sich Micha. »Gut, dass ich im ersten Stock gewohnt habe, sonst säße ich heute nicht mehr hier.« Von seinem engsten Umfeld, seinen Freunden und seiner Familie, wird er aufgefangen, das hätte sehr geholfen, bis er sich irgendwann sagen kann: »The show must go on.«

Am Arbeitsplatz wird ihm von den Kollegen Verständnis entgegengebracht, die einzige Ausnahme bildet seine direkte Vorgesetzte. Als sein Augenlicht immer mehr schwindet, wendet sie sich an die nächsthöhere Instanz und bringt vor, dass Micha eine zu große Belastung für die Abteilung sei und sie ihn nicht mehr halten könne. Das funktioniert jedoch nicht: »Ich will keine Interna ausplaudern, nur so viel: Sie ist nicht mehr da, ich schon«, sagt Micha und lacht. Seine neue Chefin zeigt sich engagiert und interessiert, eine für alle befriedigende Lösung zu erzielen. Es finden viele Gespräche statt mit ihr und Mitarbeitern des Robert-Koch-Instituts, das zuständig ist als Sozialbetreuung für die obersten Bundesbehörden. »Eins war klar, ich wollte keinesfalls frühzeitig in Rente geschickt werden«, erinnert sich der Rheinländer. »Um Wege zu finden, mich als Arbeitskraft halten zu können, wurde beschlossen, mich erst mal in einen sechsmonatigen Reha-Kurs zur Wiedereingliederung zu schicken.«

Den macht er in Düren, um am Wochenende seine Eltern besuchen zu können. Seit dem Umzug des Bundeswirtschaftsministeriums lebt er in Berlin. Im Kurs stehen unterschiedliche Dinge auf dem Programm: Unter anderem Mobilitätstraining mit Stock und das Perfektionieren von Brailleschrift-Lesen. »Ich war total überfordert, psychisch unheimlich belastet, die Situation hat mich einfach fertiggemacht«, sagt Micha. Und dass der Kurs, wie sinnvoll auch die Inhalte waren, völlig falsch für ihn gewesen sei zu dem damaligen Zeitpunkt. »Ich war doch ganz am Anfang, hatte mich nie mit Punktschrift auseinandergesetzt. Und auch noch nicht ansatzweise verwunden, dass ich blind war.« Dass er gewisse Fertigkeiten erlernen muss, ist klar. »Das Erlernen der LPF, also der lebenspraktischen Fertigkeiten, war natürlich wichtig. Wie kann ich mir ein Brötchen schneiden, ohne dass ein Rettungsdienst gerufen werden muss?«, erzählt er grinsend. Nach einem Krisengespräch vor Ort wird einstimmig entschieden, dass Micha den Kurs vorzeitig abbricht. Und weil da keiner weiß, wie es weitergehen soll, werden zwei Möglichkeiten aufgeworfen: Micha soll doch in Rente geschickt werden oder als Telefonist arbeiten. »Da kam so ein bisschen die Kraft zurück, und ich habe gekämpft, denn sowohl das eine als auch das andere wollte ich auf keinen Fall«, erzählt der Rheinländer, während er zügig aufsteht und sich sicher und souverän auf den Weg zum Seminarraum macht.

Zurück in Berlin, nimmt er Kontakt auf mit dem Blindenverein, und das sei seine Rettung gewesen. Die Mitarbeiter kennen seine Lage, und Micha fühlt sich verstanden. Er belegt Kurse, um blindentechnische Grundfertigkeiten zu erlernen, damit er nach wie vor mit dem Computer arbeiten kann. »Mein Leben, wie ich es kannte, war vorbei. Ich musste alles neu lernen und war komplett desorientiert«, fasst der 46-Jährige diese Zeit zusammen. »Die Leute vom Blindenverein haben mich unterstützt und geholfen, wo sie konnten. Ich sollte arbeitsfähig gemacht werden.« Er lernt Braille lesen und bekommt PC-Einzelunterricht.

Seine Wohnsituation ändert sich nicht. Micha wohnt nach wie vor allein und wird von einer Putzhilfe unterstützt. Obwohl er das meiste inzwischen allein hinbekäme: »Mir ist es doch egal, ob drei Zentimeter Staub auf dem Fernseher liegen«, sagt er lachend.

Als er sich fit und bereit fühlt, kehrt er an seinen alten Arbeitsplatz zurück. Der mit neuer Technik ausgestattet ist und blindengerecht umgebaut. Also ganz auf den alten neuen Mitarbeiter zugeschnitten. Am Computer arbeitet er mit einem Screenreader, der die Schrift auf die Braillezeile überträgt. Mit dem Programm kann er alle Informationen lesen und per Sprachausgabe hören. Das klappt erstaunlich gut: »Weil meine Chefin mir das zutraute.« Für sie sei das eine Selbstverständlichkeit gewesen, den langjährigen Kollegen zu unterstützen. Und mit der wichtigen Hilfe wird der blinde Micha quasi zum Aushängeschild. »Ich habe das Programm für Besuchergruppen zusammengestellt, Kollegen aus Ländern wie Russland, begrüßt, teilweise eigene Vorträge gehalten, durch die Veranstaltungen geführt und die Gruppen nach den Veranstaltungen verabschiedet«, erzählt er, und dass so etwas niemals möglich gewesen wäre, hätte seine Vorgesetzte nicht einen integrativen Geist gefördert und ihn persönlich gefordert. »Ich traue dir das zu«, war ihre Haltung, und so habe sie ihn auch auf Dienstreise geschickt. »Oh Mann, ich erinnere mich an den ersten Trip: mit dem Flugzeug allein nach Düsseldorf, zweieinhalbstündiger Vortrag und abends wieder zurückgeflogen. Ich wollte erst nicht, doch meine Chefin meinte, ich könne das. Ich konnte es dann auch«, sagt Micha und erinnert sich, wie stolz ihn das gemacht habe.

Sein Werdegang ist umso beeindruckender, schaut man sich diese statistischen Erhebungen an: In Deutschland gibt es circa 145 000 blinde Menschen. Gerade mal 28 Prozent der Blinden im erwerbsfähigen Alter sind berufstätig, bundesweit circa 10 000 Personen. Unterscheidet man zwischen Geburts- und Späterblindeten, liegt deren Erwerbsquote bei 42 beziehungsweise 20 Prozent.

In der Vorlesung sitzen viele Studierende, die meisten sind mindestens 20 Jahre jünger als Micha. Der Kontakt zu den Kommilitonen sei von Freundlichkeit und Hilfsbereitschaft geprägt. Alles werde ihm vorgelesen. »Das liegt natürlich auch daran, dass ich immer total offen umgehe mit meinem Blindsein. Ich will nicht in Watte gepackt werden«, erklärt der 46-Jährige, und dass er sich nicht verstecken wolle. »Ich darf nicht empfindlich sein und muss das Leben mit Humor nehmen. Ansagen, was man braucht. Ich habe nämlich auch die Verpflichtung, mich zu inkludieren und inkludieren zu lassen.« Das müsse von beiden Seiten kommen, der Wunsch nach Inklusion, sonst klappe es nicht.

Seit Oktober 2012 ist er Student. Öffentliche Verwaltungswirtschaft heißt sein Studiengang. Er ist der erste und bisher einzige blinde Studierende an seiner Fachhochschule. »Ich leiste sozusagen Pionierarbeit«, erzählt er. Leicht sei es manchmal nicht, obwohl er es im Vergleich mit anderen Studierenden mit Behinderung wohl einfacher habe. Dass er mit dem Auto zur Uni gebracht und wieder abgeholt wird. Doch alles, was direkt mit dem Studium zu tun hat, bereitet Probleme. So gibt es nicht ausreichend barrierefreie Literatur. Also irgendwie aufbereitete Fachbücher für Blinde und Sehgeschädigte. Das Besorgen der Bücher sei eigentlich der größte Aufwand. »Ich brauche nicht unbedingt Punktschrift, damit komme ich nicht so gut zurecht wie Geburtsblinde, die das Lesen von Braille von Anfang an trainieren«, sagt Micha. »Ich bin eher ein akustischer Typ.« Um an die richtigen Bücher zu kommen, schreibt der 46-Jährige lange vor Beginn des Semesters an die Professoren und Lehrkräfte, die ihn im folgenden Semester unterrichten, und bittet um deren Literaturliste. Der erste Kampf sei dann, frühzeitig den zukünftigen Stundenplan zu bekommen, um überhaupt zu wissen, wer lehren wird. »Wenn die Dozenten dann zurückschreiben, beginnen Lina und ich mit der Recherche, wie wir an die Bücher rankommen«, erklärt der Student das komplizierte Verfahren. Online beispielsweise seien Lehrmaterialkataloge eingestellt, die er mithilfe seines Schwerbehindertenausweises einsehen kann. Wenn er dort ein Buch nicht findet, schreibt er Verlage und andere Hochschulen an, weil dort möglicherweise intern bereits eine anders aufbereitete Version der benötigten Literatur vorhanden ist. »Wenn gar nichts kommt, geben wir eine Anfrage auch mal an den Arbeitgeber weiter«, sagt Micha und lächelt: »So ein Schreiben mit offiziellem Briefkopf hilft ganz schön.« Wenn er Glück hat, hat er zu Semesterbeginn vielleicht sechs der zehn benötigten Bücher zusammen. Und wenn es gar nicht anders geht, kauft sich Micha das Buch, und seine Assistentin Lina scannt es Seite für Seite ein, um es dann in die Sprachumwandlung zu geben. Insgesamt dauere ein solcher Vorgang etwa eine Woche. Ansonsten erlebt Micha den Unialltag als angenehm. »Von den Professoren habe ich nie Ressentiments gespürt. Man muss sie eben erziehen und sagen, was man braucht«, sagt er. Das klappt. Wenn der Dozent eine Frage beantwortet haben möchte, schaut er erwartungsfroh ins Plenum und klopft auf sein Pult. Damit auch Micha gefragt ist. »Bringt mir ja nichts, wenn er die Studenten nur erwartungsvoll anguckt«, erklärt er flüsternd.

Immer diese Extrawurst sein zu müssen sei manchmal hart. Woran er sich besonders habe gewöhnen müssen: »Ich muss ständig Hilfe in Anspruch nehmen und mich Wildfremden anvertrauen. Manchmal wird mir das zu viel, da würde ich gern alles in die Ecke schmeißen«, gesteht er auf dem Weg zur nächsten Veranstaltung. Überhaupt sei ein Leben mit Behinderung eine ganz schöne Herausforderung. »Mein Leben ist ähnlich wie früher, aber nicht mehr spontan, ich muss alles im Vorfeld planen und strukturieren, das fällt mir manchmal unheimlich schwer«, ergänzt Micha. So könne er nicht einfach mal so mit Freunden essen gehen, sondern müsse zuvor genau prüfen, wie er dorthin komme, wie die Zugänge seien und ob der Treffpunkt in der Nähe eines S-Bahnhofs sei. »Aber ich leiste viel. Immerhin bin ich schon 46 Jahre alt und blind und traue mir trotzdem ein Studium zu, da habe ich aktuell einen Schnitt von 1,5. Das muss man erst mal schaffen«, sagt Micha. »Wenn ich gut drauf bin, sage ich mir: Meine Blindheit gehört zu mir dazu wie meine Schuhgröße, und mehr ist es nicht.« Das versuche er auch in schwierigen Situationen zu verinnerlichen. Denn klar, manchmal sei es sehr schmerzlich. Er vermisse oft Farben und Bilder. »Dass ich nie wieder sehen werde, wie mich ein Baby anlächelt, tut weh«, sagt der Kinderlose. »Was mir auch wehtut: Manchmal ist es kein eigenes Erleben, sondern das Beschreiben der anderen. Dem eigenen Erleben trauere ich oft nach.« Meistens müsse er Herz und Hirn trennen, um im Alltag zu funktionieren. »Ich muss mich unglaublich konzentrieren, wenn ich unterwegs bin. Alles kann zur Stolperfalle werden. Das ist bestimmt dekorativ, wenn ich auf einer Motorhaube liege, aber für mich nicht so prickelnd«, sagt Micha lachend. Für ein angenehmeres Leben wünsche er sich nicht nur auf seinem Uni-Campus Riffelsteine und Leitstreifen, Lagepläne und Türschilder mit Braille.

»Was ein Mensch kann, ist mir wichtig. Was er nicht kann, interessiert mich nicht.«

Cemal leitet einen Malerfachbetrieb.
Seit Jahren stellt der 51-Jährige Menschen mit Behinderung ein.

Warum Malermeister Cemal junge Menschen mit Behinderung als Lehrlinge einstellt, weiß er nicht. Vielleicht hat es etwas damit zu tun, dass sein ältester Sohn kleinwüchsig ist. Vielleicht. Mit dessen Behinderung habe er nie ein Problem gehabt: »Er war da, war mein Kind, ich konnte es nicht ändern, umgehauen hat's mich nicht.« Seine Frau und er hätten ihren Sohn immer völlig normal behandelt, mit den Kumpels aus dem normalen Kindergarten sei er zur Schule gegangen, relativ behütet, denn die Freunde kannten ihn ja schon immer so klein. Wenn die Familie unterwegs war, war es hingegen oft unangenehm: »Viele gucken, statt zu fragen, das war früher eine Belastung«, erzählt der 51-Jährige. Und der Angelverein, bei dem sein Sohn Mitglied werden wollte als Teenager, habe ihn abgelehnt, ohne ihn zu kennen, »weil die wohl Angst hatten, ein dicker Fisch würde ihn ins Wasser ziehen«, erinnert sich der Malermeister amüsiert. Inzwischen jedoch würde so etwas seinem Jungen nichts mehr ausmachen, er würde total normal leben und arbeiten. Das Enkelkind, das übrigens eine normalgroße Mutter habe, sei nicht kleinwüchsig.

Der aus der Türkei stammende Berliner, der mit sieben Jahren nach Deutschland kam, glaubt, das mit der Inklusion von Behinderten in seinem Betrieb liege daran, dass er gern unterschiedliche Leute kennenlernt. Schon seit mehr als 20 Jahren arbeiteten bei ihm Praktikanten mit, die behindert sind. »Das hat sich so entwickelt, weil ich bei verschiedenen sozialen Trägern Malerarbeiten ausgeführt habe, die haben mich dann einfach mal gefragt.« Aktuell laufen die Geschäfte nicht so gut, der Malermeister musste seinen Laden schrumpfen, statt 20 festen Mitarbeitern wie noch vor wenigen Jahren beschäftigt er aktuell gerade mal fünf. Zwei davon sind offiziell behindert, seine beiden Lehrlinge. Der eine Auszubildende hat eine Lernbehinderung, der andere ist gehörlos. Im laufenden Betrieb geht das folgendermaßen: »Wenn wir etwas erklären, schreiben wir es auf, ansonsten verständigen wir uns mit Mimik und Gestik. Das klappt wirklich gut.« Man könnte meinen, die Beschäftigung von zwei Menschen mit besonderem Förderbedarf sei ein bisschen viel für einen so kleinen Betrieb. Das findet Cemal eigentlich auch, »doch die zwei waren so engagiert, ich musste die einfach nehmen«.

Inzwischen seien beide im dritten Lehrjahr, obwohl anfangs der Plan war, die Jungs eine abgespeckte, lediglich zwei Jahre dauernde Ausbildung machen zu lassen, die zum Objekt- und Bautenbeschichter. Sie sollten schauen, ob sie das Ganze packen. Die Abschlussprüfung schafft Belal auf Anhieb, doch Ibrahim fällt leider durch. »Da habe ich mich gefragt, warum bekommt einer, der gehörlos ist, so viel Hilfe, und der andere nicht, obwohl er doch auch offiziell als behindert gilt?«, sagt Cemal. Denn durch die Gebärdensprachdolmetscherbegleitung im regulären Schulunterricht und während der Prüfung habe Belal Unterstützung erhalten. Diese Ungleichbehandlung stört den Maler, er fragt sich durch bei Ämtern und der Arbeitsagentur, und siehe da: Auch Ibo hat Anspruch auf andere Prüfungsbedingungen. Bei der Wiederholungsprüfung werden ihm zwar dieselben Fragen gestellt wie den anderen Prüflingen, doch der 20-Jährige hat mehr Zeit zur Verfügung, einige Dinge werden nicht schriftlich, sondern mündlich abgefragt. Und: Er besteht. »Das hätte der nie unter regulären Bedingungen geschafft. Und ich wurde nicht informiert, welche Hilfen es gibt. Hätte ich mich nicht erkundigt, hätte Ibo seine Ausbildung nicht abschließen können, das ist doch ein Unding«, empört sich der Arbeitgeber. »Insgesamt gibt es viel zu wenig Informationen für Unternehmer, man muss alles selbst austüfteln. Ich wünsche mir eine engere Zusammenarbeit zwischen uns und der Arbeitsagentur. Wegen der ganzen Bürokratie sagen viele meiner Kollegen, sie wollten keine Behinderten einstellen. Ich kann das verstehen, diese ständige Bürokratie ist wirklich belastend«, erklärt Cemal seine Schwierigkeiten. »Alle wollen immer, dass man Menschen mit Handicap eine Chance gibt. Will ich ja auch. Aber ich habe die Erfahrung gemacht, sobald der Ausbildungsvertrag unterschrieben ist, steht man allein da.« Er selbst habe sich um wahnsinnig viel Organisatorisches kümmern müssen, »und das in meiner Arbeitszeit. Jetzt macht die meisten Dinge meine Tochter, die ohnehin den ganzen Bürokram erledigt. Ich würde das zeitlich gar nicht hinkriegen«, ergänzt er. Wichtig sei ihm, dass seine Angestellten allesamt optimale Arbeitsbedingungen haben. Deswegen legt er seinen Lehrlingen auch nahe, am Sonnabend Schulungen zu besuchen, damit sie fit gemacht werden für die Prüfungen. »Ich will, dass die alles verstehen und die Ausbildung genießen. Gott sei Dank ist die Gebärdenlehrerin total engagiert. Die ruft mich manchmal aus der Berufsschule an, manche Fachbegriffe sind nämlich so schwierig zu übersetzen.«

Belohnt wird er, wenn er sieht, wie sehr sich Belal und Ibo nach wie vor anstrengen: »Die wollen eine Fachkraft sein und nicht ihr Leben lang ein Hilfsarbeiter, die wollen ihr Leben selbst in die Hand nehmen. Und beide zeigen mir jeden Tag, dass sie das können.« Besonders das Zertifikat, das sie nach der Abschlussprüfung erhalten haben, hätte sie beflügelt. »Menschen zu sehen, denen ich eine Chance gegeben habe, die sonst keine gehabt hätten, das ist eigentlich das Schönste«, fasst Cemal zusammen und lächelt. Dieses gesellschaftliche Engagement sei ihm wichtig. Deshalb ist er auch eine Schulpartnerschaft mit einer Förderschule eingegangen und bietet durchgehend Jugendlichen mit Behinderung einen Praktikumsplatz. Ach ja, und Elternwohnungen, in denen Angehörige von Kindern mit längerem Krankenhausaufenthalt unterkämen, würden er und sein Team streichen. Kostenlos natürlich.

Am liebsten übernehme er beide Lehrlinge, doch das würde wohl den engen Rahmen sprengen. Sicher kann er leider nicht sein, dass ein anderer Betrieb die zwei übernimmt, die Vorurteile seien doch noch sehr präsent.

»Ich mache eigentlich nichts Besonderes«, sagt er. Weil jedoch sein Umfeld darauf drängt, bewirbt er sich für den Berliner Inklusionspreis 2012. Für die vorbildliche Beschäftigung schwerbehinderter Menschen im Land Berlin gewinnt sein Betrieb *C. Ates Ihr Malermeister GmbH* in der Kategorie Kleinunternehmen: »Die Firma *C. Ates* macht anderen Unternehmen vor, wie Inklusion und gesellschaftliches Engagement erfolgreich zusammen gehen können«, würdigt der Senator für Gesundheit und Soziales, Mario Czaja, die ausgezeichnete Malerbetriebsfirma. Klar freut sich der Malermeister über diese Auszeichnung, er hofft, dass andere Kleinbetriebe sich, wenn sie von ihm lesen, fragen, ob sie möglicherweise eine gute, engagierte Arbeitskraft abgewimmelt haben, weil der junge Mann oder die junge Frau behindert war. Obwohl er, und das wiederholt er öfter mit einem feinen Lächeln, Kollegen verstehen kann, denen der Aufwand zu hoch ist. So viel kann schiefgehen. Als Ibo beispielsweise bereits den Ausbildungsvertrag unterschrieben hat und an der Berufsschule für Lernbehinderte lernen will, lehnen die ihn ab: Sein Reha-Status fehle. Den wiederum legt die Arbeitsagentur fest. Warum das bei seinem Lehrling, der wegen einer festgestellten Lernbehinderung die Förderschule besucht hatte, nicht automatisch passierte, ist Cemal heute noch ein Rätsel. Der junge Mann muss sich dann an einer normalen Berufsschule anmelden und hat anfangs wirklich große Probleme, das Lerntempo mitzuhalten. Und das sei nur einer von vielen kleinen Stolpersteinen gewesen. »Aber das Wichtigste: Ich möchte nur einen Ansprechpartner haben. Diese ewige Durchfragerei bei der Arbeitsagentur, dem Jobcenter und dem Integrationsamt nervt und kostet viel zu viel Zeit und Energie. Wenn man immer wüsste, wer zuständig ist, wäre das Leben einfacher. So brächte man viel mehr Leute in die Ausbildung«, davon ist der Meister überzeugt. Und dass er sich manchmal wie ein Bittsteller fühle, wenn er mit Ämtern zu tun habe, störe ihn auch gewaltig. Bereut habe er die Entscheidung, seinen beiden Auszubildenden eine Chance zu geben, nie.

»Dann hätte ich eine neue Brille mitgegeben.«

Eine Mitarbeiterin des Berliner Integrationsamts berichtet von ihrer Tätigkeit.

Geht es um die Teilhabe schwerbehinderter Menschen am Arbeitsleben, sind die Integrationsämter in der Regel der erste Ansprechpartner. Angesiedelt ist das Berliner Integrationsamt beim Landesamt für Gesundheit und Soziales (LaGeSo). Jeder sechste Berliner kennt das LaGeSo, weil es ihn mit Leistungen aus dem sozialen und gesundheitlichen Bereich versorgt. »Wir sind alle in der Pflicht, auch die Nichtbetroffenen«, bekräftigt eine Mitarbeiterin. »Im Integrationsamt erhalten Arbeitgeber wie schwerbehinderte Menschen sowohl praktische Hilfen, psychosoziale Beratung als auch finanzielle Zuschüsse.«

Aber was bedeutet das eigentlich, schwerbehindert? Das neunte Buch des Sozialgesetzbuches enthält die Vorschriften für die Rehabilitation und Teilhabe behinderter Menschen in Deutschland. Dabei ist es unerheblich, ob eine Behinderung auf Krankheit oder Unfall beruht oder ob sie angeboren ist. Es kommt allein auf die Art der Behinderung an. Schwerbehinderte Menschen werden durch das Integrationsamt unterstützt.

Die Mitarbeiterin schildert einige der Aufgabenfelder: »Das Integrationsamt berät und informiert Arbeitgeber und Betroffene in allen mit der Beschäftigung schwerbehinderter Menschen zusammenhängenden Fragen. Wir beauftragen Integrationsfachdienste zur Begleitung und Betreuung schwerbehinderter Arbeitnehmer und sind zuständig für Leistungen der Arbeitsförderung sowohl für schwerbehinderte Menschen – das sind beispielsweise technische Arbeitshilfen oder Arbeitsassistenz – als auch für Arbeitgeber: also finanzielle Unterstützung bei der Schaffung neuer Arbeits- und Ausbildungsplätze. Schwerbehinderte Menschen sind mit der entsprechenden Ausstattung genauso leistungsfähig wie andere Mitarbeiter. Davon bin ich fest überzeugt.«

Finanziert wird diese Hilfe im Wesentlichen aus den Mitteln der Ausgleichsabgabe. Jeder Betrieb mit mindestens 20 Arbeitsplätzen, der nicht mindestens fünf Prozent der Stellen mit Schwerbehinderten besetzt, muss diese Abgabe an das Integrationsamt abführen. In Deutschland kamen im Jahr 2010 466,5 Millionen Euro zusammen, in Berlin waren es 2012 26 Millionen Euro. Wenn ein Arbeitgeber nicht bereit ist, keine Lust hat oder sich überfordert fühlt, einen Schwerbehinderten einzustellen, muss er eine Strafzahlung leisten. Diese Summe geht an das Integrationsamt. Und das wiederum darf natürlich zweckgebunden mit dem Geld arbeiten, um die Inklusion Schwerbehinderter voranzubringen.

Damit immer mehr Arbeitgeber erfahren, dass sie unterstützt werden, wenn sie Behinderte einstellen, wird seit 2003 der Inklusionspreis in Berlin verliehen, eine Belohnung an Berliner Arbeitgeberinnen und Arbeitgeber, die schwerbehinderte Menschen vorbildlich ausbilden oder beschäftigen. Der Inklusionspreis wird an drei Unternehmen verliehen, in den Kategorien Kleinunternehmen, mittelständisches Unternehmen und Großunternehmen. Die drei Preise sind gleichwertig und jeweils mit einer Geldprämie in Höhe von 10 000 Euro dotiert.

Private wie öffentliche Arbeitgeber werden aufgerufen, sich am Wettbewerb zu beteiligen. Das wird inzwischen angenommen. Pro Kategorie haben sich im vergangenen Jahr mehr als 60 Unternehmen beworben.

Um Inklusion im Arbeitsleben viel mehr Schwerbehinderten zu ermöglichen, tut das Amt einiges, erklärt die Mitarbeiterin: »Aufklärungsmaßnahmen sind uns wichtig, denn die Arbeitgeber haben nun mal eine gesetzliche Verpflichtung. Wir bieten kostenfreie Schulungen an, hier vor Ort, aber wir gehen auch in die Betriebe. Zielgruppe und Ansprechpartner sind die Personal- und Betriebsräte, auch die Schwerbehindertenvertretungen, wenn vorhanden. Diese kann gewählt werden, wenn mehr als fünf schwerbehinderte Mitarbeiter im Betrieb angestellt sind.« Oberstes Ziel ist es, weitaus mehr Schwerbehinderte in Angestelltenverhältnisse zu bringen. Ebenso wichtig ist die Sicherung der bestehenden Arbeitsverhältnisse. Dass niemand trotz des besonderen Kündigungsschutzes seinen Arbeitsplatz wieder verliert. Grundsätzlich gibt es drei Gründe für eine Kündigung. Der erste ist betriebsbedingt, in einem solchen Fall sind natürlich auch den Integrationsamtsmitarbeitern die Hände gebunden. Die beiden anderen Kündigungsgründe sind verhaltens- und personenbedingt. Liegen solche Gründe vor, muss der Arbeitgeber einen Antrag auf Kündigung stellen. Im Amt wird dann geprüft, der Sachbearbeiter spricht mit allen Beteiligten. Die Stellungnahme des Schwerbehindertenvertreters spielt ebenso eine maßgebliche Rolle. Wenn die Kündigung bereits ausgesprochen ist, bemühen sich die Mitarbeiter des Integrationsamtes mit Unterstützung des Integrationsfachdienstes (IFD), eine einvernehmliche Lösung zu finden. Bei verhaltensbedingten Kündigungen wird dem betreffenden Mitarbeiter beispielsweise ein Berater des IFD zur Seite gestellt, der diesen intensiv begleitet und in Konfliktsituationen am Arbeitsplatz schult und berät. Leider käme es immer wieder zu personenbedingten Kündigungen wegen langer Krankheitsphasen. Auch in diesem Fall würden alle Maßnahmen ausgeschöpft und geschaut, ob der oft fehlende Mitarbeiter auf einem anderen Arbeitsplatz besser aufgehoben wäre oder ob dieser behindertenfreundlicher umgerüstet werden könnte. Meistens geht was, zumindest Kleinigkeiten sind immer machbar. Genau das befriedige sie auch in ihrem Berufsalltag, sagt die Mitarbeiterin: »Es geht um Aufklären, Sensibilisieren, Umsetzen. Hauptsache, ich rege die Menschen zum Nachdenken an. Dann hätte ich eine neue Brille mitgegeben, mit der Probleme möglicherweise anders wahrgenommen würden. Und damit ist schon viel gewonnen.«

Selbstbestimmt leben – allein oder zu zweit

Bei Mutti ist es doch am schönsten, die kümmert sich um die Wäsche, bügelt Hemden und kocht jeden Morgen ein Frühstücksei. Daher lebt etwa ein Viertel der deutschen Studenten nach wie vor zu Hause. Freiwillig. Anders, ganz anders sieht es natürlich aus, wenn das Zuhausewohnen eine Notwendigkeit ist und alles andere als freiwillig. Wenn man ständig auf Hilfe angewiesen ist wegen einer stark einschränkenden körperlichen Behinderung und gar nicht die Möglichkeit hat, das Alleinwohnen überhaupt in Erwägung zu ziehen. In vielen deutschen Landstrichen sind genau zwei Wohnmöglichkeiten für Menschen mit Handicap vorgesehen: Elternhaus oder Behindertenwohnheim. Alternativen gibt es nicht, und wenn es sie gibt, wird von keiner Seite darauf hingewiesen. Und wenn der Betroffene selbst gut informiert ist und den Wunsch nach betreutem Einzelwohnen vorbringt, heißt es oft, so ein Firlefanz würde nicht finanziert. Es gibt viele Menschen mit Handicap, die umgezogen sind, Hunderte Kilometer weg von ihren nächsten Angehörigen in ein anderes Bundesland, in dem Wohnassistenten bewilligt werden, die ein Leben in der eigenen Wohnung ermöglichen. Diese Menschen mussten ihr gewohntes Lebensumfeld verlassen, um ihr Recht auf Selbständigkeit wahrnehmen zu können.

Bei einer geistigen Behinderung des mittlerweile erwachsenen Kindes denken die meisten Eltern gar nicht an die Möglichkeit eines Auszugs. Weil sie es ihm nicht zutrauen oder Angst haben. Sie glauben, dass sie die Einzigen sind, die sich richtig um ihr Kind kümmern, es unterstützen können. Bei sehr schweren

Einschränkungen ist an ein selbständiges Leben tatsächlich nicht zu denken, da bleibt alternativ zum Elternhaus ausschließlich das Heim. Doch Menschen mit Lernbehinderungen oder leichteren geistigen Behinderungen können es sehr wohl schaffen, sich zurechtzufinden in einer betreuten Wohngruppe oder ähnlichen Angeboten. Wenn sie das wirklich wollen und es sich zutrauen. Wer als Mensch mit Behinderung, der auf Unterstützung angewiesen ist, die eigene Wohnung einem Wohnheim oder dem Leben im Elternhaus vorzieht, muss einige Dinge wissen und beachten. Der Sozialverband Deutschland beispielsweise gibt sehr genau Auskunft.

Lebt ein Mensch in einer eigenen Wohnung, in der er von Mitarbeitern eines ambulanten Dienstes der Behindertenhilfe betreut wird, spricht man vom ambulant betreuten Wohnen. Bei der Bewältigung seines Alltags wird er unterstützt. Sei es durch Anleitung im Haushalt oder durch Begleitung bei Behördengängen. Im Gegensatz zu vollstationären Einrichtungen wie Wohnheimen, in denen der Einrichtungsträger die komplette Versorgung des Bewohners sicherstellt, müssen sich ambulant Betreute ein auf sie zugeschnittenes Leistungspaket aus verschiedenen Hilfen zusammenpacken. Die Wohnungsmiete beziehungsweise die Abbezahlung des Eigentums und das, was man für Essen und Trinken, Freizeitaktivitäten und Kleidung braucht, finanziert der oder die Alleinlebende mit dem Gehalt und/oder Leistungen der Grundsicherung im Alter und bei Erwerbsminderung. Die Leistungen der Grundsicherung bekommen Menschen mit Beeinträchtigung, die in einer Werkstatt oder einer Tagesförderstätte beschäftigt sind. Daneben werden Leistungen der Eingliederungshilfe (zum Beispiel in Form von pädagogischer Betreuung) sowie unter Umständen Leistungen der Hilfe zur Pflege benötigt. Das sind Leistungen der Sozialhilfe, für die in der Regel das örtliche Sozialamt zuständig ist. Wer mehr als 2600 Euro monatlich zur Verfügung hat, also ein höheres Gehalt bezieht oder Wertpapiere besitzt, muss alles, was über dieser Grenze liegt, an das Sozialamt zahlen.

Und wie ist es mit der Liebe? Sexleben und Handicap? Dass diese Begriffspaare zusammenpassen, ist relativ neu. Vor wenigen Jahrzehnten noch lebten Menschen mit geistigen oder körperlichen Einschränkungen entweder bei den Eltern oder in geschlossenen Behindertenheimen. Jeder weiß: Mit den Eltern unter einem Dach zu leben, ist nicht die optimale Voraussetzung, um einen Partner zu finden. Bei Behinderten kommt extrem erschwerend hinzu, dass viele Eltern Schwierigkeiten haben mit dem Loslassen ihrer besonderen Kinder, auch wenn diese schon längst erwachsen sind. Und damit, den Gedanken zuzulassen, dass ihr hilfsbedürftiges Kind eine Liebesbeziehung eingehen möchte, Sex haben will. In Behindertenheimen wiederum fällt es den Bewohnern unheimlich schwer, Kontakte zu knüpfen mit dem anderen Geschlecht, sind doch Männer und Frauen räumlich voneinander getrennt. Und abends um 22 Uhr werden die Schotten dichtgemacht, Übernachtungsbesuche ein Ding der Unmöglichkeit. Eine furchtbare Situation, sehnen sich doch fast alle Menschen nach einer Beziehung, nach einem Menschen, den man liebt und der einem tiefe Gefühle entgegenbringt. Nicht allein zu sein, ist ein menschliches Grundbedürfnis.

Dieses Grundbedürfnis wird heute endlich auch Menschen mit Behinderungen zugestanden. Vieles hat sich inzwischen verändert. Nicht nur, dass Menschen mit Behinderungen in betreuten Wohngemeinschaften oder ganz allein leben können, weitgehend selbstbestimmt und ohne Ausgangssperre: Es gibt inzwischen mehr als 50 Partnervermittlungen und Onlineportale für die Partnersuche von Menschen mit Handicaps. Obwohl die gar nicht immer notwendig seien, der persönliche Kontakt wäre oft maßgeblich, schreibt der Journalist Robert Schneider in einer Kolumne auf der Website des Vereins Mobil mit Behinderung e.V., der Mobilität und Behinderung in Einklang bringen und fehlende Freiräume technisch kompensieren will: »Ja, wir sind Behinderte, Menschen mit Behinderungen, behinderte Menschen. Unsere Behinderung, ob angeboren oder erworben, lässt sich nicht wegdiskutieren, sie wird immer ein Teil von uns sein. Aber in erster Linie sind wir Menschen. Zeigen wir unserer Umgebung den Menschen, der sich hinter der Behinderung eben nicht mehr versteckt. Präsentieren wir den Menschen, der dasselbe Bedürfnis und dasselbe Recht auf Partnerschaft, Liebe und Sexualität hat wie jeder andere Mensch auch. Lasst uns einfach Menschen sein!« Dann würde sich unter Umständen auch ein Kontakt anbahnen lassen mit der Nachbarin oder dem alleinerziehenden Vater aus der Parallelklasse. Doch im Internet- oder SMS-Chat fällt es vielen Menschen leichter, Kontakte zu knüpfen und ihr Interesse an ihrem Gegenüber zu bekunden.

Menschen mit Behinderung haben auch einen Anspruch darauf, eine Familie zu gründen und ihre Kinder selbst zu erziehen, so steht es in den UN-Behindertenrechtskonventionen. Familien mit behinderten Elternteilen sind Familien, die einer besonderen Fürsorge der Gesellschaft bedürfen. »Als ich ein kleines Mädchen war, habe ich nie gedacht, mal einen lieben Mann und eigene Kinder zu haben, weil ich eben ein behinderter Mensch bin«, verrät eine Mutter zweier munterer Mädchen. Denn Behinderung und Elternschaft, das waren noch vor wenigen Jahrzehnten zwei Dinge, die nicht zusammenpassten, die nicht zusammengehörten. Behinderte, ob geistig oder körperlich, nahmen nicht am gesellschaftlichen Leben teil, sie lebten größtenteils weit außerhalb der Stadt in Heimen und blieben ihr Leben lang allein. Zwangssterilisationen waren die Regel und nicht die Ausnahme. Das Bundesjustizministerium schätzt, dass in Westdeutschland – bis zur Änderung des Betreuungsgesetzes 1992 (gemäß § 1631c BGB ist eine Sterilisation gegen den Willen des Betroffenen in der BRD verboten) – jährlich etwa 1000 geistig behinderte Mädchen und Frauen zwangssterilisiert wurden. Nach 1992 änderte sich die Situation. Behinderte Menschen erkämpften ihre Teilhabe am normalen Leben, trauten sich zu, allein oder in Wohngemeinschaften zu leben. Immer mehr Behinderte begannen ganz selbstverständlich, Freundschaften zu pflegen, Liebesbeziehungen einzugehen, Sexualität zu leben, Familien zu gründen, Kinder zu haben. Behindert und gleichzeitig Mutter oder Vater sein – diese

Verbindung ist für die Betroffenen gelebte Normalität, für viele Außenstehende dagegen ein Phänomen, auf das sie mit entschiedener Ablehnung reagieren. Es gibt oft Situationen, in denen diese besonderen Eltern merken, dass der Wille zur Inklusion nicht bei allen Mitmenschen vorhanden ist. Wenn Frauen mit unerfülltem Kinderwunsch gemustert werden, wenn sie sich nach Möglichkeiten einer künstlichen Befruchtung erkundigen – und dann an eine andere Frauenarztpraxis verwiesen werden. Wenn ein Urologe sich weigert, einen Mann mit schlechter Spermienqualität zu behandeln – wegen dessen Behinderung. Wenn eine Frau vom Amt vorschlägt, die Frau mit Behinderung solle sich nach der Entbindung sterilisieren lassen. Oder ratsuchenden Eltern in Behörden gesagt wird, dass eine Pflegefamilie für das Kind gesucht würde, wenn sie keine Lösung fänden.

Basierend auf der Dissertation von Gisela Hermes ist ein Buch erschienen mit dem Titel: *Behinderung und Elternschaft – kein Widerspruch.* Ein Kinderwunsch, so schreibt die Autorin, sei auch für behinderte Eltern durchaus realisierbar, wenn sie die benötigte Unterstützung erführen. Was die Überwindung von Alltagsschwierigkeiten beträfe, seien Eltern mit Handicap sehr kreativ. Kleinere Umbauten an Möbeln, Kinderwagen oder Rollstühlen ermöglichten das selbständige Versorgen eines Säuglings. Eine Mutter, die phasenweise auf einen Rollstuhl angewiesen ist, erzählt von ihrer Suche nach behindertengerechten Babyutensilien: »Unter anderem gab es auch einen Katalog mit behindertengerechten Möbeln. Zum Beispiel: einem unterfahrbaren Wickeltisch, einem höhenverstellbaren Kinderbett, einnem Kindersitzaufsatz für den Rollstuhl usw. Diese Hilfsmittel sind zwar hilfreich, aber ohne finanzielle Unterstützung für ›kleine‹ Leute unbezahlbar. Und finanzielle Unterstützung gibt es in der heutigen Zeit nur schwer und mit Hindernissen. Also haben wir einfach nach Alternativen gesucht: für den Transport in der Wohnung einen Stubenwagen oder ein Laufgitter auf Rollen, als Wickeltisch einen Küchentisch mit Wickelauflage und als Bettchen ein normales Kinderbett mit verstellbarem Lattenrost.«

Doch bei allem Erfindungsgeist und dem Beanspruchen der eigenen Kräfte über das eigentlich Sinnvolle und Vertretbare hinaus gebe es Situationen – besonders in der Kleinkindphase –, in denen es ohne externe Unterstützung nicht gehe. Ein gutes Netzwerk, das ist der Tipp von allen Betroffenen, ist unglaublich wichtig.

Besondere Hilfe benötigen Eltern beziehungsweise Mütter mit einer geistigen Behinderung. Viele Träger bieten Unterstützung an, wie die Diakonie. Sie beschreibt auf ihrer Website diakonie-michaelshofen.de, wie diese Hilfe konkret aussieht: »In unserem Wohnprojekt Begleitete Elternschaft (nach §19 SGB VIII) leben bis zu vier Mütter mit Lernschwierigkeiten und vier Kinder zusammen und sammeln gemeinsam Erfahrungen. In den ersten sechs Monaten helfen wir Ihnen, eine enge und stabile Beziehung zu Ihrem Kind aufzubauen. Wir kümmern uns auch darum, dass es Ihrem Kind gut geht und es alles bekommt, was es benötigt. Unsere Mitarbeiter helfen Ihnen, Ihr Kind zu füttern, zu wickeln und anzuziehen. Wir helfen Ihnen auch im Haushalt, bei finanziellen Fragen oder begleiten Sie zu Ärzten.

Nach dieser ersten Beobachtungsphase helfen wir Ihnen weiter intensiv bei der Erziehung. Sie können in unserem Wohnprojekt bleiben, bis Ihr Kind zwei Jahre alt ist. Bezahlt wird die Unterbringung vom zuständigen Kostenträger. Wenn Sie nicht in der Wohngruppe leben, unterstützen wir Sie auch ambulant zu Hause durch unsere Sozialpädagogische Familienhilfe (SPFH). So erarbeiten wir gemeinsam einen verantwortungsbewussten Umgang mit Ihrem Kind und stellen sicher, dass es sich optimal entwickelt. Die Hilfen zur Erziehung sind in der Regel für Sie kostenlos und werden beim zuständigen Jugendamt beantragt. Bei Fragen zum Antrag helfen wir Ihnen gern.«

Der Alltag kann schnell zum Hindernislauf werden, immer wieder stoßen Eltern mit körperlichen Behinderungen an Grenzen. Wenn zum Beispiel die Kinderarztpraxis im zweiten Stock liegt, ohne Fahrstuhl. »Aus Kulanz hat die Krankenkasse die Transporte für den Kleinen übernommen«, erzählt eine Mutter in einem Beitrag *Behinderte Eltern – der Alltag als Hürdenlauf* der Deutschen Welle (7. 5. 2014) »Die Rettungsassistenten haben mich dann in die Praxis getragen.« Das funktioniert so lange, bis die Zusatzleistung nach einer Gesundheitsreform gestrichen wird. Danach muss sie Freunde und Verwandte bitten, mit den Kindern zum Arzt zu fahren.

Hier kommt die vielgerühmte Elternassistenz ins Spiel. Unterstützer, die Müttern und Vätern zu einem selbstbestimmten Umgang mit ihrem Kind verhelfen. Die also keine Erziehungsfunktion haben und eingesetzt werden, um den Eltern einmal zu zeigen, wie man das richtig macht. Sondern lediglich die Aufgaben mit dem Kind übernehmen, angeleitet und unter Kontrolle der Mutter oder des Vaters, zu denen diese wegen ihrer Behinderung nicht in der Lage sind. Wie zum Beispiel Schreibenüben auf liniertem Papier, wenn die Mutter blind ist. Oder ein Spielplatzbesuch, wenn das gemeinsame Schaukeln wegen einer körperlichen Behinderung nicht geht. Diese Elternassistenz, so wunderbar sie auch ist, muss von den Betroffenen mitfinanziert werden. Das erinnert an den Babysitter, den andere Eltern bezahlen, um mal wieder ins Kino zu gehen. Ob diese Hilfe gewährt wird, ist bisher von Stadt zu Stadt und Amt zu Amt unterschiedlich. Hier ist noch viel zu tun.

»Die Behinderung ist für mich wie meine blonden Haare.«

Anne, 28, sitzt im Rollstuhl. Trotz Muskelschwunds lebt sie allein in einer Eigentumswohnung.

Mit Anne einen Termin auszumachen, ist gar nicht so leicht. Denn die 28-Jährige Berlinerin ist eine vielbeschäftigte Frau. Als ein Gesprächstermin in ihrer Urlaubswoche gefunden ist, muss der nochmals um zwei Stunden nach hinten verlegt werden, denn vorher müsse sie ihre Großmutter aus dem Krankenhaus abholen. Eine nette Enkelin, die sich kümmert, mag man denken. Insbesondere, wenn man weiß, dass Anne im Rollstuhl sitzt und rund um die Uhr auf Unterstützung angewiesen ist. Sie hat spinale Muskelatrophie, auch Muskelschwund genannt. Mit dieser Behinderung geht einher, dass die Lungenfunktion stark eingeschränkt ist.

Relativ schnell ist den Eltern klar, dass ihre Tochter eine Behinderung hat. »Ich habe nicht angefangen zu krabbeln und konnte mich nicht allein hinsetzen«, erzählt sie, während sie mit der linken Hand den Joystick umfasst, um ihre Sitzposition im Rollstuhl zu verändern. Die Haltung ihrer Eltern zu den Dingen und zum Leben sei: »Okay, das ist halt so. Aus der Situation muss man das Beste machen.« Das trägt Anne über manche Hürde hinweg. Dieser Pragmatismus prägt auch ihren Blick auf ihre Behinderung: »Jeder hat bestimmte Voraussetzungen, die manches schwierig machen. Dann muss es eben so organisiert werden, dass vieles passt und niemanden behindert.« Und weil sie so gut im Organisieren ist, hat Anne es auch geschafft, allein zu leben. In einer ganz normalen Wohnung mitten in Berlin.

Annes Körper ist recht gedrungen, ihre Füße, die sie kaum bewegen kann, stecken auch an milden Frühlingstagen in dicken Fellpuschen, den Tag über sitzt sie fast bewegungslos im Rollstuhl, lediglich mit der linken Hand bewegt sie den Rollstuhljoystick, um die Fußstütze, auf der ihre Beine lagern, hoch- und runterzufahren. Abends hilft ihr eine Assistentin beim Zubettgehen. Anne ist also rund um die Uhr auf Hilfe angewiesen. Und empfindet sich als eine »privilegierte« Behinderte, weil sie Assistenz und dadurch Selbstbestimmung hat, eine tolle Wohnung, einen interessanten Job, ein Auto. »Auf einer Party habe ich mal eine Frau zu einer anderen sagen hören: ›Mit einer Behinderung, wegen der ich nicht mehr allein eine Weinflasche öffnen könnte, könnte ich nicht leben.‹ Das fand ich echt lustig. Besonders, weil sie mich sah und das in meiner Hörweite erzählt hat«, erinnert sie sich und muss immer noch lachen. »Außerdem mache ich wirklich total selten schlechte Erfahrungen.« Ausnahme ist der Nachbar schräg gegenüber, der sich daran stört, dass sie einen Behindertenparkplatz bekommen hat und hinter ihrem Auto wegen des Rangierabstands kein weiteres Auto parken darf. »Ich bin oft glücklich und denke gar nicht an meine angeblichen Defizite. Die Behinderung ist für mich wie meine blonden Haare. Es bringt absolut niemandem was, zu trauern und über das ›Was wäre, wenn …‹ zu grübeln. Ich ärgere mich nicht über meine Behinderung und definiere mich nicht darüber.« Es gebe ja verschiedene Modelle, auf eine Behinderung zu gucken. Sie als Defizit wahrzunehmen, das man so und so beheben kann. Bei der Sichtweise gehe man von dem aus, was der Norm entspricht. Dann gebe es das soziale Modell: dass der Mensch mit Beeinträchtigungen behindert wird. Es seien die Rahmenbedingungen und Strukturen, die eine echte Teilhabe und Gleichberechtigung nicht ermöglichten. Und da sei natürlich ganz viel Wahres dran, sagt Anne: »Ich werde zum Beispiel in meinem Leben behindert, wenn irgendwo Stufen sind und ich nicht reinkomme.«

Um möglichst in jeder Situation machen zu können, was sie gerade möchte, beschäftigt die Berlinerin insgesamt acht persönliche Assistentinnen, die jeweils zwölf Stunden für sie da sind. Um neun Uhr morgens und abends um 21 Uhr kommt jeweils eine Neue. Wegen der Schwere ihrer Behinderung hat Anne Pflegestufe 3. Das bedeutet, dass sie rund um die Uhr Unterstützung benötigt und diese auch finanziert bekommt. Die Sozialarbeiterin ist sehr zufrieden mit diesem Modell: »Ich kann in Urlaub fahren, arbeiten, Freunde besuchen, wann ich will. Freier als ich kann man in meiner individuellen Situation gar nicht sein«, fasst sie zusammen. Klar, unanstrengend sei das nicht: »Man muss immer wissen, was man will, und muss alles kommunizieren. Sonst bekomme ich ja nicht die Unterstützung, die ich gerade brauche. Und klar, es funktioniert nur, wenn man einen Draht zueinander hat. Man bekommt sehr viel voneinander mit.« Doch auch dafür muss man kämpfen. Alle zwei Jahre kommt der medizinische Dienst der Krankenkassen ins Haus und stellt dieselben Fragen. Wie oft man auf die Toilette gehen müsse und ähnliches. Der Sachbearbeiter ist verpflichtet, einen ellenlangen Fragebogen auszufüllen, um dann dem Befragten eine Pflegestufe zuzuordnen.

»Wenn man gar nicht weiß, dass es so was gibt wie persönliche Assistenz, traut man sich ein Alleinleben ja auch nicht ohne Weiteres zu, sondern geht dann eben in ein Pflegeheim oder so was. Und die meisten behinderten Menschen, glaube ich, wissen gar nicht, was es alles gibt. Ich befürchte, vielen werden wichtige Informationen auch vorenthalten, um die Kosten niedrig zu halten.« Sowohl ihre Eltern als auch sie selbst haben in den Ämtern und auch in unabhängigen Beratungsstellen immer wieder nachgefragt und sich erkundigt, was alles möglich sei zur alltäglichen Unterstützung. »In der Schulzeit hatte ich bereits eine Einzelfallhelferin zwei Mal die Woche am Nachmittag. Damit meine Eltern einfach ein bisschen Freiraum hatten«, sagt Anne. Und dass ihr so immer die Teilhabe am gesellschaftlichen Leben ermöglicht wurde, weil die Helferin sie zum Eisessen mit Schulfreunden begleitet hätte oder mal zu einer Geburtstagseinladung. Im Abitur und Studium hatte Anne bereits 40 Stunden die Woche persönliche Assistenz, jeden Arbeitstag ein paar Stunden und samstags tagsüber: »Ich bin sozusagen der Kopf, der bestimmt, wer was wann wie wo macht. Die Assistenz ersetzt meine Arme und Beine. Deshalb würde ich sie auch nie als meine Betreuung bezeichnen, das suggeriert sowas Fremdbestimmtes, einen pädagogischen Auftrag, als müsste sie mir um 19 Uhr sagen: So, Anne, jetzt ist aber Zeit fürs Abendbrot.« Eine Rahmenbedingung hat sich nach Ansicht der Berlinerin verbessert: dass das Amt bestimmte festgesetzte Assistenzkosten statt wie früher direkt an den Träger nun auf ein Extrakonto einzahlt, über das Anne selbst verfügt. »Ich kann mir mit dem persönlichen Budget Leistung kaufen und die Bedingungen bestimmen. So verfüge ich über einen viel größeren Handlungsspielraum.« Sechs der acht Mädels, wie Anne sie nennt, sind bei ihr angestellt, zwei arbeiten bei einem Assistenzdienst. »Da ist natürlich der Vorteil, dass mir der Dienst eine Alternativkraft schickt, wenn jemand mal erkrankt. Aber die Vorgaben sind teilweise ganz schön streng wegen der Verletzungsgefahr. So dürfen mir die beiden nicht die Nägel schneiden oder die Ohren saubermachen. Dabei kann ich das sogar allein, man muss nur meine Hand halten.« Aber damit kann die Sozialarbeiterin, die festangestellt ist, gut leben.

Was sie mehr stört, ist, dass sie trotz ihres festen Jobs quasi als Sozialhilfeempfängerin vor dem deutschen Gesetz gilt. »Ich muss mein Gehalt und meine Sparsachen offenlegen wie jemand, der Hartz IV bezieht. Für mich ist das ganz klar eine Rahmenbedingung, die Leute wie mich behindert. Okay, ich verdiene nicht Kröten ohne Ende und komme also nicht in die Verlegenheit, aber ich hätte ja auch Jura studieren und jetzt in einer Kanzlei arbeiten können. Dann müsste ich alles abgeben, was über dem Ersparten von 2600 Euro liegt.« Anne findet dieses Prinzip völlig kontraproduktiv. Genauso verrückt findet die Berlinerin, dass die Assistenzkosten jeweils immer für ein Jahr bewilligt werden. Dabei gebe sie doch acht Menschen Arbeit, die die Kaufkraft ankurbelten. »Da hört aber mein wirtschaftliches Verständnis schon auf«, sagt sie und lacht.

Zu der Zeit, als sie ihr Studium abschließt, hätte sie mit ihren Eltern beschlossen, dass das der richtige Zeitpunkt wäre, um auszuziehen. »Das war natürlich ein Riesenluxus. Mein Papa fragte mich, ob er und Mama nicht eine Wohnung kaufen sollen, in der ich dann wohne und die speziell auf meine Bedürfnisse zugeschnitten und eingerichtet wäre. Tja, ich habe Ja gesagt«, sagt sie lächelnd. Und erinnert sich, dass sie ein paar Wünsche hatte an Größe und Lage, zu weit weg von ihren Eltern und den Großeltern sollte es nicht sein, damit sich alle entspannt zwischendurch auf einen Kaffee treffen könnten. Und sie wünscht sich einen sonnigen Balkon. Ein Blick auf ihre rotgebrannte Nase genügt, um zu realisieren, dass das geklappt hat. Außerdem soll es eine Dreizimmerwohnung sein, damit die Assistentinnen einen Platz zum Schlafen haben und auch tagsüber zum Zurückziehen. Das sei gut für die Unterstützerin, aber auch für Anne. Und das Wichtigste: Die Wohnung musste unbedingt mittendrin sein. Nicht abgeschieden in einem Behindertenheim irgendwo am Stadtrand. Nein, so was nicht, und es wird genau wie gewünscht eine helle Dreizimmerwohnung mitten in der Stadt im zweiten Stock eines Neubaus – mit Fahrstuhl natürlich. Die Berlinerin kann ja nicht Treppen steigen. »Der Kauf war eine totale Bauchentscheidung. Im Haus wohnen richtig viele Kinder. Ich bilde mir ein, dass die wegen mir einen anderen Bezug zu behinderten Menschen haben«, sagt Anne. Und dass ihre Eltern auch gleich mitgemacht hätten. »Die haben mir immer schon ganz viel Vertrauen entgegengebracht. Mich bestärkt und mir wahnsinnig viel ermöglicht ohne Überfürsorge oder dass sie selbst zu kurz gekommen wären. Die haben ein richtig cooles Mittelmaß gefunden.«

So könne man auch erklären, dass sie allesamt die neue Wohnsituation der einzigen Tochter genießen. Weil die Eltern es gut finden, dass ihr Kind seinen Weg geht und sie selbst ihre Sachen machen können. Anne amüsiert sich: »Sie kommen öfter mal kurz rum, trinken schnell einen Tee und haben dann auch schon ihren nächsten Termin.« Ihr Verhältnis zu den Eltern sei ein ganz besonderes, und dafür ist sie ihnen dankbar. »Viele landen im Heim, weil sie nicht wissen, was es für Alternativen gibt. Da wären wir wieder bei der Informationspolitik. Außerdem gibt's verdammt starre Traditionsmuster, die nach wie vor vorherrschen à la: Behinderte sind im Heim am besten aufgehoben.« Eine Freundin, die ebenfalls AssistentInnen beschäftigt, wurde wohl tatsächlich von der Amtsdame gefragt, warum sie denn bitte schön jemanden in den Abendstunden brauche. Na ja, für einen Kinobesuch oder so, war die Antwort der Freundin. Quatsch, antwortete die Sachbearbeiterin, es gebe doch DVDs. Und bewilligte die Extrastunden nicht.

»Stell dir das mal vor!«, empört sich Anne. »Ich war nie abgeschnitten vom Leben. Ich hatte zum Beispiel immer zwei Rollis. Das schwere Riesenteil hier und meinen Partyrolli. Den nehme ich mit, wenn ich zu Konzerten gehe. Und bei Studi-Partys haben mich Freunde teilweise in den vierten Stock getragen in dem Ding, sonst hätte ich ganz schön was verpasst. Mir fehlt zwar die körperliche Kraft, aber nicht die Durchsetzungs- und Willenskraft.«

Anne meint, sie habe genug Kraft für sich und um für andere mitzukämpfen. »Ich will Menschen unterstützen, ihr Leben so zu leben, wie sie es möchten. Und arbeite unter anderem an der Schule, an der ich Abitur gemacht habe. Der Übergang von der Schule in den Beruf oder das Studium ist so wichtig! Ich will Menschen mit Behinderungen ermöglichen, genau die richtige Arbeit zu finden.« Zu oft habe sie schon mitbekommen, dass die für behinderte Menschen zuständigen Mitarbeiter in der Arbeitsagentur lediglich Sondereinrichtungen vorschlügen. Also beispielsweise Werkstätten für Menschen mit geistigen Einschränkungen oder Berufsbildungswerke für Menschen mit Körperbehinderungen. »Das ist doch das totale Gegenteil von Inklusion, dieses Vorsortieren in die passenden Schubladen«, entrüstet sich die 28-Jährige. »Ganz selten können die mal über den Tellerrand gucken. Es gibt so tolle Möglichkeiten, doch oft sind die Widerstände warum auch immer immens groß.«

»Kämpfen muss man können, sonst ist man echt oft verloren als Mensch mit Behinderung. Besonders, wenn man was verändern möchte in den Köpfen der Menschen«, bekräftigt Anne. Übrigens hat sie auch deswegen mit Freunden gerade einen Verein gegründet mit dem Namen Wild:LACHS für alle. Der steht für Wirklich inklusiv Leben durch: Lernmöglichkeiten, Aufgeschlossenheit, Chancengleichheit, Handlungsspielräume, Selbstbestimmung. Für sie sind das die fünf elementaren Bereiche, die dazu beitragen, Inklusion in unserer Gesellschaft zu realisieren. Um ein gesellschaftliches Umdenken zu bewirken.

»Ich bin ein Eisbär.«

Emanuel, 28, lebt allein in einer Wohnung.
Obwohl er eine geistige Behinderung hat.

Dass Emanuel Berlins größter Fan des hiesigen Eishockeyteams ist, wird klar, sobald man den auf einem Schild an der Wohnungstür betitelten »Herrschaftsbereich von Emanuel« betritt. Mehrere Trikots hängen an den Wänden der Einraumwohnung und 17 Schals sowie, Plakate, auf deren die gesamte Mannschaft zu sehen ist. Einzig die Bettwäsche ist nicht von den Eisbären, hier prunkt das Logo des Fußballvereins Hertha BSC. »Mein André-Rankel-Trikot ist das Beste«, sagt der 28-Jährige, während er es seiner Besucherin vor die Nase hält.

Dass Emanuel hier allein wohnen kann, ist etwas Besonderes. Denn bei dem Berliner wurde bereits als er ein kleiner Junge war eine geistige Behinderung diagnostiziert. »Mein Reich, hier habe ich das Sagen«, kommentiert er, während er mit ausladenden Armbewegungen die kleine Wohnung im dritten Stock eines Miethauses zeigt. Das Lob über die mit Unterstützung selbstgestrichenen roten Wände im Badezimmer und das schöne Gelb im Wohn-Schlaf-Zimmer hört er gern, berichtigt aber sofort: »Im Bad habe ich Chilirot ausgesucht und hier Grapefruit«, während er am Schreibtisch sitzt und Zigaretten dreht. Der Tisch stand zuvor in seinem Zimmer in einer Vierer-WG eines Wohnprojekts für Menschen mit geistiger Behinderung. »Da kam ich aber nicht richtig klar, ich bin nicht so der Gruppenmensch«, erinnert sich der etwas korpulente Mann. »Ich finds' jut allein. Man hat nicht wirklich Kontakt, ist manchmal einsam, aber ich wollte das ja so.« Unabhängig will er vor allem sein, als Emanuel vor sechs Jahren bei seiner Pflegemutter auszieht.

Mit drei Jahren kommt er zu ihr, sie war wohl eine wunderbare Bezugsperson und wusste, worauf sie sich einlässt, weil sie mit behinderten Menschen arbeitet. Trotzdem: »Da, wo ich arbeite, hat mir eine Kollegin erzählt, dass in ihrer WG ein Zimmer frei wird. Das haben meine Mutter und ich dann angeguckt, ich wollte ja nicht noch mit 40 bei Mutti wohnen«, erinnert er sich. Das Zimmer und das ganze Konzept gefallen ihm auf Anhieb, ganz im Gegensatz zu den Wohnmöglichkeiten, die zuvor in Frage kamen. »Das Angebot davor habe ich abgelehnt, die hatten einen richtigen Strafkatalog und ganz viele Verbote.« Seine Mutter und er gehen weiter auf die Suche, denn »es wurde Zeit, mal rauszukommen, auf eigenen Beinen zu stehen«. Und finden irgendwann durch eben diesen Tipp von der Arbeitskollegin das WG-Zimmer. Ein paar Mal sei er vor dem Umzug dagewesen zum gemeinsamen Essen und so, und dann kommt es wirklich zum großen Schritt. »Der Umzug war komisch. Ich habe mir alles neu geholt. Rechner, Schreibtisch, Bett. Die erste Nacht war nicht so toll, man vermisst halt was. Aber ich bereue das nicht.« Obwohl die WG eigentlich zu groß ist für seinen Geschmack, ist es ihm zu anstrengend dort. Besonders die Gruppenveranstaltungen wären gar nichts für ihn gewesen. Bei der Suche nach einer Wohnung ganz für ihn allein unterstützt ihn der Verein, deren Mitarbeiter nachmittags die WG-Mitbewohner betreuen. Zweck des Vereins berlin inklusion e.V. ist es laut Satzung, »Menschen mit Lernschwierigkeiten … ein ihren Bedürfnissen und Rechtsansprüchen entsprechendes, möglichst selbständiges Leben in der eigenen Häuslichkeit und außerhalb von stationären Einrichtungen zu ermöglichen und somit deren Teilhabe am Leben in der Gesellschaft zu fördern«. Mit einem der Mitarbeiter und der Mutter schauen sie verschiedene Wohnungen an. Und entscheiden sich dann für die, in der Emanuel nun wohnt. Seine Mutter unterschreibt für ihn den Mietvertrag, so was dürfe er nicht allein. Überhaupt, sagt er, sei seiner Mutter das immer wichtig gewesen, dass er selbständig ist. Nach mehreren Schulwechseln und einem erweiterten Hauptschulabschluss habe sie ihn ganz schön angetrieben, damit er eine Arbeit sucht. »Ich wäre gern bei der Polizei, aber das ging nicht wegen meiner Noten, das letzte Zeugnis war voller Sechsen«, erinnert sich Emanuel. Das bescheinigt ihm ein Mitarbeiter der Arbeitsagentur. »Der wollte mich auf den ersten Arbeitsmarkt stecken, ich habe dann ein Praktikum gemacht auf einer Go-Kart-Bahn, aber da musste ich immer arbeiten bis 21 Uhr. Nee, nicht mit mir«, schildert der ursprünglich aus Moabit stammende Berliner.

Alternativ schaut er sich dann nach einer Arbeitsmöglichkeit in einer Werkstatt für Behinderte um. Die ersten drei gefallen ihm gar nicht. »Da hätte ich eine Lehre machen müssen und viel zu viel lernen bis abends. Aber da muss ich doch zu den Eisbären gehen.« Wenn möglich, und das ist es eigentlich immer, geht er nämlich zu jedem Heimspiel des Eishockeyclubs, auch wenn das Essen dort, wie er sagt, beschissen schmeckt. »Das ist kein Hobby, das ist eine Lebenseinstellung«, sagt er und grinst: »Wie Sie sehen auch ein teures Vergnügen. Meine ganze Wohnung ist ja zugekleistert mit dem Kram.« Als echter Eisbär müsse man zu den Spielen gehen, er hat einen Stehplatz in der Fankurve und dürfe auch die Einlaufshow nicht verpassen. Die jedoch beginne bereits um 19.30 Uhr, und vorher müsse man sich ja ausruhen. Und hinterher ein Bierchen trinken in der Kneipe. So was wie Ausbildung ginge da nicht.

Nach längerer Suche werden seine Mutter und er dann aber doch fündig, und seither arbeitet Emanuel in einer Werkstatt. Vieles habe er dort ausprobiert: »Ich habe als Maler, Gärtner, Buchbinder und Metaller gearbeitet. Und jetzt arbeite ich schon lange in der Wäscherei, da ist es abwechslungsreicher.« Dort gefällt es ihm nach wie vor: »Mangeln is jut, und die elf Kollegen sind auch nett, man unterhält sich, das frühe Aufstehen bin ich ja gewohnt gewesen von der Schule.« Diese Struktur tut ihm gut. Zweimal in der Woche, montags und donnerstags, geht er ins Büro des Vereins, der ihn unterstützt, und kriegt dort sein Einkaufs- und Taschengeld. Und dreimal in der Woche sieht er seinen Unterstützer für ein paar Stunden am Nachmittag. Dann wird zusammen eingekauft, geputzt und immer viel geredet. »Dem erzähl ich dann, was auf Arbeit los war und so. Was einen bewegt. Ich hab' irgendwie zu Männern das meiste Vertrauen, weiß auch nicht warum.«

In seiner Wohnung hält Emanuel sich gern auf. Wieder gern. Denn bis vor kurzem musste er sieben Monate lang bei seiner Mutter wohnen, wegen eines psychisch kranken Nachbarn. Dessen Gebaren hält der junge Mann nicht aus, erst als die Wohnung dieses Nachbarn zwangsgeräumt wird, traut er sich zurück in »Emanuels Reich«. Dass er sich gemütlich eingerichtet hat. An seiner Pinnwand hängen eine Eisbärenautogrammkarte, ein persönliches Grußschreiben vom Fanclub, Emanuels Wochenplan mit eingetragenen Aktivitäten und das Rezept für eine Birnentorte. Hat er aber noch nicht ausprobiert. An seinen Büchern liegt ihm nicht viel. Im Regal stehen das Lexikon der Internetfallen, die Kinderbibel und zwei Was-ist-was-Bücher über Mumien und Eisenbahnen. Auf seinen Flachbildfernseher ist er besonders stolz und auf die PC-Spiele, die mehrere größere Schubladen füllen. »Ich bin ein leidenschaftlicher Zocker. Ich mag Autorennen, Egoshooter und Rollenspiele. Nur die Wimmelbildspiele finde ich blöd.« Auf der Fensterbank stehen eine grüne Zimmerpflanze und zwei Modellflugzeuge von easyjet. Die sind relativ neu, er hat sie gerade erst bekommen. Auf dem Flug nach Rom. »Ich bin nämlich vorher noch nie geflogen. Dann hat mein Betreuer gesagt, dass wir von Montag bis Donnerstag irgendwo hinfliegen können.« Damit das überhaupt geht, so eine Reise über mehrere Tage, sammelt der Unterstützer über das ganze Jahr Stunden. An den drei Nachmittagen, an denen er Emanuel hilft, geht er immer wieder eine Stunde früher. Natürlich nur, wenn es passt. Und diese angesammelten Stunden können dann alle auf einmal genutzt werden.

Im Internet hätten sie gemeinsam Preise und Flugstunden verglichen, denn allzu lang sollte der Flug beim ersten Mal nicht dauern. Dann entscheiden sie sich für Italien, »obwohl ich Angst hatte, dass es ganz heiß wird, denn ich hasse Hitze. War aber nicht so schlimm. Ich hab' doll geschwitzt, aber das kam, weil wir so viel rumgelaufen sind. An einem Tag sind wir vier Stunden lang in der Berglandschaft da rumgelaufen, da sind wirklich überall Berge.« Und er erzählt noch, was ihm besonders gut gefallen habe an Rom: »Nämlich die Polizei, die Uniformen und die Autos von denen. Und die Papstgarde war auch gut. Die sahen aus wie Hampelmänner.« Den Papst selbst habe er nicht gesehen. Zwar habe ihn der Unterstützer zeitig um sechs Uhr geweckt, um pünktlich zur Messe auf dem Petersplatz zu sein, »doch ich hatte dann keine Lust«. Er möchte unbedingt zurück im nächsten Jahr, und zwar gebe es eine Disco da, genau am Meer, da wolle er unbedingt hin. Natürlich wieder mit seinem Unterstützer, denn Emanuel sagt, er brauche jemanden, der übersetzt: »Ich selbst hab' nix verstanden, ich kann kein Englisch.«

Als er wieder zu Hause ist, ist er auch froh. Ruhe. »Ich brauche viel Ruhe. Sonntag ist mein Ruhetag, da will ich auch keinen Besuch«, erzählt Emanuel. Und dass seine Mutter normalerweise am Samstag käme. Dann würden sie kochen oder noch schöner: »Dann kocht sie für mich mein Lieblingsessen, Reis mit Hackfleisch, Speck und Tomatensoße. Seit Italien bin ich auch der Kater Garfield, der isst gern Lasagne. Setzt schön an, aber ich passe in letzter Zeit auf«, sagt er und gluckst wie so oft in sich hinein, während er auf seinen runden Bauch klopft. Seine Mutter einmal in der Woche zu sehen, das sei schön. Und einmal in der Woche gehe er schwimmen mit einem ehrenamtlichen Mitarbeiter, einem pensionierten Sportlehrer. »Sonst gibt's nicht so viele Kontakte. Treffe mich ab und zu mit 'nem Kumpel vom Chattertreffen. Aus dem Internet. In der Community wurde ich aber gelöscht. Habe mal zu viele Smileys reingeschrieben, da hat sich dann der Server aufgehangen.« Den würde er aber nie zu sich nach Hause einladen. »Nee, nee, ich will mich hier frei bewegen können.« Und dann lächelt er ziemlich erleichtert, als seine Besucherin endlich wieder geht.

»Ich bin ein helfender Gast.«

Viola arbeitet als Heilerziehungspflegerin in einer Vierer-WG für Menschen mit geistiger Behinderung.

Wenn Viola zur Arbeit geht, klingelt sie erst mal an der Tür. An einer Wohnungstür im dritten Stock eines unscheinbaren Hauses. Wenn niemand aufmacht, sperrt sie mit ihrem Schlüssel auf. Und geht dann durch den sanft lila gestrichenen Flur der Berliner Vier-Zimmer-Wohnung ins Wohnzimmer. Hell und freundlich sieht es aus: ein großer Tisch mit mehreren Stühlen in der Mitte, verschiedene Pflanzen auf dem Fensterbrett. In einem abschließbaren Wandschrank befinden sich der Arbeitscomputer und die Unterlagen der Heilerziehungspflegerin und ihrer Kollegen. Denn hier ist das Zuhause einer Wohngemeinschaft für Erwachsene mit geistiger Behinderung. Der Verein berlin inklusion, der drei solcher Wohnungen betreut, nennt sie »unterstützte Wohngemeinschaft für Menschen mit Lernschwierigkeiten«. Sich selbst definieren sie folgendermaßen: »Der Verein ist für Leute da, die in Berlin wohnen. Inklusion bedeutet, dass alle Menschen dazugehören. Keiner darf aussortiert werden.«

In der Wohnung leben vier Frauen im Alter zwischen 18 und 37 Jahren. Zwei sind direkt vom Elternhaus hergekommen, sozusagen vom Kinder- ins WG-Zimmer, eine aus einem Kinder- und Jugendheim, die Vierte lebte zuvor in einem stationären Heim, wurde dort aber zu sehr betreut. Das ist in ihrem neuen Zuhause anders. Zwar gibt es Tag und Nacht, auch an Wochenenden und Feiertagen, eine Rufbereitschaft. Doch die Unterstützer, meistens sind zwei vor Ort, kommen erst gegen 14 Uhr und gehen um 20.30 Uhr wieder nach Hause. Am Morgen sind die WG-Bewohner allein. »Bei manchen Bewohnern gibt's da Schwierigkeiten, wenn sie neu hier sind, da ist dann keine Mutti mehr da, die sie morgens aus dem Bett schmeißt«, sagt Viola. Daher müsse im Einzelfall anfangs ein bisschen nachgeholfen werden. Einer der Unterstützer kommt kurz vorbei oder ruft an, um an den Arbeitsbeginn zu erinnern. Nach dem Frühstück machen sich alle auf den Weg zu ihren Arbeitsplätzen. Die sind in unterschiedlichen Behindertenwerkstätten. Nachmittags kommen sie jeweils selbständig zurück. »Es wird viel Selbständigkeit abverlangt, aber auch zugesprochen«, erklärt die gebürtige Schwäbin. Wenig ist vorgeschrieben, so gibt es keine festen Zeiten, an denen alle zu Hause sein müssen wie in anderen Wohnprojekten. »Trotzdem fällt es den Bewohnern unterschiedlich leicht, unsere Regeln zu befolgen.« Dass beispielsweise regelmäßig geputzt werden muss – das machen natürlich wie in einer normalen Wohngemeinschaft die Bewohner selbst, hier aber tatkräftig unterstützt von Viola und ihrer Kollegin.

Gruppenzwänge gebe es keine, doch gewünscht wird schon, dass alle Bewohner an dem zweimal im Monat stattfindenden Gruppenabend teilnehmen. Im Alltag werde selbstverständlich respektiert, wenn sich »mancher gern zurückzieht und auch im eigenen Zimmer isst«. Die Räume sind normale WG-Zimmer, individuell eingerichtet und aufgeräumt. Klar, hier leben ja auch vier ganz verschiedene Menschen. Damit die sich vertragen und gut verstehen, wird mit einem neuen Bewerber für ein Zimmer lange vor dem Einzug Kontakt geknüpft. »Der oder die Neue soll auf jeden Fall regelmäßig zum Kochen oder so vorbeikommen. Das soll richtig angebahnt werden, um zu sehen, wie man sich versteht«, erklärt Viola den Auswahlprozess. Es würde einfach nichts bringen, wenn man sich nicht leiden könne.

Die Stimmung in der Wohnung ist gut, es wird viel gelacht und geredet. »Wie gesagt, die Autonomie der Bewohner ist elementar«, bekräftigt die Unterstützerin. Das sei oft eine Gratwanderung. Wenn eine der Damen beispielsweise viel zu viel esse, ihre Haare nicht wasche oder zwei Wochen am Stück dieselbe Hose trage: »Mehr als anregen und nachfragen geht nicht. Ich will und darf sie ja nicht zwingen.« Sie wolle jedoch immer wieder vermitteln: »Es ist dein Ding, dich um dich zu kümmern.« Für eine gelungene Inklusion sei es mitunter wichtig, die Körperpflege zu unterstützen. »Denn das Bewusstsein ist oft nicht da.

Mein Ansatz ist, mir im Kontakt das Okay geben zu lassen«, ergänzt sie. Überhaupt, glaubt sie, würden Kinder mit Behinderung im nächsten Umfeld zwar stark gefördert, aber gar nicht gefordert werden. »Als Erwachsene brauchen sie dann natürlich auch jemanden, der sie an die Hand nimmt. Machen wir auch, aber wir lassen auch immer wieder los.«

Zwar wird vieles angeleitet wie beispielsweise das wöchentliche Putzen, doch die genaue Ausführung wird jedem einzeln überlassen. Genauso beim Einkaufen. Gemeinsam geht es in den Supermarkt für einen kleinen wöchentlichen WG-Einkauf, um frisches Obst und Gemüse zu besorgen. »Doch manche der Nutzerinnen kaufen auch schon mal in unserem Auftrag oder erledigen ihren eigenen Einkauf völlig selbständig«, erzählt Viola. Einmal in der Woche und sonntags wird zusammen gekocht, und da würde auch jede Nutzerin etwas aus ihrem eigenen Kühlschrankfach beisteuern. An der Wand hängt ein Zettel, auf dem »Zigarettenverabredung« steht. Und: »Ich kaufe am Montag vier Schachteln bei Aldi. Die Schachteln liegen im weißen Schrank. Ich bekomme jeden Tag neun bis zehn Zigaretten.« Den hätten sie mit einer der Bewohnerinnen aufgesetzt und diese unterschreiben lassen, weil sie zuvor immer wieder geklagt habe, dass ihr Geld nicht reiche. »So können wir das mitkontrollieren. Wie gesagt: natürlich nur mit der Zustimmung der Betroffenen«, sagt die Heilerziehungspflegerin. Damit die Bewohnerinnen allmählich lernen, mit Geld umzugehen, führen sie allesamt ein Haushaltsbuch. Viola bezeichnet das als »weitere Kulturtechniken fördern«. Die zweite Bewandtnis des Buchführens sei die Dokumentation. Damit der rechtliche Betreuer nachvollziehen könne, was mit dem (Taschen-)Geld passiert sei. Sie bezeichnet ihre Rolle als die eines helfenden Gastes.

Das Wohnprojekt läuft gut, die WG-Bewohnerinnen fühlen sich hier wohl und zu Hause. Heimweh habe keine von ihnen. »Dem beugen wir vor. Einer unserer Arbeitsschwerpunkte ist eine gelungene Ablösung von beiden Seiten, von den erwachsenen Kindern und den Eltern. Das ist unser Unterstützerauftrag«, erklärt die lebhafte dunkelhaarige Frau ihre Arbeit. Um das Sich-zu-Hause-Fühlen nicht zu gefährden, darf niemand mehr als 91 Tage im Jahr fehlen. Außerdem zahlt in solch einem Fall der Träger nicht. Menschen mit geistiger Behinderung benötigen einen rechtlichen Betreuer für unterschiedliche Belange: für die Finanzen, die Gesundheit und die Aufenthaltsbestimmung. Diese Betreuung übernähmen zumeist die Eltern. Damit alles laufe, sei eine enge Zusammenarbeit mit den Angehörigen wichtig. Zum Beispiel, wenn eine der Nutzerinnen erkranke: »Dann rufen wir die Eltern an, die möchten nämlich oft, dass ihr Kind zu einem Arzt geht, den sie auch kennen. Oder wenn das Taschengeld nicht reicht. Da muss dann eine Regelung gefunden werden, und das geht normalerweise nur in Abstimmung mit der Nutzerin und deren Betreuer, also der Mutter oder dem Vater«, sagt Viola.

Ihr stärkster Arbeitsschwerpunkt sei die gelungene Inklusion der Nutzerinnen. So besuchen die, die Lust haben, das Fitnessstudio zwei Straßen weiter für einen Zumbakurs. Behindertensport und -Disco spiele keine Rolle. Obwohl da natürlich auch genau geschaut wird, wen ein nichtbehindertes Umfeld zu sehr überfordere. »Unser Ziel ist es, Räume zu öffnen, eine gute Mischung zu schaffen, damit jeder sich wohl fühlt«, ergänzt sie. »Die WG ist eben nicht in einem Häuschen ab vom Schuss, sondern in einer Wohnung in einem total gemischten Wohngebiet. Am Anfang gab es von den Nachbarn große Vorbehalte, sie wollten keine Behinderten im Haus. Doch inzwischen klappt das ganz gut.« Die Bewohnerinnen sprächen Leute mit Hund an, und die grüßten auch auf der Straße. Zu Feiertagen hätten sie Karten in die anderen Briefkästen gesteckt und sogar Weihnachtsgebäck zurückbekommen. »Klar braucht es viel Energie und Arbeit, um so eine Inklusion zu schaffen, aber es geht offensichtlich«, sagt Viola stolz. Ins Einkaufszentrum zwei Straßen weiter gehen einige inzwischen gern und nutzen das normale Angebot in der Nachbarschaft, besuchen den Friseur oder machen einen Fußpflegetermin aus. Selbst auf den ersten

Arbeitsmarkt würden sich manche mittlerweile trauen, sich zutrauen, das behütete Werkstättengefüge zu verlassen. »Das begrüßen wir natürlich, wissen aber auch, dass das Arbeitsumfeld auf Menschen mit Behinderung eingestellt sein muss, sonst klappt das nicht«, erklärt die Heilerziehungspflegerin. Und dass eine der Bewohnerinnen keine gute Erfahrung gemacht habe und total überfordert gewesen sei in einem normalen Betrieb. »Doch wir müssen sie Alltag leben lassen und greifen erst mal nicht ein«, sagt sie, dass jede aber natürlich begleitet würde, wenn sie das explizit wünsche oder benötige. Abwägen wäre immer wichtig. Zu sehen, was gerade notwendig sei, auch. »Ich sehe mich selbst als Mitbewohnerin auf Augenhöhe, soweit das geht. Und wünsche mir ein kollegiales Miteinander«, beschreibt Viola ihre Rolle. Eine Mutterfunktion müsse sie manchmal auch ausfüllen, und ab und an sei sie eine Fürsorgeperson, die intervenieren muss. Ihre Arbeit sei ein spannendes Geflecht.

»Wir haben uns gesucht und gefunden.«

Jenni, 25, und Sandro, 29, sind ein Paar.
Sie leben zusammen in einer Wohngemeinschaft
für Menschen mit geistiger Behinderung.

Ein relativ laues Frühlingslüftchen weht durch die offene Balkontür von Sandros großem, persönlich eingerichteten WG-Zimmer, doch die vielen Kästen draußen sind noch nicht bepflanzt. »Mach ich erst nach Eisheiligen«, erklärt Sandro. Der ist Fachmann, »so was wie ein Gärtner«, nur ohne Ausbildung. Eine Lehre würde er niemals schaffen, denn der 29-Jährige ist geistig behindert. Doch er liebt seine Arbeit in der Behindertenwerkstatt, draußen zu sein und Pflanzen zu pflegen, das sei doch das Schönste, berichtet er und sieht dabei sehr glücklich aus. Und kerngesund, seine bereits gebräunte Haut hebt sich stark ab von dem blonden Haar. Und seinem absoluten Lieblings-T-Shirt von der Berliner Feuerwehr. »Das hab' ich gekriegt beim letzten Ausflug zum Museum«, erzählt er begeistert, und dann führt er die Besucherin durch sein Zimmer und zeigt ihr all seine Schätze. Modell-LKW in einer Vitrine, viele Grünpflanzen, die er ganz allein liebevoll pflegt, und das Wichtigste: seine Sammlung der Feuerwehrcomputerspiele. Von denen hat er 18 Stück.

Genau gegenüber, auf der anderen Seite des Wohnungsflurs, liegt ein weiteres WG-Zimmer. Hier lebt Jenni. Die 25-Jährige schaut gern Märchenfilme und mag Didl-Mäuse. Und Giraffen: »Die sind meine absoluten Lieblingstiere, seitdem mich mal eine Giraffe im Zoo durch ihre langen schönen Wimpern angeblinzelt hat. Das hat mein Herz berührt. Und ich habe an Ort und Stelle beschlossen, dass Giraffen meine Lieblingstiere werden sollen.« Deswegen stehen auch mehrere Modelle dieses Tieres in ihrem Zimmer. Die dunkelhaarige Brillenträgerin hat es gern hübsch und mädchenhaft. Ihre Arbeit mag Jenni auch, sie arbeitet wie Sandro und die beiden anderen WG-Mitbewohner in einer Behindertenwerkstatt, dort aber im Hauswirtschaftsbereich.

»Das ist genau das Richtige für mich, genau das, was ich brauche und will«, sagt sie, und dass vor Jahren bei ihr eine Lernbehinderung diagnostiziert wurde, sie jedoch wegen ihrer psychischen Krankheit zusätzlich einen Behindertenstatus habe. Am liebsten aber hat sie Sandro.

Sandro und Jenni sind ein Paar. Sie haben sich im Internet kennengelernt. In einem Chatroom auf jappy.de, einem deutschen sozialen Netzwerk. Eigentlich wurden sie zusätzlich von einer gemeinsamen Freundin verkuppelt. Die hatte ihrem Arbeitskollegen Sandro von Jenni erzählt und Jenni von Sandro. Wie nett der andere sei und wie gut sie bestimmt zusammenpassen würden. Daraufhin haben sie sich dann gegenseitig im Chatroom gesucht: »Zwei Wochen etwa haben wir gechattet, bevor wir uns das erste Mal verabredet haben. Das war am 14. 8. 2000«, erinnert er sich. »Er hat ein unglaublich gutes Gedächtnis für Daten und Zahlen, obwohl er geistig behindert ist«, erklärt Jenni und guckt ihren Sandro sehr stolz an. Die allererste Verabredung findet nachmittags vor einem Einkaufszentrum statt. Jenni ist aufgeregt und schaut sich nach Sandro um, von dem sie zuvor ein Foto gemailt bekam. Findet ihn aber nicht, »weil er etwas anderes anhatte auf dem Bild. Dann hat er mir von hinten auf die Schulter getippt. Er hat mir gleich sehr doll gefallen, im Körper hat es liebestechnisch gekribbelt«, erzählt sie und strahlt. Genau wie Sandro, der ergänzt: »Liebe im ersten Blick. Da waren viele Schmetterlinge in meinem Bauch.« Jenni erinnert sich weiter: »Wir haben dann überlegt, was mir machen sollen. Und dann sind wir rein ins Center und haben uns bei einem Bäcker an einen Tisch gesetzt und erst mal ein belegtes Brötchen gegessen. Und danach im ersten Stock bei einem Eisladen einen Rieseneisbecher geteilt. Es war nämlich sehr, sehr heiß an dem Tag.«

Beide arbeiten zu der Zeit im Gartenbereich und können sich wunderbar austauschen über Blumen und Pflanzen, ihr gemeinsames Hobby, das sie sehr verbindet. Irgendwann an diesem Nachmittag machen sie mit einem ihrer Handys das erste Pärchenfoto. Darauf sehen sie sehr glücklich aus. »Uns war klar, dass wir uns näher kennenlernen wollen. Eigentlich haben wir direkt an dem Tag beschlossen, eine Beziehung beginnen zu wollen«, erklärt Jenni und zuppelt an ihrem ziemlich tief ausgeschnittenen T-Shirt rum, »denn wir wollten beide glücklich werden.« Sie ist es in dieser Lebensphase nämlich nicht. Schon länger eigentlich nicht. Nach dem erweiterten Hauptschulabschluss auf einer Schule für Menschen mit Lernschwierigkeiten besucht die Berlinerin ein Ausbildungsinternat für eine Berufsvorbereitungsausbildung zur Zierpflanzengärtnerin. »Die Floristenausbildung musste ich abbrechen, ich war nicht belastbar genug. Und zu der Zeit begannen auch die Wahrnehmungsstörungen, ich habe Geister gesehen, die eigentlich gar nicht da waren, und so«, erzählt die Brillenträgerin und schüttelt ihren Pagenkopf zurecht. »Ich habe versucht, ein normales Leben zu führen. Aber das geht nicht. Ich wurde dann mehrfach getestet. Meine Psyche gilt als Behinderung jetzt«, sagt Jenni. Sie ist deswegen sehr erleichtert. Und froh, dass sie ihren Sandro hat. »Ich bin immer für meine Maus da, ich kenne ihre Krankheit schon«, ergänzt er.

Beide hatten zuvor bereits langjährige Beziehungen, das sei aber gar kein Vergleich dazu, wie wunderschön sie es jetzt miteinander hätten. »Mein erster Freund hatte nie Zeit für mich und tat mir nicht gut«, sagt Jenni, und Sandro erklärt in seiner manchmal etwas schwer zu verstehenden, verwaschen klingenden Sprechweise, während er Daumen und Zeigefinger aneinanderreibt: »Ich war auch in anderen Beziehungen gewesen. Die wollten mich ausnehmen wie eine Weihnachtsgans.« Das ist jedoch nicht das Ärgste, womit der junge Mann zu kämpfen hat. »Ich bin behindert geboren. Aber ich bin das jüngste und fitteste Kind. Mein Bruder wurde nämlich auch so geboren, aber der ist 100 Prozent behindert, der kann nichts reden und hören. Der war dann irgendwann auch weg, ich hab' den 1993 das letzte Mal gesehen. Mein Vater hat viel Scheiße gebaut. Ich habe sehr viel mitgemacht und durchgemacht.« Soweit sich Sandro erinnern kann, beginnt irgendwann für ihn ein Schul- und Kinderheim- und Behindertenwerkstättenwechselmarathon: »Bin mit 13 ins

Heim gekommen, ich war alle Gruppen durchgegangen und hab' mich hochgerappelt, bin dann bei Jugendbereich gegangen«, bis er irgendwann in die Werkstatt kam. Das Datum kann er sehr genau sagen: Seit dem 1. August 2009 ist er bei den Gärtnern. »Und am 16.6.2009 um 12 Uhr bin ich hier in die WG eingezogen. Seitdem ist es schön.«

Aber zurück beziehungsweise nach vorn zu den noch glücklicheren Zeiten, dem Sommer 2010 und den darauffolgenden Monaten. »Wir hatten fast die gleichen Hobbys, ich habe ihn oft in der WG besucht. Ich war noch zu Hause, aber dahin ist mein Freund fast nie gekommen. Mein Vater mag keinen Besuch. Er hat sich aber sehr für mich gefreut«, erzählt Jenni. »Ich habe meine Freundin oft aber nach Hause gebracht, und ihr Vater mochte mich immer«, ergänzt Sandro. Im darauffolgenden Jahr wird im Wohnhaus nebenan eine weitere Wohngemeinschaft für Menschen mit geistiger Behinderung eröffnet. »Das Umfeld kannte ich also schon, ich habe mich näher interessiert und habe dann auch ein Zimmer bekommen«, erinnert sich die aufmerksame Gastgeberin, während sie der Besucherin Wasser nachschenkt. »Da fand ich es aber nicht so schön, da war immer Totenstille, kein Trubel und Spaß, nichts. Als ein Platz hier in der WG frei wurde, bin ich eingezogen.« Seit zwei Jahren nun haben sie ihre gegenüberliegenden Zimmer. Es gibt noch einen viel aufregenderen Grund, warum Jenni und Sandro in einer Wohnung leben: »Um zu erproben, wie das Zusammenleben klappt. Wir wollen nämlich zusammenleben in einer Pärchenwohnung, nur wir zwei«, sagt sie und strahlt. Jetzt sei es schon sehr schön, sie würden sich gegenseitig einladen zum gemeinsamen Fernsehen, mal würden sie bei ihm schlafen und mal bei ihr. Aber allein zu zweit wäre noch toller, sagen sie. Denken auch manchmal ihre WG-Mitbewohner, denn »wir reden beide sehr viel, zu viel für die. Wie ein Wasserfall«, erzählt Sandro und lacht. Wenn er nicht lächelt, dann lacht er aus vollem Hals.

Trotzdem wollte das Paar nicht in derselben Behindertenwerkstatt arbeiten. »Bloß nicht, das gibt nur Klatsch und

Tratsch«, meint der Berliner. »Meine Maus vermisse ich zwar, aber wir freuen uns immer aufeinander, sehr doll.« Am Nachmittag, wenn sie sich wiedersehen, wird ihnen von den Unterstützern, die von etwa 14 Uhr bis abends vor Ort sind, signalisiert, was WG-technisch gemacht werden muss. Wenn das Pflichtprogramm wie Putzen, Aufräumen oder Einkaufen erledigt ist, »gehen wir mal bummeln und sehr gern Eis essen. Natürlich nur, wenn es gutes Wetter ist«, beschreibt Jenni ihren Alltag, das sei immer wieder etwas Besonderes für beide. »Außerdem sagen wir uns jeden Tag öfter, wie glücklich wir sind und wie wir uns lieben. Diese Liebe gibt uns Mut.« Und ihr Hase ergänzt: »Alte Liebe rostet nicht.« Und fügt hinzu: »Ich finde alles an ihr toll. Ob sie dick ist, das ist mir egal. Nehme sie so, wie sie ist«, sagt Sandro und nimmt die Hand seiner Maus. »Seine Art, Witze zu machen«, liebt Jenni besonders, sie hätten immer etwas zu lachen. »Und dass er mir hier mal ein Blümchen mitbringt und da mal ein Eis kauft.« Dass seine Freundin ihn toll findet, überrascht ihn nicht: »Ich habe sehr guten Charakter, ich habe den Charme in mir, den Frauen mögen.« Er guckt sehr erstaunt, als er gefragt wird, was ihn möglicherweise an seiner Freundin nerve. Als gäbe es nichts. Sie weiß was: »Wenn mein Freund Musik hört und nebenbei so laut singt, dass alle WG-Mitbewohner das hören.« Ihre Launen von der Arbeit, fällt ihm dann ein, die findet er nicht so toll: »Ich werde Fuchs und Teufel, wenn ich die abkriege.« Ansonsten gibt's viel Lob. Sandro zeigt eines seiner schönsten Geschenke von Jenni, einen Bilderrahmen mit Fotos der beiden, der selbstverständlich einen Ehrenplatz hat in seinem Zimmer, und sie schwärmt davon, »dass er mir ermöglicht hat, meine Lieblings-DVD-Serie zu bekommen«. Eine Herr-der-Ringe-DVD-Box habe er ihr einfach so geschenkt. Und wenn sie schon mal bei Geschenken sind: »Das Allergrößte war der Kuchen mit gemalter Feuerwehr mit Zuckerschrift. Da war mir richtig gerührt, gefreut habe ich mir wie ein Schneekönig«, erzählt Sandro und strahlt noch mehr als sonst. »Dass er mir immer hilft, wenn ich aufgeregt bin, das ist so schön«, übertrumpft Jenni ihn. »Er macht mir dann eine Stulle mit meiner Lieblingswurst, mit Putenbrust. Und bringt mir was zu trinken.« Das kann der 29-Jährige nur bestätigen: »Ich helfe immer, egal, wie meine Maus druff ist.«

Eine gemeinsame Wohnung zu finden ist gar nicht so leicht. Die Unterstützerin erwähnt nebenbei, dass viele Vermieter und Genossenschaften nicht gern an Behinderte vermieten. Die Behausungen für betreute Einzelwohnungen mietet nicht der Verein an, sondern die Eltern beziehungsweise die rechtlichen Betreuer des Menschen mit Einschränkungen. Da die meisten sich nicht zutrauen, gleich von Mutti in eine Wohnung allein zu ziehen, ist üblicherweise der Zwischenschritt eine betreute Wohngemeinschaft. Wer sich bereit fühlt und wem das Alleinwohnen zugetraut wird, dem helfen die Betreuer bei der Wohnungssuche. Gerade hätten sie es wieder erlebt, dass ein Vermieter nach der Besichtigung sagte, an Behinderte würde er nicht vermieten. Und nur weil das diskriminierend ist und der Verein mit einer Anzeige drohte, bekam der betroffene Mann mit Lernbehinderung dann die Wohnung. Die Sozialträger begrüßen selbstverständlich das Einzelwohnen, das ist weitaus günstiger. Denn Einzelwohnende werden längst nicht so engmaschig von Unterstützern betreut. Statt jeden Tag zwei Betreuer von 14 bis 20 Uhr wie in einer WG üblich, kommt der Unterstützer beim betreuten Einzelwohnen etwa drei Mal die Woche für ein paar Stunden.

Daher wird es wahrscheinlich schwierig für Jenni und Sandro, ein neues »Heim zu zweit«, wie sie es nennen, zu finden. »Wir müssen die ja auch bezahlen können, und außerdem brauchen wir das unterstützte Einzelwohnen, die Wohnung darf nicht mehr als 15 Minuten zu Fuß weg sein, sonst können unsere Unterstützer nicht mehr kommen. Aber ganz allein geht's nicht«, beschreibt Jenni die Stolpersteine. Dabei freuen sie sich so sehr aufs Alleinleben. »Mehr Freiraum, mehr Freizeit für uns«, sagt Sandro. Und Jenni ergänzt: »Ich übe gerade Kochen, einmal pro Woche gibt's in der WG jetzt Essen von mir, damit ich meinem

Freund und mir auch was auftischen kann, wenn wir dann mal allein zu zweit sind.«

Einen wichtigen gemeinsamen Schritt sind sie schon gegangen: Jenni und Sandro haben sich verlobt. Schlichte, schmale, silberne Ringe stecken an ihren rechten Ringfingern. Die 25-Jährige wollte das so gern: »Ich kannte einige, die verlobt sind, die haben Schönes darüber erzählt.« Ein großes Fest haben sie gefeiert in ihrer WG mit »Familie, Großeltern, Geschenken, einem großen Essen und Kaffeetrinken«, erinnert sich Sandro begeistert. Überhaupt sei das für ihn etwas Tolles, zu ihrer Familie jetzt mit dazuzugehören: »Die haben mir ins Herz geschlossen, auch die süßen Großeltern, auch der Vater, auch die Mutti, bin Mitglied von Familie. Bin wie Sohn für die.« Eine Hochzeit steht erst mal nicht an, Sandro weiß auch nicht genau, ob er überhaupt will: »Wegen Scheidungskind und so. Steht also noch auffe Sterne, wann wir heiraten.«

Erst mal wollen sie ein Baby, in zwei Jahren planen sie ihre eigene kleine Familie, aber auf keinen Fall mehr als ein Kind. »Zwei wären nervenberaubend«, befürchtet Sandro und weiß schon, »dass der Name sein soll wie meiner oder der von meiner Maus, nur ein bisschen anders«. Also Jennifer, wenn es ein Mädchen wird und Leandro, wenn sie einen Sohn bekommen.

»Ein echter Dickkopf trotz Glasknochen.«

Sebastian wurde mit Glasknochen geboren. Das hindert den Siebenjährigen nicht daran, ein stinknormales Kinderleben zu führen.

In der einen Ecke des schön bewachsenen Balkons steht ein Kinderroller. Und das erstaunt die Besucherin ein wenig. Denn Sebastian, ein siebenjähriger Erstklässler mit schelmischem Blick, ist der Eigentümer. Ein Rollerbesitzer mit Glasknochen.

Schon lange vor seiner Geburt ist seinen Eltern Henrike und Sven klar: Wir möchten ein Kind haben. Ein eigenes, ein gemeinsames. Obwohl die Chance eins zu eins steht, dass dieses heißersehnte Baby eine Behinderung haben wird. Denn Sven hat ebenfalls Glasknochen. Einige Bemerkungen und wohlmeinende Ratschläge à la: Wie könnt ihr das einem Kind antun? Oder: Warum adoptiert ihr nicht einfach? Müssen sie über sich ergehen lassen. Doch das nähere Umfeld, Eltern, Geschwister und enge Freunde, reagierten per se verständnisvoll. »Aber ehrlich, was sollten die auch sagen? Ich bin selbst betroffen und empfinde mein Leben als absolut lebenswert. Das würde man ja in Abrede stellen, würde man uns empfehlen, kein eigenes Kind zu bekommen«, sagt Sven dazu, während er Kartoffeln schält für das Curry zum Mittagessen. Aber natürlich ist es keine leichte Entscheidung, und viele Gespräche werden geführt. »Können wir das verantworten? Wird es dem Kind gut genug gehen? Darüber haben wir natürlich viel gesprochen und uns letztlich für ein Baby entschieden«, ergänzt der 38-Jährige. Er selbst ist mittelschwer betroffen von der Glasknochenkrankheit, sein Körper ist klein und verwachsen, aber er kann laufen und ist nicht dauerhaft auf den Rollstuhl angewiesen. Übrigens ganz im Gegensatz zu seinem Bruder, der sitzt, seitdem er 15 Jahre alt ist, im Rollstuhl: »Irgendwann hat er nicht mehr dagegen angekämpft«, sagt der Gymnasiallehrer. Geerbt haben die Brüder die Glasknochen von ihrer ebenfalls betroffenen Mutter.

Als Henrike dann schwanger ist, hoffen beide sehr, dass dieses Baby gesund auf die Welt kommen wird. »Wird schon gut gehen, konnten wir nicht sagen bei einer Fifty-fifty-Chance, bei so einer Wahrscheinlichkeit muss man damit rechnen, dass das Kind das auch hat. Aber klar: Gehofft haben wir natürlich trotzdem«, sagt die Bibliothekarin. Letztlich sei der Befund, den sie im zweiten Drittel der Schwangerschaft während eines Feindiagnostikscreenings erhalten, ein großer Schock gewesen. Es ist mehr als offensichtlich, dass Sebastian die Behinderung seines Vaters geerbt hat, denn auf dem Ultraschall ist klar zu erkennen, dass er sich bereits im geschützten Mutterleib den linken Oberschenkelknochen gebrochen hat. »Wir waren viel trauriger als erwartet, wir hatten doch mehr gehofft, als wir uns selbst eingestehen wollten«, sagt Sven. »Wir mussten dann sehr damit umgehen lernen. Aber wir sind beide so gestrickt, dass wir erst mal schauen, was wir machen, was wir tun können. Deswegen war es sicherlich nicht schlecht, es so früh zu wissen«, erzählt Henrike, und dass sie sich wegen der Gefahr von weiteren Brüchen während einer Spontangeburt für einen geplanten Kaiserschnitt entschieden hätten. Als Sebastian dann zwei Monate später geboren wird, sind alle Knochen perfekt zusammengewachsen, er ist unversehrt. Und das bleibt er immerhin ein Jahr lang. »Andere Eltern waren mit ihren Babys ganz sicherlich unbefangener mit körperlicher Interaktion, da waren wir von Anfang an schon sehr vorsichtig«, erinnert sich die Bibliothekarin. »Das war aber auch genau richtig, wir hatten uns natürlich sehr gut informiert, wie man so ein Glasknochenbaby richtig anfasst, man muss schon auf einiges achten.« Am Anfang ist nicht klar, ob der kleine Junge jemals laufen lernen wird, doch sowohl die Krabbelphase als auch die ersten Schritte meistert er problemlos, wenn auch ein bisschen später als seine Altersgenossen. »Beim Krabbeln hat er eines Tages ein bisschen geweint, mehr war nicht, wir haben das sicherheitshalber trotzdem checken lassen. Sebastian hatte eine Fraktur im Unterschenkelknochen und dann erst mal vier Wochen einen Gips. Deswegen hat die Laufiernphase auch so wahnsinnig lange gedauert, weil er immer wieder von vorn anfangen musste«, erzählt sie weiter und deckt den Tisch. »Von da an hatte ich immer wieder phasenweise jedes Mal, wenn was war, eine schwierige Zeit«, sagt Henrike. »Ich denke dann sehr viel an die Gefahren. Bei jedem Anruf hatte ich Herzklopfen. Als ich eine neue Mobilnummer bekam, habe ich die nicht rausgegeben, weil ich bei jedem Klingeln Angst bekam.« Und trotzdem arbeiten sie beide wieder nach der Elternzeit, vertrauen ihren Sohn anderen Menschen an und lassen ihn auf dem Spielplatz auf dem Trampolin hopsen. »So ein Leben, in dem wir uns immer sorgen müssten, wollen wir nicht«, bekräftigt sie, und Sven nickt zustimmend. Und gibt zu, dass er sich mehr Sorgen machen würde als seine Frau. »Loslassen müssen ist ein großes Thema. Am liebsten hätte ich Sebastian manchmal in Watte gepackt. Doch der hat keine Lust auf Schontour. Unser Sohn hatte erste Beinbrüche, bevor er richtig laufen konnte. Und auch wenn es manchmal schwierig ist, erkämpft er sich trotzdem, mehr ausprobieren zu dürfen. Siehe Roller auf dem Balkon.«

Die Tagesmutter, Uli aus Vogelsang, »war der Glücksgriff hoch zehn. Ihr Haus ist ein inklusives Haus, sie hat keinerlei Berührungsängste mit Behinderungen. Geht nicht gibt's nicht, ist ihr Motto. »Es wäre einiges anders gelaufen in meinem Leben, wenn es die Uli nicht gäbe«, sagt Henrike. »Wir hatten ein Riesenschwein. Sebastians Schulbegleiter, der zuvor sein Kitabegleiter war, ist auch gut. Er wurde uns für 40 Stunden pro Woche zur Unterstützung vom Amt bewilligt.« Für Sebastian ist Alex der Mann mit dem Aufzugschlüssel, der aufpasst auf ihn, sich während des Unterrichts vor dem Klassenraum langweilt und darauf achtet, dass er sich nicht prügelt mit Klassenkameraden. Ach ja, sagt er, ihm falle noch was ein: »Kann sein, dass ich im Rolli sitze und mich nicht wegbewegen kann. Dann hilft er mir auch.«

Der Siebenjährige geht nämlich seit letztem Sommer in eine klassisch integrative Schule, die bereits seit 20 Jahren so arbeitet. »Im Moment scheint er sehr zufrieden, weil er viel Neues lernt. Wir finden es manchmal richtig komisch, dass er nie jammert und so froh durchs Leben geht. Obwohl er ja auch merkt, dass er anders behandelt und wahrgenommen wird. Seine Schulkameraden kennen ihn im Rollstuhl. Denn wir beide brauchen für Ausflüge und längere Wege Rollstühle und Rollatoren«, erzählt Sven dann beim Essen. Klar, sie sind besonders, weil es nicht viele Menschen gibt, die Glasknochen haben.

Auf der Infoseite der Deutschen Gesellschaft für Osteogenesis imperfecta (Glasknochen) Betroffene e.V. (DOIG) findet man folgende Informationen und Zahlen: »Rein statistisch gesehen schätzt man in Deutschland die Zahl der Betroffenen auf 4000 bis 6000 Menschen, die mit dieser erblich bedingten Störung leben. Die tatsächliche Zahl dürfte allerdings noch höher liegen, da die milderen Formen oftmals erst im späten Erwachsenenalter festgestellt werden.« Trotz der relativ selten vorkommenden Behinderung habe die DOIG richtig viele Mitglieder, berichtet Henrike, da seien nämlich rund 1000 Menschen dabei.

»Sebastian ist extrem fit und aktiv. Er ist so fit, wie er nur sein kann. Sport ist sein Lieblingsfach, er geht total gern zum Schwimmunterricht und zum Tanzen in der Schule. In seinem Verständnis rennt er so schnell wie die anderen. Dass er nicht die gleichen Leistungen zeigt, scheint ihn nicht zu stören. Momentan zumindest. Er ist aber auch sicherlich gut gewappnet für ein Leben mit einer Behinderung, er sieht mich im Rollstuhl sitzen wegen aktueller Knieprobleme. Alle Hilfsmittel wie Krücken, Dreiräder oder Rollis sind ihm wohlvertraut«, sagt sein Vater. »Aber manchmal stoßen wir an Grenzen. Sebastian möchte gern Fußball spielen mit seinen Freunden, das möchten wir aber nicht. Die Vorstellung, dass er mit einem Ball läuft, ist für uns extrem unangenehm. Außerdem lässt er sich auch schnell mitreißen, er würde sich wohl übernehmen, und das würde die Verletzungsgefahr sehr erhöhen.«

Grundsätzlich ist es jedoch gut, dass das Kind Freude an der körperlichen Bewegung hat, denn die ist wohl sehr wichtig gerade in Hinsicht auf seine Behinderung. So steht auch auf der Website der DOIG: »Aus fachärztlicher Sicht ist nicht Schonung das oberste Gebot, sondern, trotz ständiger Bruchgefahr, viel Bewegung, um eine stützende Muskulatur aufzubauen und Skelettveränderungen vorzubeugen beziehungsweise zu verzögern. Das bedeutet für die Betroffenen regelmäßig Krankengymnastik, Schwimmen und isometrische Übungen.«

Man sieht Sebastian seine Behinderung kaum an, der Junge ist normal groß für sein Alter. Lediglich das Weiß seiner sehr großen Augen schimmert leicht bläulich, das ist bei seinem Papa auch so und bei vielen anderen Menschen mit Glasknochen. »Seit frühester Kindheit ist er in verschiedenen Therapien und bekommt ein Mittel, das den Knochenabbau hemmt und die Dichte erhöht. Ob irgendwann Nebenwirkungen auftreten werden, ist unklar. Aber da lohnt es sich, das Risiko einzugehen«, erklärt Henrike und gibt dem auf ihrem Schoß sitzenden Sebastian einen Kuss auf die Stirn.

Als sie im vergangenen Jahr eine Wohnung kaufen möchten, ist klar: Die Wohnung muss barrierefrei sein. Für die kleine Familie ist das die Grundvoraussetzung, wissen sie doch nicht, ob Papa oder Sohn wegen eines Bruchs mal länger oder sogar langfristig im Rollstuhl sitzen müssen. Aufmerksam werden sie auf ihr aktuelles Zuhause, weil der Bauträger mit Barrierefreiheit wirbt. Auf dem Grundriss scheint die annähernde Schwellenfreiheit auch gegeben. »Doch wir sind da sehr vorsichtig und verlassen uns erst mal nicht auf die Versprechungen anderer«, erinnert sich Henrike und erzählt, dass sie natürlich alles genau nachgemessen hätten. Um dann festzustellen, dass ausgerechnet die Badezimmertür viel zu schmal angelegt wurde – es fehlen genau zehn Zentimeter, um einigermaßen mit einem Rollstuhl durchzupassen. »Der Klassiker«, kommentiert das Paar, und dass es auch ein bisschen nervig gewesen wäre, monatelang auf die extrabreite Duschkabine zu warten. Ansonsten ist die Wohnung wunderbar, und die Familie fühlt sich wohl.

Über die Selbsthilfegruppe der DIOG (die, wie Sven berichtet, seine Eltern selbst mitgegründet haben vor 25 Jahren) lernen sie bei einem Treffen in Sebastians erstem Lebensjahr drei andere

Paare kennen, die ebenfalls einen Sohn im selben Alter mit Glasknochen haben. Seither treffen sich die vier Familien regelmäßig und verbringen einmal im Jahr eine Woche gemeinsam in den Niederlanden. Ein Foto der vier Freunde hängt an der Wohnzimmerwand, schon da sieht man, dass sie alle unterschiedlich betroffen sind. Für alle Beteiligten ist die gemeinsam verbrachte Zeit unheimlich wichtig: »Das ist wie Selbsthilfe im Kleinen, obwohl es relativ rumpelig war am Anfang, wir sind doch recht unterschiedlich. Jetzt hat es sich sortiert«, erzählt die 43-Jährige, während sie in Sebastians Krankenunterlagen kramt. »Die anderen Eltern sind allesamt nicht betroffen, bei denen sind die Glasknochen eine Spontanmutation, das entlastet die unheimlich, Sven zu sehen und wie gut er klarkommt.« Interessant seien auch die unterschiedlichen Reaktionen in Deutschland und den Niederlanden. »Wenn wir uns treffen, sind wir immer mit fünf bis sechs Rollis unterwegs. Alle glotzen sich hier die Augen raus, als wären wir eine Zirkustruppe. In Holland werden wir viel weniger wahrgenommen. Und uns fällt auf, dass vieles dort barrierefreier ist, zum Beispiel Zoos oder Museen, auf allen Websites gibt's auch Informationen dazu, damit man sich als Besucher vorbereiten kann. So was finden wir in Deutschland kaum.«

Die Beratungsangebote der Selbsthilfegruppe müssten sie nicht in Anspruch nehmen, leben sie doch mitten in Köln und haben einen betreuenden Arzt, der auf Glasknochen spezialisiert ist: »Er ist selbst betroffen und noch kleiner und krummer als Sven«, sagt Henrike und lacht. Überhaupt hat das Paar einen offenbar sehr entspannten Umgang mit der Behinderung. »Das Wort Krüppel fällt schon ab und an, aber das heißt natürlich noch lange nicht, dass wir von anderen so genannt werden wollen«, ergänzt Sven und grinst. Und seine Frau sagt: »Wir haben ein schönes Leben. Da Sven mit seinem Leben zufrieden ist, bin ich es auch.« Trotzdem ist der Alltag manchmal sehr hart. Und Verzicht bedeutet es ob der Einschränkungen auch: »Eigentlich habe ich mir immer zwei Kinder gewünscht. Aber als Sebastian dann da war, merkten wir, dass Sven rein körperlich weniger machen kann. Zum Beispiel ein brüllendes Baby oder Kleinkind herumtragen. Außerdem sind wegen der Glasknochen regelmäßige Krankenhausaufenthalte mit Sohn und Vater vorprogrammiert. Unter den Umständen konnte ich mir ein zweites Kind nicht mehr vorstellen, ich wäre niemals allen und allem gerecht geworden. Ich habe das sehr bedauert, aber inzwischen komme ich klar mit der Entscheidung«, erzählt sie.

Natürlich leidet das Paar vor allem dann, wenn sich Sebastian mal wieder etwas bricht. »Am Anfang des Kindergartens hatte er ziemlich viel. Davon zeugen nach wie vor Stahlnägel in seinem linken Bein. Das hängt mit seinen Wachstumsphasen zusammen«, erklärt es die Mama. Und liest in den Unterlagen nach, wie oft Sebastian schon schwerere Verletzungen erlitt: Insgesamt hatte der Sechsjährige bisher 15 (An-)Brüche.

»Warum steht denn da Seb.?«, fragt er mit Blick auf den Schreibblock der Besucherin. Das sei die Abkürzung für seinen Namen, ist die Antwort. »Das ist aber falsch«, sagt Sebastian, »ich werde Sebi genannt.« Und dann rennt er zum Balkon und holt seinen Roller. Zeit für einen Ausflug in den nahegelegenen Park. Dort darf er inzwischen auch vom höheren Ast im Kletterbaum hopsen, seine Eltern konnten seine Bettelei irgendwann nicht mehr hören. Selbst seine extrem vorsichtige Großmutter überredet er zu manch waghalsigem Manöver, das sie ihren eigenen Jungs niemals erlaubt hätte. »Dieses Kind ist ein Meister im Diskutieren«, sagt sein Papa und lacht. Ein echter Dickkopf trotz Glasknochen.

»Durch Aufklärung und Vorleben können wir viel erreichen.«

Ein Gespräch mit Karin, die sich in einem Verein behinderter Eltern engagiert und seit einer Erkrankung vor 20 Jahren querschnittgelähmt ist.

»Oh, da ist ein Missgeschick passiert. Soll ich Ihnen gleich einen Termin machen?« Das sei die Reaktion des Arztes gewesen, der die langersehnte Schwangerschaft feststellte bei einem Vereinsmitglied. Mit dem Termin meinte er eine Abtreibung. »Das war in den Medizinerköpfen nicht drin und in ihrem Weltbild nicht vorgesehen, dass eine behinderte Frau oder ein Mann mit Handicap ein Kind bekommen möchte«, sagt Karin, Mutter und querschnittgelähmt. Ihr und ihren Mitstreitern geht es in dem Verein behinderter Eltern um die Verwirklichung einer selbstbestimmten Elternschaft für behinderte und chronisch kranke Menschen. »Durch Aufklärung und Vorleben können wir viel erreichen. Sehr wichtig ist uns, dass so vielen Eltern wie möglich eine Elternassistenz bewilligt wird durch die Behörden, dafür werben wir durch Schulungen und Öffentlichkeitsarbeit.« Elternassistenz, das ist die Hilfe, die Eltern benötigen, um ihre Mutter- oder Vaterrolle möglichst selbstbestimmt leben zu können. »Zum Beispiel kann eine Mama im Rollstuhl nicht allein mit einem zweijährigen Kind spazieren gehen, sie kann dem Kleinen ja nicht hinterherlaufen, wenn es auf die Straße rennen will. In solch einer Situation bräuchte sie eine Elternassistenz, eine Dame oder einen Herrn, der sie unterstützt«, erklärt die Niedersächsin.

Doch in vielen Köpfen sei noch nicht angekommen, dass Behinderte Kinder haben. Man habe sich überhaupt noch nicht gesellschaftlich etabliert. Klar, es sei auch ein relativ neues Phänomen. Da hätte sich in den letzten 20 Jahren unheimlich viel verändert. Behinderte haben sich viele Möglichkeiten eines selbstbestimmten Lebens durch personelle Hilfe in Form von

Assistenzen erkämpft. Um allein in einer Wohnung leben zu können, um Partnerschaften einzugehen und Familien zu gründen. Von einer echten Gleichberechtigung seien sie trotzdem noch weit entfernt. »Früher ging's immer um die Integration. Heißt: Jeder darf sich einen Apfel pflücken. Heute geht's um die Inklusion. Um im Bild zu bleiben: Jeder darf sich einen Apfel pflücken. Und der Kleine bekommt eine Leiter, um dranzukommen. Aber diese Leiter muss irgendwie finanziert und zur Verfügung gestellt werden, sonst ist echte Teilhabe einfach nicht möglich. Es ist einfach so: Es steht und fällt mit dem Geld. Und: Man muss es auch wollen. Auf Betroffenen-, auf Behörden- und besonders auf Entscheiderseite«, sagt die Mutter von zwei Teenagern. »Allein die Finanzierung einer Elternassistenz ist absurd. Die Kosten sind nämlich einkommensabhängig. Wer mehr verdient als den doppelten Sozialhilfesatz, muss mit seinem Privatvermögen oder Einkommen mitbezahlen. Reich können wir Behinderte also auf keinen Fall werden!«, erzählt sie und lacht. Das nennt man Galgenhumor. Oder die Barrierefreiheit. Damit sei es auch nicht weit her: »Einzig Geschäfte sind immer und überall barrierefrei und auch mit Rollstuhl zugänglich. Arztpraxen, Kindergärten oder Grundschulen sind es dagegen oft nicht. Ich muss als Mutter, die auf den Rollstuhl angewiesen ist, den Kindergarten und die Schule meiner Kinder danach auswählen. In ländlichen Gegenden geht so was gar nicht, da gibt's dann nur eine Schule. Tja, und wenn da überall Treppenstufen sind, können Eltern im Rolli nicht am Schulleben – oder noch schlimmer: am Kindergartenleben – ihrer Söhne und Töchter teilhaben. Das ist für das Kind schlimm und für die Eltern auch«, ergänzt sie. Ihre Familie habe Glück gehabt und ihre Kinder haben Plätze bekommen in den von ihnen präferierten Institutionen, aber auch das sei eher die Ausnahme als die Norm.

Wie die Gesellschaft auf eine Behinderte mit Baby reagiert, spielt keine große Rolle im Entscheidungsprozess zur Familiengründung, behauptet Karin: »Wer es als Behinderter überhaupt in eine befriedigende Partnerschaft geschafft hat und mit dem

Partner ein Baby bekommen möchte, der hat sich schon ein ziemlich dickes Fell zugelegt.« Dem Menschen sei es relativ egal, ob das Umfeld mit der Entscheidung, schwanger zu werden, einverstanden ist. »Wenn man behindert ist, trifft man so eine Entscheidung sehr viel bewusster und ernster als ein Mensch ohne Handicap. In den seltensten Fällen werden Frauen einfach so schwanger, glaube ich. Man sollte mal eine Umfrage machen und Leute auf der Straße fragen: Finden Sie es richtig, dass behinderte Menschen ein Sexualleben haben? Da würden doch die meisten hinten überfallen«, sagt Karin lachend. Es müssten sicherlich noch viele Barrieren in den Köpfen abgebaut werden, mutmaßt sie. Damit es irgendwann zu unserem Straßenbild dazugehört, dass eine behinderte Mutter oder ein behinderter Vater mit Kindern unterwegs ist.

Fazit

Wie kann Inklusion gelebt werden? Dass sie zum Teil schon gelebt wird, zeigen die in diesem Buch versammelten Ansätze, Initiativen und Projekte. Dass die reale Teilhabe und die vollständige Anerkennung der Individualität eines jeden Gesellschaftsmitglieds – zu der auch das Gefühl gehört, mittendrin und *besonders* normal zu sein – trotz all dieser Bemühungen gegenwärtig noch keineswegs selbstverständlich ist, zeigt dieses Buch leider auch.

Das Ideal, das die UN-Behindertenrechtskonvention einfordert, entspricht kaum unserer Wirklichkeit. Liegt es am Ideal, das zu ambitioniert formuliert ist, oder an der Gesellschaft, die dazu noch nicht bereit ist? Die Antwort ist nicht leicht und vermutlich abhängig von der Betrachtungsweise. Inklusion, wie sie gelebt werden und wie gut sie gelingen kann, erschließt sich über die wirtschafts- und sozialpolitischen Bedingungen einer demokratischen Gesellschaft. In den Fokus der Gesellschaftskritik geraten damit auch jene, die Macht ausüben und darüber bestimmen können, wer wie dazugehört – und wer eben nicht.

Offensichtlich ist gelungene Inklusion hierzulande nur dann möglich, wenn Einzelne außergewöhnliche Anstrengungen auf sich nehmen, die für die Betroffenen häufig mit sehr schmerzhaften Erfahrungen verbunden sind. Umso beeindruckter bin ich von der Kraft und dem Willen der Menschen mit Behinderungen, deren Eltern und jener, die sich für sie einsetzen. Was sie alle Tag für Tag leisten, muss gesellschaftlich eine viel höhere Anerkennung erfahren.

Beim Schreiben dieses Buches habe ich großartige Menschen und Initiativen kennengelernt, durch die sich etwas bewegt hat, durch die Lebensbereiche geschaffen wurden, in denen Inklusion selbstverständlich gelebt wird. Es ist ein Buch entstanden, von dem ich mir erhoffe, dass es viele Impulse geben wird, dass es auf verschiedenen Ebenen ein Mutmachbuch sein kann. Die Mehrzahl der hier Porträtierten hat schier unendliche Kraftreserven und ein starkes wirtschaftliches, soziales, bildungsnahes und hoch engagiertes Umfeld. Und vielleicht haben sie auch einfach mehr Glück gehabt als andere.

Denn die meisten Menschen mit Handicap sind nach wie vor aus unserer Gesellschaft ausgeschlossen. Eine Inklusion dieser Menschen kann und wird nur gelingen durch Initiativen wie den hier versammelten, durch ein Umdenken wie dem hier gezeigten und durch die kontinuierliche Forderung nach strukturellen Veränderungen. Dazu gehört zuallererst eine konkrete Aufklärung über die verschiedenen Hilfen und Unterstützungsmöglichkeiten für die betroffenen Familien. Die meisten wissen überhaupt nicht, an wen sie sich im konkreten Fall überhaupt wenden können. Welches Amt, welcher Verein, welcher Träger ihnen zur Seite stehen kann und muss. Nur durch beharrliche Aufklärung im Zusammenspiel mit engmaschigen Betreuungsstrukturen und mit dem starken Willen derer, die sie umsetzen, im Kleinen wie im Großen, kann der Inklusionsgedanke Wirklichkeit werden. Diese Strukturen zu konzipieren und umzusetzen, ist ein gesellschaftlicher Auftrag, ein Auftrag an uns alle. Im Moment stehen wir noch am Anfang eines langen Weges, und an jedem Anfang werden viele Fehler gemacht. Um diesen Weg dennoch weiterzugehen, braucht es Mut zum Scheitern, Mut, Hingenommenes zu überdenken und neu zu definieren. Warum sollte ein Mann mit Handicap nicht eine Ausbildung auf dem ersten Arbeitsmarkt absolvieren können? Warum sollte eine Frau mit Behinderung keine Kinder bekommen? Als ich mit der Recherche begann, war mir nicht bewusst, was alles möglich ist. Was alles geht. Und wo zugleich die Grenzen liegen.

Weil ein mehrfach schwerbehindertes Kind auf einer Regelschule wohl kaum die Rahmenbedingungen vorfände, unter denen eine annähernd optimale Beschulung gelänge, kann es auch nur heißen: Inklusion ja, aber nicht um jeden Preis. Wenn das Kind mit Behinderung Teil einer Regelschule werden möchte, er oder sie sich das zutraut und vor allem die, die sich um das Kind sorgen, seine Fähigkeiten einschätzen und fördern können, dann soll und kann die schulische Inklusion gelingen. Dann müssen für diesen Schüler die Bedingungen im Schulalltag so sein, dass er seinen Fähigkeiten entsprechend beschult wird und trotzdem gutes Lernen für die gesamte Klasse gegeben ist. Genau darin liegt die große Herausforderung des Inklusionsgedankens: Das Einschließen der einen darf nicht zu Lasten der anderen gehen. Wenn jedoch die Familie der Meinung ist, dass das Kind auf der Förderschule besser aufgehoben ist und so unterstützt wird, wie es ihm guttut, dann ist das der richtige Weg für dieses Kind. Die Bedingungen und Rahmenbedingungen müssen am Ende so sein, dass Betroffene auswählen können, welchen Weg sie gehen wollen.

Um das zu ermöglichen, muss bereits viel früher angesetzt werden: Hebammen, Ärzte und alle, die im medizinischen Bereich tätig sind, müssen während ihrer Ausbildung so geschult werden, dass sie die Diagnose einer möglichen Behinderung bestmöglich vermitteln, dass sie verzweifelte Eltern betreuen können, die mit einem solchen Befund konfrontiert werden. Damit nicht noch einmal passiert, was den Eltern von Emma zugestoßen ist: dass sie aufgefordert werden, selbst zu googlen, was es mit der geistigen Behinderung ihrer Tochter auf sich hat.

Es wäre darüber hinaus erstrebenswert, dass Eltern eines Kindes mit Behinderung den Kindergartenplatz auch bekommen, den sie gern hätten. Wenn Kapazitäten da sind und ihr Kind in die Einrichtung passt. Und nicht – wie in Tizis Fall –, dass die Eltern den dringend benötigten Integrationskitaplatz für ihre Tochter einklagen müssen, weil die Stadt die Notwendigkeit zwar erkennt, doch die fußläufige Einrichtung, deren Erzieher sich schon auf die Eingewöhnung des kleinen Mädchens gefreut hatten, nicht in ihren Zuständigkeitsbereich fällt.

Grundschüler wie Björn, der aufgrund seiner Diabetes möglicherweise nicht mit auf die anstehende Klassenfahrt fahren kann, bräuchten eine fest angestellte, ihnen vertraute Schulhelferin, die diesen Dienst dauerhaft übernimmt. Mindestens für ein Schuljahr, optimalerweise für länger. Damit diese kleinen Mädchen und Jungen nicht ständig eine neue Person an ihrer Seite haben, die angelernt werden und die ihr Vertrauen gewinnen muss.

Um grundsätzlich für Schüler mit Integrationsstatus eine funktionierende Schullaufbahn zu gewährleisten, müssten immer und überall die notwendigen Hilfsmittel zur Verfügung stehen – bürokratisch handhabbar und ohne, dass sich die Verantwortlichen an absurde Fristen halten müssen. Damit alle Schüler dieselben Lernchancen erhalten. Es ist dabei unabdingbar, dass Pädagogen, die extra eingestellt werden für die besondere Betreuung dieser Inklusionskinder, wiederum nicht von ihrer Tätigkeit abgehalten werden, weil an anderer Stelle Vertretungslehrer gebraucht werden.

All jene, die für Menschen mit Behinderungen hauptberuflich verantwortlich sind, sollten umfassende Unterstützung erfahren, gut vorbereitet werden, um bestens gerüstet zu sein für ihre spezielle Aufgabe. Damit sie in ihrer Rolle bestehen und sich kompetent ihrer Aufgabe widmen können, statt sich überfordert und überrollt zu fühlen von den neuen Herausforderungen. Kurzum: Pädagogen müssen frühzeitig geschult werden und sollten einige Wochen vor Beginn des Schul- oder Kitajahres die Menschen und ihre Besonderheiten kennenlernen, die sie von nun an tagtäglich betreuen und in ihrer Entwicklung begleiten.

Viele Eltern von Kindern mit einer geistigen Behinderung berichten, wie sehr es sie schmerzt, dass ihre Kinder am Wochenende oder in den Nachmittagsstunden nach Kita- oder Schulende wenig Kontakt zu anderen Kindern haben, kaum an außerschulischen Aktivitäten teilnehmen dürfen. Sie werden selten eingeladen, sie verbringen viel Zeit allein oder eben mit den erwachsenen Förderkräften. Warum funktioniert das selbstverständliche Miteinander noch so wenig? Vermutlich ist es eine Mischung aus Unsicherheit, Unwissenheit und Desinteresse. Viele Familien scheuen schlichtweg eine Kontaktaufnahme mit den betroffenen Eltern. Da wären Infogespräche zum Thema Inklusion bei einem ersten Elternabend zum Kita- oder Schuljahresstart erstrebenswert. Zugleich sind die betroffenen Eltern selbst gefragt, die womöglich – wie in Emmas Fall – viel zu zurückhaltend agieren und den anderen Eltern gar nicht mitteilen, wie sehr sie sich über eine Spieleinladung freuen würden und wie wichtig ihnen auch der außerinstitutionelle Kontakt ist.

Jugendliche mit einer Behinderung sollten – wie Kerstin, die erste Schülerin ihres Berufsgymnasiums mit einer Körperbehinderung – genauso aus der Fülle der Angebote in einer Großstadt auswählen dürfen wie ihre Altersgenossen. Und nicht nur die eine barrierefreie Möglichkeit zur Wahl haben.

Schließlich sollten die Arbeitgeber, die Menschen mit Behinderungen in ihren Unternehmen einstellen möchten, von Anfang an konkrete Hilfe und Unterstützung durch die zuständigen Ämter und Behörden erfahren und nicht zusätzlich von dieser Seite Steine in den Weg gelegt bekommen. So lange die alltäglichen Hürden in diesem Bereich so groß sind, wird sich an der fehlenden Inklusion von Menschen mit Handicap auf dem ersten Arbeitsmarkt kaum etwas ändern.

All das halte ich für unabdingbar für das Gelingen einer inklusiven Gesellschaft. Ich würde mir wünschen, dass unsere Kinder selbstverständlich mit Menschen mit Behinderungen groß würden. Dass sie erkennen können, wie bereichernd dieses vielfältige Miteinander ist. Jeder von uns kann seinen Beitrag dazu leisten. Wir sind alle Teile dieser Gesellschaft. Und dafür verantwortlich, dass jeder dazugehört. Dass jeder dort abgeholt wird, wo er steht und seinen Platz bekommt. Damit echte Teilhabe möglich ist und das Besondere irgendwann zur Normalität werden kann.

Anhang

Literaturverzeichnis

Achilles, Ilse: »… und um mich kümmert sich keiner!« Die Situation der Geschwister behinderter und chronisch kranker Kinder, München, Basel 2013.

Bork, Nicole: Selbstbestimmung bei Menschen mit geistiger Behinderung. Eine Studie über Möglichkeiten und Grenzen dieses Handlungsansatzes mit Hinblick auf die Familie, München 2004.

Greß, Jürgen: Recht und Förderung für mein behindertes Kind. Elternratgeber für alle Lebensphasen – alles zu Sozialleistungen, Betreuung und Behindertentestament, München 2009.

Grünzinger, Eberhard: Geschwister behinderter Kinder: Besonderheiten, Risiken und Chancen. Ein Familienratgeber, Stamsried 2005.

Hackenberg, Waltraud: Geschwister von Menschen mit Behinderungen: Entwicklung, Risiken, Chancen, München, Basel 2008.

Hennemann, Judith: Besonderes Glück? Hilfen für Eltern mit einem geistig behinderten Kind, Frankfurt am Main 2011.

Hermes, Gisela: Behinderung und Elternschaft leben – kein Widerspruch. Eine Studie zum Unterstützungsbedarf körper- und sinnesbehinderter Eltern in Deutschland, Neu-Ulm 2004.

Krause, Matthias P.: Gesprächspsychotherapie und Beratung mit Eltern behinderter Kinder, München, Basel 2002.

Loseff Lavin, Judith: Besondere Kinder brauchen besondere Eltern. Behindert oder chronisch krank. Wie Sie Ihr Kind beschützen und es unterstützen können, Ratingen 2005.

Merkle, Tanja; Wippermann, Carsten: Eltern unter Druck. Selbstverständnisse, Befindlichkeiten und Bedürfnisse von Eltern in verschiedenen Lebenswelten. Eine sozialwissenschaftliche Untersuchung von Sinus Sociovision GmbH im Auftrag der Konrad-Adenauer-Stiftung e. V., Stuttgart 2008.

Speck, Otto: System Heilpädagogik. Eine ökologisch reflexive Grundlegung, München, Basel 1996.

Strobel, Beate U. M.: Heilpädagogik für ErzieherInnen, München, Basel 2005.

Sarimski, Klaus; Hintermair, Manfred; Lang, Markus: Familienorientierte Frühförderung von Kindern mit Behinderung, München, Basel 2013.
Sierck, Udo: Budenzauber Inklusion, Neu-Ulm 2013.
Thurmair, Martin; Naggl, Monika: Praxis der Frühförderung. Einführung in ein interdisziplinäres Arbeitsfeld, München, Basel 2000.
Weiß, Hans: Familie und Frühförderung. Analysen und Perspektiven der Zusammenarbeit mit Eltern entwicklungsgefährdeter Kinder, München, Basel 1989.

Hilfreiche Internetseiten (Auswahl)

www.angelman.de
Auf der Website des Vereins können Eltern, deren Kinder vom Angelman-Syndrom betroffen sind, Ansprechpartner finden und miteinander in Kontakt treten.

www.behindertenbeauftragte.de
Die Inklusionslandkarte der Beauftragten der Bundesregierung für die Belange behinderter Menschen informiert über Beispiele für die erfolgreiche Umsetzung der UN-Behindertenrechtskonvention in ganz Deutschland.

www.diakonie-michaelshoven.de
Mit zahlreichen Angeboten unterstützt die Diakonie Michaelshoven Menschen mit Behinderung in Köln und der Region.

www.down-syndrom.org
Der Arbeitskreis Down-Syndrom e. V. setzt sich für die Rechte von Menschen mit Down-Syndrom und deren Anerkennung in unserer Gesellschaft ein. Die Website bietet weiterführende Links und Informationen für Eltern.

www.familienplanung.de
Die von der Bundeszentrale für gesundheitliche Aufklärung (BZgA) geführte Website gibt Auskunft zu Fragen rund um Schwangerschaft und Geburt und hilft bei der Suche nach einer Beratungsstelle.

www.familienratgeber.de
Der Familienratgeber der Aktion Mensch hält zahlreiche Informationen für Menschen mit Behinderung und ihre Familien bereit. Die Adressdatenbank mit rund 25000 Einträgen hilft bei der Suche nach Organisationen der Behindertenhilfe und -selbsthilfe in der Nähe.

www.handicapkids.at
Die Website von HandicapKids dient als österreichweites Informationsportal für Eltern von Kindern mit Behinderung und versammelt weiterführende Links und Kontaktadressen.

www.inklusion-als-menschenrecht.de
Das Onlinehandbuch Inklusion als Menschenrecht des Deutschen Instituts für Menschenrechte richtet sich an Gruppen oder Einzelpersonen, die sich mit dem Thema Inklusion auseinandersetzen wollen. Es enthält informative Texte, Rollen- und Planspiele sowie viele andere für die Arbeit in Gruppen ausgearbeitete und erprobte Formate.

www.inklusive-medienarbeit.de
Das Netzwerk Inklusion mit Medien ist eine Plattform für inklusive (Medien-)Projekte und bietet zudem auch Workshops und Weiterbildungen zu medien- und behindertenpädagogischen Themen an.

www.intakt.info
Die Internetplattform für Eltern von Kindern mit Behinderung INTAKT hält Informationen zum Thema Sozialrecht bereit und listet Anlaufstellen auf. Ein Forum dient dem Austausch mit anderen Eltern oder der Bekanntmachung von Selbsthilfegruppen.

www.kaiserinnenreich.de
In diesem »inklusiven Mama-Blog« schreibt Mareice Kaiser über ihr Familienleben mit ihren zwei Töchtern – von denen die Ältere schwerbehindert ist.

www.kindergartenpaedagogik.de
Dieses Onlinehandbuch bietet mehr als 1200 Fachtexte zu verschiedenen Themenbereichen der Kindergartenpädagogik.

www.lebenshilfe.de
Auf der Website der Bundesvereinigung Lebenshilfe finden sich viele Artikel rund um ein Leben mit Behinderung. Daruber hinaus besteht uber das Archiv der Lebenshilfe-Zeitung die Moglichkeit, ausgewahlte Beitrage nachzulesen.

www.lebenshilfe-berlin.de
Auf dieser Website informiert die Lebenshilfe Berlin über ihre Angebote zur Unterstützung von Menschen mit Behinderung und ihren Angehörigen.

www.lvr.de
Das Inklusionsportal des Landschaftsverbands Rheinland (LVR) versammelt Informationen über inklusives Leben und Inklusion im Alltag und bietet eine Übersicht über die Unterstützungsangebote des LVR für Menschen mit Behinderung.

www.mobil-mit-behinderung.de
Die Website des Vereins zur Unterstützung behinderter Menschen zum Erreichen und Erhalt der individuellen Mobilität hält Informationen zum Thema und weiterführende Links bereit.

www.netzwerk-inklusion-frankfurt.de
Die Seite informiert über aktuelle Veranstaltungen, Termine, Projekte und Aktionen zur Förderung der Inklusion in der Region Frankfurt am Main.

www.oi-gesellschaft.de
Die Website der Deutschen Gesellschaft für Osteogenesis imperfecta (Glasknochen) Betroffene e.V. (DOIG) bietet zahlreiche Informationen zur Krankheit und listet Ansprechpartner auf.

www.pride-parade.de
Unter dem Motto »behindert und verrückt feiern« findet seit 2013 jährlich die Pride Parade in Berlin statt. Die Website verweist auf weitere Veranstaltungen und versammelt Redebeiträge und Statements.

www.rehakids.de
Das stark frequentierte »Forum für besondere Kinder« REHAkids dient als themenreiche Austauschplattform für Eltern von Kindern mit Behinderung.

Frühchenproblematik

www.fruehchen.de
Auf der Website finden Eltern von Frühchen professionelle Beratung durch Ärzte, Pfleger und Schwestern, die sich zum Ziel gesetzt haben, die Betroffenen stärker zu vernetzen und ihnen eine Anlaufstelle zu bieten.

www.fruehgeborene.de
Der Bundesverband »Das frühgeborene Kind« gibt wichtige Informationen zum Umgang mit dem Neugeborenen sowie Veranstaltungshinweise für Eltern von Frühchen.

www.fruehgeborene-bildung.de
Der Internetauftritt stellt das Thema der Schulbildung und mögliche Probleme oder Benachteiligungen von Frühchen in den Vordergrund und offeriert Eltern nützliche Informationen, Links und Publikationen.

Kindergarten

www.kinder.de
Das Portal für Familien enthält einen Ratgeber zum Leben mit Behinderung, der unter anderem auf Therapiemöglichkeiten, integrative Schulformen und Kindergärten verweist.

www.myhandicap.de
Der Internetauftritt der Stiftung MyHandicap hostet verschiedene Blogs, ein Communityforum und einen Chat. Zahlreiche Artikel zum Leben mit Behinderung und zu dem Thema der Kindergartenbetreuung für Kinder mit Behinderung sowie ein Verzeichnis barrierefreier Adressen ergänzen das Angebot.

Schule

www.bildungsserver.berlin-brandenburg.de
Der Brandenburger Bildungsserver präsentiert zu den Themen Inklusion und Schule wichtige Informationen, Handreichungen sowie weiterführende Materialien, die das Verständnis des Konzepts bei Schülern wie Lehrern fördern sollen.

www.inklusion-online.net
Bei der Onlinezeitschrift finden Interessierte Fachbeiträge aus den Bereichen der integrativen Pädagogik und Inklusion, die inhaltlich aktuelle Diskussionen anregen und aktives gesellschaftspolitisches Handeln unterstützen sollen.

www.lea-berlin.de
Die verschiedenen Arbeitsgruppen des Landeselternausschusses in Berlin geben Einblicke in ihre Tätigkeit und veröffentlichen Beiträge, die sich unter anderem auf Inklusion in den unterschiedlichen Schulformen beziehen.

Freizeit

www.bruecke-kruecke.de
Die integrative Jugendgruppe aus Bonn organisiert gemeinsame Ausflüge und Veranstaltungen und lädt alle Interessenten zum Mitmachen ein.

www.cebeef.com
Auf der Internetseite des Clubs Behinderter und ihrer Freunde e.V. finden sich unterstützende und beratende Angebote für Behinderte sowie Stellenangebote und Freiwilligendienste für die Arbeit mit Menschen mit Behinderung.

www.nullbarriere.de
Das Fachportal für barrierefreies Bauen präsentiert Richtlinien, gesetzliche Vorgaben sowie Produkte, die sich auf behindertengerechtes Bauen beziehen.

Geschwisterbeziehungen

www.geschwisterkinder-netzwerk.de
Das Netzwerk entlastet Familien mit behinderten Kindern durch gezielte informative, pädagogische und therapeutische Förderung der gesunden Geschwisterkinder und zielt dabei auch auf die Prävention von Folgeerkrankungen ab.

www.stiftung-familienbande.de
Geschwister chronisch kranker oder behinderter Kinder finden auf der Seite Material und Angebote zu Veranstaltungen, die ihnen das Verstehen und den Umgang mit der schwierigen Lebenssituation erleichtern sollen.

Allein leben

www.berlin-inklusion.de
Der Verein engagiert sich bei der Unterstützung der Unterbringung und des Wohnens von Menschen mit Lernschwierigkeiten.

www.sovd-nds.de
Auf der Website des Niedersächsischen Sozialverbandes finden sich Beratungsangebote und Ansprechpartner, die Auskünfte zu Behörden und Fragen des Sozialrechts geben.

Eltern mit Behinderung

www.behinderte-eltern.de
Die Seite des Bundesverbandes behinderter und chronisch kranker Eltern stellt Informationen, Beratung, Begleitung und Koordinierung für Eltern mit Behinderung bereit. Dazu werden unter anderem Seminare zu einschlägigen Themen angeboten oder Kontakte zwischen Eltern und regionalen Gruppen geknüpft.

www.familienprojekt.net
Die Domain wendet sich vor allem an Menschen, die sich beruflich mit geistig behinderten Eltern und Kindern befassen, und bietet Autoren die Möglichkeit, einschlägige Facharbeiten, Essays, Studien und Rezensionen zu dem Thema zu veröffentlichen.

Dank

In allererster Linie möchte ich Emil, Luise und August danken. Ohne die drei wäre ich gar nicht auf die Idee gekommen, ein Buch zu schreiben über Kinder und Erwachsene mit einer Behinderung. Johanna Links danke ich für ihre wertvollen Hinweise und Anregungen und besonders für ihre Begeisterungsfähigkeit. Sie war von Anfang an genauso überzeugt von dem Thema wie ich. Ohne meine vielen wunderbaren Gesprächspartner gäbe es dieses Buch nicht. Ich danke ihnen von Herzen für ihre Offenheit und ihren Sachverstand. Ich fühle mich geehrt, dass ich so viel Schönes, Trauriges, Intimes und Wütendmachendes erzählt bekommen habe. Dass freundliche, offene Menschen mich mitgenommen haben in ihre Universität, in den Kinderladen, in die Werkstatt und in ihre Schule. Mich eingeladen haben in ihr Zuhause, mich mit Kaffee versorgt und mit mir zu Mittag gegessen haben. Mir vertraut haben. Diese Menschen haben mir erzählt aus ihrem Leben und gestattet, dass ich ihre echten Namen verwenden darf.

Rundum unterstützt wurde ich während des gesamten Arbeitsprozesses von Julia und Stefan (und natürlich von Emil, Luise, August und meiner Mama). Durch sie und mit ihnen ist mein Leben sehr besonders und normal.

Zur Autorin

Minka Wolters

Jahrgang 1976, in Frankfurt am Main geboren; studierte Komparatistik, Amerikanistik und Arbeitsrecht in Bonn; Stipendiatin der Zeitenspiegel-Reportageschule. Tätigkeit als freie Journalistin und Autorin. Sie lebt mit ihrem Mann und drei Kindern in Berlin.

Eric Breitinger
Vertraute Fremdheit
Adoptierte erzählen

208 Seiten, Broschur
ISBN 978-3-86153-642-0
14,90 € (D); 15,40 € (A)

»Nichts ist wichtiger als zu wissen, woher der Mensch kommt, wer seine Eltern sind, und wie er zu dem geworden ist, was er ist. Und nichts ist aufregender als jenen Menschen ein Stück lang auf ihren seelischen Sternfahrten zu folgen. Eric Breitinger ist das wunderbar gelungen.«

Ingeborg-Bachmann-Preisträger Peter Wawerzinek

»Die Kombination aus Erlebtem und Fachwissen gehört zu den großen Stärken dieses nicht nur für Adoptierte und Adoptiveltern wichtigen und Mut machenden Buches.«

Deutschlandradio Kultur

www.christoph-links-verlag.de Ch.Links